Frühling einen Sommer lang

Der Autor

Herman Raucher, geboren 1928 in Brooklyn, USA, arbeitete in der Werbebranche, bevor er sich als Drehbuch- und Romanautor einen Namen machte. Der Durchbruch erfolgte 1971 mit dem Roman »Frühling einen Sommer lang«, der auf autobiographischen Ereignissen basiert. Herman Raucher schrieb auch das Drehbuch zu der oscarprämierten Filmfassung des Erfolgstitels. 2001 erlebte das Buch durch eine Musicalversion ein einzigartiges Revival.

Herman Raucher

Frühling einen Sommer lang

Roman

Aus dem Englischen von
Hans Hermann

Scherz

Denen,
die ich liebe und liebte –
gestern und heute

Besuchen Sie uns im Internet:
www.scherzverlag.de

Die Originalausgabe erschien unter dem Titel
»Summer of '42«

Taschenbuchausgabe Scherz Verlag, Bern, 2003
Deutsche Erstausgabe Scherz Verlag, Bern, 1972

ISBN 3-502-51905-6
Umschlaggestaltung: ja DESIGN, Bern:
Julie Ting & Andreas Rufer
Umschlagbild: Getty Images, München
Gesamtherstellung: Ebner & Spiegel, Ulm

Er hatte schon immer vorgehabt, wiederzukommen, die Insel noch einmal zu besuchen. Doch die Gelegenheit dazu hatte sich nie bieten wollen. Als sich dann endlich eine Lücke in seinem Terminkalender ergab, fuhr er die Küste Neuenglands entlang bis weit hinauf in den Norden, um zu sehen, ob der alte Zauber immer noch wirksam sei. Auf der alten Fähre provozierte sein Mercedes-Kabrio eine Handvoll rauher Inselbewohner zu frostiger Gleichgültigkeit, denn nur selten macht ein Auto diese Überfahrt, am seltensten ein neues. Autos, die zur Packett-Insel kommen, sind gewöhnlich alt und wenig reisefreudig. »Autos kommen zu dieser beschissenen Insel, um hier zu sterben.« Oscy hatte das gesagt. Oscy, der Superphilosoph. Und es stimmte heute genauso wie damals.

Er musterte die Leute um sich her, alle dem Wind zugekehrt, so daß ihnen die Brise voll ins Gesicht blies. Es war offensichtlich, daß sich niemand an Bord an ihn erinnerte. Aber schließlich war er kaum fünfzehn gewesen, als er zum letzenmal die fünfundzwanzig Cents für die Überfahrt bezahlt hatte. Und in den dazwischenliegenden Jahren hatte sich vieles geändert; aus den fünfundzwanzig Cents war ein Dollar geworden, und aus seinen fünfzehn Jahren zweiundvierzig. Wie hätte sich da jemand an ihn erinnern können?

Das Kabrio bewegte sich ohne Begeisterung über die Küstenstraße, denn die Geschwindigkeit war auf fünfzig Kilometer begrenzt – kaum eine Herausforderung für einen feurigen Mercedes-Benz. Links von ihm lagen die vertrauten Dünen, im Gras schmollend und mit Abfällen und gebleichten Baumstämmen übersät, die das Meer ganz nach Belieben auf die Straße spülen konnte. Und rechts von ihm der Ozean selbst, aufgewühlt und graugrün. Und groß. Sehr groß, in der Tat. Einer der größten der Welt.

Während der Luxuswagen sanft über die Schlaglöcher hinwegglitt, blickte er durch die große Windschutzscheibe auf den merkwürdigen Schleier, der sich vor ihm ausbreitete. Es war gegen zehn, doch der launische Nebel würde sicherlich noch eine Weile herumgeistern, bevor er dem Tag weichen würde. Die Sichtweite beschränkte sich auf den Ring an Helligkeit, der sich kräftig abmühte, aber in allen Richtungen nicht weiter als fünfzig Meter reichte. Der Wind drückte jedoch bereits vom Meer herein, und der Nebel gab widerwillig nach und zog in trotzigen kleinen Fetzen landeinwärts. Eine Silhouette tauchte auf, saß geduckt auf einer hohen Düne nicht weit weg, auf der Ozeanseite der Straße. Ein Haus, mit Zedernschindeln gedeckt und unbezwingbar. Ein Haus, mit einer weit entfernten Vergangenheit verbunden und doch so lebendig in seiner Erinnerung, daß er es Nagel für Nagel nachbauen könnte. Dorothy. Ich liebe dich, Dorothy.

Er hielt an und stieg aus und wartete auf den vornehmen Klang der ins Schloß fallenden Mercedestür. Er blickte auf seine handgenähten Mokassins hinunter, fünfundvierzig Dollar. Er hatte einen langen Weg zurückgelegt, und nichts war ihm in den Schoß gefallen, doch die Mühe hatte sich gelohnt. Er ging auf die Dünen zu, die zwischen ihm und dem Meer lagen, um am Ufer entlangzugehen, in dessen Nähe sich die Wellenberge hoch auftürmten. Als sich seine Mokassins mit Sand füllten, zog er sie aus, und die Socken dazu, und stopfte sie je in den dazugehörenden Schuh. Er hatte das in dieser Umgebung schon öfter getan, vor langer Zeit allerdings. Er drückte die Füße in den guten Sand, und seine Zehen krümmten sich wie Katzenpfoten. Er zog seinen marineblauen Blazer aus und warf ihn sich über die Schulter und ging dann in dieser Aufmachung auf das Haus am Horizont zu – zurück zu den letzten schmerzerfüllten Tagen seiner einstmals so herrlichen Unschuld.

Der Wind blies vorübergehend mit herbstlicher Kühle und kümmerte sich nicht darum, daß es August war. Er war jetzt unten, auf einer Höhe mit dem Strand, und ging über den harten Schlamm, dort wo die Wellen hin bis zu den Schnepfenvögeln rollten, die geschwätzig in der Brandung herumstelzten. Und nur gelegentlich behauptete eine optimistische Seemöwe, die Sonne, die immer noch nach einer Öffnung suchte, werde bald die grimmige Wolkendecke durchstoßen.

Das Haus auf der Düne war jetzt links über ihm; es ruhte immer noch auf denselben zwölf Pfählen und wurde von denselben vierzehn hölzernen Stufen bewacht, die er einst in solch absurder Verwirrung hinuntergestolpert war. Und der niedrige und durchhängende Gitterzaun war so harmlos und gebrechlich wie eh und je, ein Musterbeispiel für eine von Menschenhand fabrizierte Selbsttäuschung. Und ob die Musik tatsächlich zu hören war oder nur in seinem Gedächtnis ablief – es spielte keine Rolle. Er konnte sie jedenfalls hören. Leise und traurig und Erinnerungen wachrufend und schmachtend und sentimental und heilig.

Und ich wußte, die Liebe
Sie war nicht erloschen . . .

Und dann die Stimmen, die dreißig Jahre überbrückten und vom Wind hergetragen wurden und durch den Nebel stießen. Jungenstimmen, drängend, besorgt; sie brachten den Sand zum Schwingen und verloren sich dann im Kreischen eines Meeresvogels.

He, Hermie ...
Los komm, Hermie, Herrgott noch mal ...

Dort vorne am Strand stürzten drei Jungen aus dem Nebel und kletterten, verstohlen um sich blickend, die Düne hinauf zu dem überhängenden Haus. Sie arbeiteten sich nach oben, als seien sie auf einer komplizierten militärischen Mission; der erste gab den anderen ein Handzeichen, und sie schlossen sofort zu ihm auf und ließen sich neben ihrem Führer hinfallen, die Bäuche in den Sand gedrückt. Und was immer sie auf der anderen Seite der Düne erspäht hatten, es war für den Mann, der sie vom Strand aus beobachtete, nicht sichtbar.

Der Mann stand still da und schaute wieder zu dem vom Wetter arg mitgenommenen Haus hoch, von dem er aus der augenblicklichen Perspektive nur das Dach sehen konnte. Und er hörte nicht, wie die Schnepfenvögel immer wieder über die hinterlistige Brandung schimpften, und er merkte nicht, daß er bis über die Knöchel im Wasser stand und seine Hosen bis zu den Knien naß wurden. Er stand einfach da und sehnte sich so sehr danach, wieder ein Teil dieser Jungen zu sein, so wie damals, vor so vielen lieblichen Liedern ...

Mann, o Mann, Hermie ...
Halt endlich's Maul, Oscy ...
Hermie, was glotzt du denn so ...

Als er fünfzehn war und seine Familie den Sommer auf der Packett-Insel verbrachte, gab es nicht annähernd so viele Leute oder Häuser. Und damit ein Junge nicht an Einsamkeit zugrunde ging, sorgte seine Familie dafür, daß andere Familien aus der Nachbarschaft andere Kinder auf die Insel mitbrachten. In jenem Sommer waren außer ihm sein bester Freund, Oscy, und ein guter Freund, der sich noch nicht für das Prädikat »bester« qualifiziert hatte, nämlich

Benjie, auf der Insel. Oscy hatte stets zerzauste Haare und war stark; er sah gar nicht wie ein Großstadtkind aus, sondern eher so, als sei er von einer Farm ausgerissen. Sein Markenzeichen war ein unauslöschliches Lächeln. Nur ganz selten einmal blieb es aus. In Schmerz und Kummer, Wut und Verzweiflung – das Lächeln war Oscys Flagge, und er gehörte nie zu denen, die vorschnell ihre Fahne einholen. Oscy war einen Monat älter als Hermie, und er nützte diese einunddreißig Tage als Waffe des Vorrangs und der Überlegenheit. Oscy hatte eine boshafte Ader, eine nicht unterzukriegende Warmherzigkeit und eine ganz persönliche Art jungenhafter Männlichkeit, die einen selbstbewußten, robusten Mann ankündigten. Oscy stellte etwas dar.

Benjie war ganz anders. Er war der jüngste und hagerste der drei, so dürr wie ein Hering und noch ein richtiges Kind. Er gehorchte Oscys Anweisungen, schließlich war er ja nicht lebensmüde. Und er hatte eine Ingersoll-Armbanduhr, die ihm wichtiger war als sein Pimmel, dessen eigentliche Bestimmung er, ehrlich gesagt, noch nicht entdeckt hatte.

Hermie war fünfzehn, mit widerspenstigen sandfarbenen Haaren und ein paar Zähnen, die sich aneinanderlehnten, genau im Zentrum seines Gesichts. Wenn er auch größer war als Benjie, so konnte er es doch mit Oscy nicht aufnehmen, und das war auch der Grund, weshalb er sich so geschickt eingeredet hatte, es spiele eigentlich keine Rolle, wer der Anführer sei. In diesem Augenblick der Weltgeschichte saß Hermie voller Schmerzen rittlings auf dem Stacheldrahtzaun, der das Kindesalter vom Mannesalter trennt. Auf welche Seite er schließlich fallen würde, das wäre für einen Psychologen so klar wie Quellwasser gewesen, doch Hermie war sich da keineswegs sicher. Und er lag nächtelang wach und machte sich Sorgen wegen der Verpflichtungen, die mit zunehmendem Alter auf ihn zukommen würden, wie etwa Hexenschuß und Arthritis, und wie man Auto fährt und mit einer Rasierklinge umgeht, und sollte seine Mutter auch weiterhin seine Unterwäsche kaufen, und wann würde er Pickel im Gesicht bekommen, und wie in aller Welt würde er ein Mädchen bekommen und wann und was für eine, und würde ihn die Polizei mit ihr erwischen. Hermie war groß im Grübeln und Leiden. Er war der größte leidende Grübler aller Zeiten. Es war herrlich.

Sie nannten sich das Tödliche Trio, ohne einen allgemein verständlichen Grund, hauptsächlich wohl, um ihr eigenes Ego aufzuwerten und sich auf dem Planeten richtig einzuführen. Und so lagen sie da auf der Düne, auf der das alte Haus stand, rechte Wüstenteufel mit stählernen Herzen und Sand in den Unterhosen.

Das Haus? Sie wohnte in dem Haus. Und vom ersten Augenblick an, da Hermie sie sah, hatte ihn nichts und niemand, mit dem er es seither zu tun hatte, jemals so aufgescheucht und verwirrt wie sie, und nichts und niemand hätte mehr dazu beitragen können, daß er sich sicherer und unsicherer, bedeutender und unbedeutender fühlte.

Die drei Jungen lagen da, gequält und gelähmt, und hörten dem hohlen Ton einer Axt zu, die mächtig auf einen störrischen Holzklotz einhieb. Direkt unter ihnen, in dem großen Sandbecken zwischen den riesigen Holzpfeilern, die das Haus trugen, schwang eine männliche Figur die Axt, in einem übertriebenen, unglaublich mächtigen Bogen, weit über den Kopf zurück, und ließ sie dann wie Zeus durch die Luft sausen. Der Holzklotz teilte sich sauber in zwei perfekte Hälften, und der nächste erlitt kurz danach dasselbe Schicksal. Und noch einer, und noch einer. Die Jungen bewegten sich nicht und atmeten kaum. Sie spähten über die Kuppe ihrer Düne und horchten den Donnerschlägen Gottes zu. Irgendwie war das alles von lebenswichtigem Interesse. Jener Mann, jener Klang, jene Axt.

Immer aufs neue überantwortete der starke Mann die großen Holzscheite ihrem Schicksal, er schlug mit der Axt auf sie ein und zerkleinerte sie wie Walnüsse. Das Licht änderte sich langsam, so daß der Mann besser zu sehen war. Seine Figur war unglaublich gut entwickelt, die bis ins kleinste ausgebildete Muskulatur hätte mit einer Skulptur Berninis konkurrieren können. Er hatte die Eleganz Merkurs und die Kraft Supermans, und die Pfeife in seinem Mund verriet reinen englischen Adel.

Hermies Herz flatterte in seinem Brustkorb umher wie ein eingesperrter Sperling, als die Frau aus dem undurchdringlichen Grau schlüpfte und ihre feinen Arme um den Mann schlang. Sie war schlank, aber wohlgeformt, und hatte dunkle Haare, die sich weich an ihre Schulter schmiegten. Jede ihrer Bewegungen war sinnlich und geschmeidig. Kein Wunder, daß der Mann die Axt weglegte. Er zog die Frau an sich in einem so vollkommenen Kuß, daß sich daran schlechthin nichts hätte verbessern lassen. Und die drei Jungen schauten zu, spürten irgendwie, daß das, was sie beobachteten, von größter Bedeutung war, etwas, in das sie eines Tages verstrickt werden würden, ein Wink aus ihrer Zukunft, ein Auftakt zu kommenden Dingen. Sie belauschten die Szene mit Respekt und Furcht und Ehrfurcht. Und als Hermie sah, wie die Frau die Arme um den Mann legte und sich an ihn klammerte, wuchs und wuchs seine Beklemmung. In stummer Qual rutschte er hin und her, genau wie seine beiden Gefährten. Sie bezahlten den Preis für ihr zufälliges Voyeurtum, und der Preis war höher als erwartet.

Der Kuß ging zu Ende, keinen Augenblick zu früh für die keuchenden Jungen. Die Frau schlüpfte aus der Umarmung und machte sich daran, die Holzscheite auf die ausgestreckten Arme des Mannes zu stapeln. Es war, als könne er einen Berg tragen. Sie legte nacheinander die ganzen Holzscheite drauf. Zementblöcke für Salomons Tempel. Steine für die Pyramiden. Dann wurde das Liebespaar vom Nebel verschluckt, und irgendwo ging eine Tür auf und wieder zu, und zum erstenmal wurden sich die Jungen des erregten Zustands bewußt, in dem sie alle drei waren.

Weil er der Anführer war, fühlte sich Oscy verpflichtet, irgendeinen Kommentar abzugeben, und dabei lächelte er wie üblich: »Der geht direkt ins Schlafzimmer mit ihr.«

»Zuerst muß er das Holz weglegen.« Das war Benjies pragmatischer Zusatz. Er sagte mit Vorliebe Dinge, über die sich nicht streiten ließ, wie »Heute ist Donnerstag«, »Der Präsident unseres Landes heißt Roosevelt«, »Es ist jetzt genau zwei Uhr nachmittags«. Sobald Benjie etwas sagte, das auch nur im geringsten bestritten werden konnte, brachte ihm das einen Verweis und einen Schubser von Oscy ein. So war das nun einmal. Das war schon Tradition. Oscy rutschte ein Stück weit die Düne hinunter, auf den Strand zu. Dann stand er auf, drehte sich um und ging den Rest des steilen Abhangs hinunter, und das war unmöglich. Noch unmöglicher war es aber für Benjie, der so spindeldürr war, daß er gar keinen Schwerpunkt hatte. Und so kam er auf dieselbe Weise die Düne herunter wie immer – er fiel hin und rollte, bis er von Oscys Fuß aufgehalten wurde, der daraufhin noch mehr Sand auf ihn kickte. »Leck mich, Oscy.« Benjie durfte Oscy nur so respektlos anreden, wenn die Bestrafung schon vorweggenommen war. Sonst wären seine Worte mit dem sofortigen Tode bestraft worden.

Oscy stellte einen Fuß auf Benjies Brust, als beanspruche er sie für Spanien, und rief zu Hermie hinauf, der sich noch nicht von der Stelle gerührt hatte: »He, Hermie, setzt du jetzt endlich deinen Leichnam in Gang? Bitte?«

Es war schwierig, Oscys Stimme nicht zu hören, denn sie traf das menschliche Ohr wie Salvenfeuer der Marine. Hermie glitt die Düne herunter wie vor ihm Oscy. Und als er unten ankam, kickte er noch mehr Sand auf Benjie, denn das schien gerade an der Tagesordnung, und Hermie war im Grunde genommen ein Konformist. »Leck mich, Hermie.« Das kam von unten, von Benjie, der noch nicht wieder aufgestanden war. Zu Hermie konnte er das praktisch nach Belieben sagen, denn Hermie schlug nicht zu, er ignorierte.

Augenblicklich liefen die drei Jungen den Strand entlang, in einer Bewegung, die sich nur mit dem Flechten eines Zopfes vergleichen läßt. Sie flogen mit maßloser Geschwindigkeit aufeinander zu, tauchten plötzlich aus dem Nebel auf und rammten den, der gerade das Pech hatte, in der Mitte zu sein. Der Aufprallwinkel wurde immer tödlicher, bis Hermie, dem sein Leben noch etwas bedeutete, das Trio sprengte. Er warf einen letzten langen Blick auf das Haus über der Düne, musterte es genau und machte sich allerlei Gedanken. Dann ging er auf einem geheimen Umweg nach Hause, um seine Freunde loszuwerden, für deren Gesellschaft er plötzlich gar nichts mehr übrig hatte.

2

Hermie hatte alles Menschenmögliche getan, um sein kleines Schlafzimmer in dem Ferienhaus wohnlich zu machen. Eine Wand, die mit dem Fenster, schmückte er mit signierten Fotos von ein paar Spielern der New York Giants, seinem bevorzugten Baseballteam. Die Autogramme waren alle gefälscht, denn wer besaß schon die Kühnheit, zu riskieren, bei der Autogrammjagd gesehen zu werden? Eine andere Wand zeigte Aufnahmen eines Panzers vom Typ Curtiss P-40 Tomahawk, eines Bombers vom Typ Douglas Dauntless Dive und eines Helikopters vom Typ Bell Airacobra P-39, alle unsigniert – wer hätte ihm das schon abgenommen? An der dritten Wand hing, unter ein paar anderen Filmsternchen, Hermies ganz persönliche große Liebe Penny Singleton. Er wußte, daß er ziemlich allein damit stehen würde, als er sich für Penny Singleton entschied. Doch so war Hermie nun mal. Sollten doch die andern ihre Ginger Rogers und Hedy Lamarrs haben; das Gedränge war ihm zu groß, Hermie zog weniger befahrene Straßen vor. Ihm gefielen Pennys strahlendes Lächeln und ihre weichen blonden Locken und ihr einnehmendes Wesen. Und außerdem: wenn man ihr schrieb und sie um ein signiertes Foto bat, kam es so schnell zurück, daß oft die Tinte noch ganz feucht war. Hermie hatte fünf signierte Fotos von Penny Singleton, genau genommen sechs, doch letzteres wurde in einer Schublade aufbewahrt, weil Hermie es ziemlich ungeschickt retuschiert hatte. Mit einer Rasierklinge hatte er mir nichts, dir nichts den doofen Kopf von Pennys Film-Ehemann entfernt und durch seinen eigenen, zwölf Jahre alten ersetzt. Sicher, das sah blöd aus, doch nichtsdestotrotz schätzte Hermie dieses Bild von sich und Penny Singleton ganz besonders, weil man darauf seine Hand auf ihrer Hüfte sehen konnte, nur zehn Zentimeter unter einer Brust und keine fünfzehn von dem Unaussprechlichen entfernt. In seiner anderen Hand lag ihre andere Hand. Um keine Hand in ganz Hollywood rankten sich jemals mehr und kühnere Phantasien. Doch, wie dem auch sein möge – das Bild blieb in der Schublade, unter seinen Socken und ganz nahe an seinem Herzen.

Die vierte Wand bestand hauptsächlich aus einem Schrank und einer Tür, die Hermie immer zuschloß, weil sie nicht nur hinaus zum Rest des Obergeschosses führte, sondern auch herein zu ihm, und er hatte schließlich ein Recht darauf, daß sein Zuhause als sein Schloß respektiert wurde. Auch an dieser Wand gab es eine kleine Fläche, an die man etwas hängen konnte, und Hermie hatte dort ein Bild seines zweiundzwanzigjährigen Vetters placiert, der auf der Aleuteninsel Kiska vor der Küste Alaskas stationiert war. In Kiska droben war nicht gerade viel los, höchstens daß vielleicht mal die Eskimos von Eisbären angegriffen wurden, doch Hermie hängte das Bild trotzdem auf, denn von allen seinen Verwandten kam dieser Vetter einem Kriegshelden am nächsten. Zwar war er Asthmatiker und hatte vor der Musterungskommission sogar einen Anfall vorgetäuscht, womit er allerdings nur erreichte, daß sie ihn zum Unteroffizier machten. Wäre sein Vetter Epileptiker gewesen, hätte er es zum Feldwebel bringen können. Hermie signierte auch dieses Bild: »Hermie in Tapferkeit gewidmet von seinem Vetter auf dem Schlachtfeld, Ronald.«

Sein General-Electric-Druckknopf-Radio, das seine Mutter zusammen mit einem Toaster und einer Lampe für nur vierundzwanzig Dollar erworben hatte, brachte Kate Smith mit dem Lied *God Bless America*. Es war in jenen Tagen unmöglich, Kate Smith und ihrer vaterländischen Hymne zu entrinnen, deshalb drückte Hermie nach einer Weile mit dem Ellbogen auf den »Aus«-Knopf, so daß endlich Ruhe herrschte. Es war sowieso Zeit, nachzudenken. Zwei- oder dreimal am Tag stand für Hermie tiefes Nachdenken auf dem Programm, weil ihm sein Englischlehrer gesagt hatte, mit der Methode ließen sich Lebensanschauungen entwickeln. Nach fünfzehn Minuten tiefen Nachdenkens hatte Hermie beachtliche Kopfschmerzen. Er blätterte durch sein Handbuch zur Bestimmung von Flugzeugen und war zuversichtlich, daß er als erster ein zufällig über Maine fliegendes Mitsubishi-Jagdflugzeug erkennen würde.

Solche Beschäftigungen füllten den größten Teil von Hermies Tagen. Träumereien und tiefes Nachdenken und Fälschen. Er tat aber auch patriotische Dinge. Er unterstützte die Kriegsanstrengung dadurch, daß er Zahnpastatuben und Altpapier aufhob. Und wenn er aus dem Haus ging, hatte er oft drei ausgequetschte Tuben dabei, die er im Zentrum für Zivilverteidigung abgab, zusammen mit ein paar Ausgaben der *New York Times*. Dabei mußte er sich nur vorsehen, ja nicht die neueste Nummer zu erwischen, denn einmal hatte ihn sein Vater mit dem zusammengerollten *Journal-American* beinahe am Kopf getroffen, als er eine ungelesene *New York Times* mitgenommen hatte, das war es dann doch nicht wert, verdammt noch mal.

Die Sonne stand hoch und gutgelaunt am Himmel, als Hermie durch die Tür mit dem Fliegengitter die vordere Veranda betrat. Und er war froh, als er entdeckte, daß er nicht über den in der Sonne bratenden Leib seiner Schwester steigen mußte, der normalerweise mit dem Gesicht nach oben auf dem Rasen lag, als sei er von einem vorbeifahrenden Lastwagen gefallen. Seine Schwester war schwarz auf der Vorderseite und weiß auf der hinteren, weil sie das Haus nur acht Wochen lang hatten, und wenn das bedeutete, daß man zwei Monate lang rückwärts gehen mußte, um sich wenigstens zur Hälfte zu rösten – seine Schwester brachte es fertig. Sie war eine der größten und dunkelsten Rückwärtsgeherinnen aller Zeiten. Sie hatte ein schwarzes Gesicht und einen weißen Podex. Da würde selbst Frankenstein das kalte Grausen packen.

Das Tödliche Trio hatte sich für zwei Uhr an den Strand verabredet. Musik stand auf dem Programm und was sich eben sonst ergeben würde. Hermie hatte sich bereits um fünfzehn Minuten verspätet, und das hieß, er würde als erster am Treffpunkt sein. Er ging deshalb langsamer und zählte die Militärorden in den Fenstern. Er zählte neun blaue und einen goldenen. Der goldene war für einen Soldaten, der irgendwo im Pazifik gefallen war, oder jedenfalls hatte seine Mutter das einer Nachbarin erzählt. Hermie stellte nicht gern Fragen über Leute beim Militär, denn er kam sich wie ein verdammter Drückeberger vor, weil er selber nicht dabei war. Auf jeden Fall, weil ihm niemand dabei zuschaute, salutierte er vor dem goldenen Orden im

Gedenken an den Gefallenen und ging weiter und sehnte sich danach, bei der erstmöglichen Gelegenheit den Toten zu rächen. Er blieb stehen und lehnte sich eine Weile gegen einen Zaun, weil Oscy und Benjie erst in vielleicht einer Stunde auftauchen würden und Oscy das Radio hatte. Er summte beliebte Schlagermelodien, bis er das Gefühl hatte, sie könnten alle drei rechtzeitig am Treffpunkt erscheinen, wie ausgemacht, mit einer unheimlichen Verspätung.

3

Die drei Kameraden lagen flach im Sand ausgestreckt, in der Badehose vom letzten Sommer, weil man Badehosen zwei Jahre zu tragen hatte; so verlangte es das »Handbuch für Mütter« zum Thema: Wie erziehe ich meinen Jungen zu einem komischen Gang. Sie nahmen nie Handtücher oder Decken zum Strand mit, weil das genauso weibisch war, wie wenn man mit einem Regenschirm durch ein berüchtigtes Stadtviertel ging. Und so waren sie mit nassem Sand überzogen und sahen aus wie drei frisch panierte Kalbsschnitzel.

Aus Oscys Kofferradio, für das er von Hermie und Benjie regelmäßig »Batteriegeld« einzog, tönte Musik. Als Benjie einmal den Verdacht äußerte, mit dem Batteriegeld, das Oscy kassiere, könnten sie ein Jahr lang das Radio laufen lassen, brachte Oscy das Radio zwei Tage nacheinander nicht mit. Er entschied sich für diese Strafe, nachdem er vorher Benjie voller Feingefühl einen gemeinen Japs genannt und das mit ein paar schnellen Schlägen gegen Gesicht und Kopf ergänzt hatte. Benjies einziger Kommentar war eine Nebenbemerkung zu Hermie, daß sie zu zweit Oscy wahrscheinlich windelweich schlagen könnten, vorausgesetzt, der Fettsack Willie Melnick setzte sich auf ihn. Hermie konnte dem Vorschlag nichts abgewinnen, da er

Grips genug hatte zu wissen, daß der Fettsack Willie früher oder später aufstehen mußte, und sei es nur, um auf den Lokus zu gehen, und in dem Augenblick würde Oscy mit Sicherheit hochkommen und ihnen nachspüren und sie alle beide fürchterlich vermöbeln. Es wurde also nichts aus dem Plan, und Benjie mußte, wie üblich, zugeben, daß Hermie zwei Menschenleben gerettet hatte.

Jedenfalls spielte gerade das Benny-Goodman-Sextett, und das tat verdammt gut nach Kate Smith mit ihrem *God Bless America*. Der Posaunist spielte gerade seinen Chorus, und Oscy, der große Musikwissenschaftler, fragte: »Wer spielt Posaune?«

»Tommy Dorsey«, sagte Benjie, vor allem deswegen, weil er lange nichts gesagt hatte und sich nach dem Klang seiner Stimme sehnte.

Oscy ärgerte sich über Benjies vorlaute Antwort. »Ich habe Hermie gefragt. Schau doch auf deine Uhr.« Dann wandte er sich an Hermie. »Ist das Tommy Dorsey, Hermie?«

Hermie gab das Gutachten des Sachverständigen bekannt: »Tommy Dorsey spielt nicht im Benny-Goodman-Sextett. Es ist Lou McGarity.« Dann begann er sich zu ärgern, weil sie einen seiner Augenblicke tiefen Nachdenkens gestört hatten und er jetzt umsonst Kopfschmerzen bekommen würde. »Warum haltet ihr eigentlich nicht einfach das Maul und hört zu?«

»Ich hör' ja zu«, sagte Benjie.

»Schau doch auf deine Uhr«, sagte Hermie. Das waren nun schon zwei Aufforderungen an Benjies Adresse, auf seine Uhr zu schauen. Und deshalb schaute er, da er schon immer viel von demokratischen Spielregeln gehalten hatte, auf seine Uhr.

Peggy Lees Stimme war jetzt zu hören, und Benjie bemerkte genießerisch: »Mann, diese Helen O'Connell, die ist wirklich Klasse.«

Oscy schaute schnell zu Hermie hinüber: »Ist das Helen O'Connell, Hermie?«

Hermie seufzte. Er wollte doch nur ungestört zuhören. »Das ist Peggy Lee.«

Und Oscy versetzte Benjie mit dem Handrücken einen kurzen Schlag gegen die Brust, so daß er umkippte. »Du irrst dich wieder mal, Benjie, wie üblich.«

Benjie spuckte Sand aus. »Wieso hat eigentlich Hermie immer recht?«

»Er hat nicht immer recht«, sagte Oscy, mit der Weisheit aus Jahrhunderten. »Es kommt nur daher, daß du dich immer irrst.«

Hermie verstand es glänzend, seine zwei komischen Freunde abzuschalten, wenn er sie nicht mehr hören wollte. Diesmal brauchte er dazu gar keine besonderen Tricks, denn sein Blick wanderte plötzlich den Strand entlang, und Oscy und Benjie blickten sogleich neugierig in dieselbe Richtung.

Es waren der Mann und die Frau, die aus dem Haus über den Dünen. Sie waren in Badeanzügen und schlenderten Arm in Arm dahin, perfekt synchronisiert. Und nur ein Blinder hätte übersehen können, daß sie restlos ineinander verliebt waren. Der Mann trug eine Übersee-Soldatenmütze, und wieder konnte man das schamlose Spiel seiner Muskeln sehen. Die Frau war so schön, so lächelnd, so grünäugig und langbeinig, daß den Jungen fast die Augen aus dem Kopf fielen. Die Liebenden kamen näher und gingen keine eineinhalb Meter entfernt am Tödlichen Trio vorbei. Hermie zuckte nicht mit der Wimper, nicht ein einziges Mal. Seine Augen waren die Augen einer Eidechse, lidlos und im aufgerissenen Zustand erstarrt, fixiert auf die glatten Beine und den strammen Bauch der Schönheit in Bewegung. Und als ihm der Rauch aus der Pfeife des Mannes in die Nase stieg, wußte er, daß er genauso riechen wollte wie dieser Tabak.

»So eine Figur lege ich mir auch zu«, sagte Benjie und meinte dabei den Mann. Oscy grunzte nur. »Ehrlich«, sagte Benjie. »Ich werde trainieren. Mit Gewichten. Jeden Tag eine Stunde.«

»So wirst du nie aussehen«, sagte Oscy.

Und Benjie wußte, daß er recht hatte. »Na ja. Das muß aber auch ein Offizier sein.«

Hermies Kommentar kam irgendwoher von Linksaußen und überraschte sogar ihn selber. »Sie hat auch keine schlechte Figur.« Oscy und Benjie fuhren herum wie zwei Köpfe auf einem Hals, um den Verrückten unter ihnen zu finden. Hermie spürte, wie er angestarrt wurde, und er wußte, daß sich Dideldum und Dideldei auf seine Kosten heimlich anstießen. Und er wußte, daß jetzt dann gleich irgendeine blödsinnige Bemerkung fallen würde, aber er war nicht so doof, darauf zu warten wie auf Pearl Harbor, und so ging er zum Angriff über. »Ihr seid doch schwachsinnig, alle beide!« Und er stand auf und ging davon, ohne auch nur die Spur eines Abschieds. Und als er weit genug weg war, drehte er sich um und rief Benjie zu: »Es war Peggy Lee! Du mußt bezahlen!«

Benjie war verwirrt. Er blickte Oscy an. »Bezahlen? Ich hab' doch nicht mit ihm gewettet. Hab' ich mit ihm gewettet?« – Oscy strafte ihn mit einem Schubser und mit Verachtung. »Du bist unmenschlich. Du weißt doch, wie sensibel Hermie ist.«

»So, tatsächlich? Ich auch! Scheiße.« Und er rief zurück zu Hermie, der schon fast außer Hörweite war: »Es war Helen O'Connell!«

Hermie ging weiter. Erst als er ein gutes Stück weiter weg war, drehte er sich um, so daß er den Wind im Rücken hatte, und schrie zurück. »Peggy Lee!« Falls Benjie noch einmal darauf antwortete, hörte Hermie nichts davon, weil Benjie, wie üblich, Gegenwind hatte und ein Idiot war.

4

Wenn es etwas Eßbares gab, das Hermie haßte, dann war es Kalbskotelett. Schon das Wort allein klang widerlich. Doch seit den Tagen der Depression hatte er nie vom Tisch aufstehen dürfen, bevor er nicht alles aufgegessen hatte, was ihm seine Mutter vorsetzte. Und Ausnahmen wurden nicht gemacht. Er blieb also lange sitzen und stieß immer wieder die Gabel in das Kotelett, in der Hoffnung, es würde lebendig vom Teller springen; dann müßte er es wahrscheinlich nicht essen, denn ein lebendiges Kalb zu verspeisen wäre ja fast Kannibalismus gewesen.

Seine Mutter war vollauf damit beschäftigt, zu spülen und im Radio die Stunde für Amateurmusiker zu hören. Seine Schwester war, da inzwischen die Sonne weg war, auf ihrem Zimmer und betrachtete wahrscheinlich traumversunken den Mond. Weiß der Teufel, wovon sie die ganze Zeit träumte. Tagsüber lag sie in der Sonne, und nachts himmelte sie den Mond an. Sie war achtzehn Jahre alt und für den Rest der Familie absolut unzugänglich. Mit dem Augenblick, in dem ihre Brüste zu sprießen anfingen, hörte sie auf normal zu sein. Und in dem Maß, in dem ihre Brüste wuchsen, zog sie sich immer mehr zurück. Und mehr als einmal fragte sich Hermie, wieso eigentlich seine Schwester ihren Busen ständig in ihrem Zimmer versteckte.

Was seinen Vater betraf, so konnte der nur an jedem zweiten Wochenende zur Insel kommen. Benzin war nur schwer zu erhalten, und ihr Auto stand nicht auf der Dringlichkeitsliste. Die halbe Zeit funktionierte es sowieso nicht. Und wenn es mal lief, dann anscheinend nur bergab. Sein Vater hatte eine große Kunstfertigkeit darin entwickelt, das Auto im Leerlauf rollen zu lassen, weil das Benzin sparte. Er konnte oft einen halben Straßenblock weit auf eine rote Ampel zurollen und sie in dem Moment erreichen, in dem sie grün wurde. In solchen Augenblicken war sein Vater ein glücklicher Mann. Sein Vater war ein Veteran des Ersten Weltkriegs und hatte sogar ein paar Orden, weil er in Château-Thierry irgendwas geleistet hatte. Doch trotz dieser Orden blitzte er bei der Armee ab, als er versuchte, sich für den Zweiten Weltkrieg freiwillig zu melden, denn er war viel zu alt. Vierundvierzig.

Jedenfalls saß Hermie allein am Tisch, es sei denn, man rechnete das Kalbskotelett mit, das es jedoch ausgezeichnet verstand, sich totzustellen. Hermie hatte seiner Mutter ein seiner Ansicht nach ehrliches Geschäft vorgeschlagen. Er würde den Spargel essen, und zwar nicht nur die Spitzen, wenn er dafür mehr als die Hälfte des Koteletts liegenlassen durfte. Das Geschäft kam nicht zustande. Mit seiner Mutter etwas aushandeln zu wollen, während die Amateurstunde im Radio kam, war ein aussichtsloses Unterfangen.

Hermie starrte noch weitere fünf Minuten auf das zerstochene Kotelett, bevor er sich zu einem Fluchtversuch entschloß. Irgendein Verrückter im Radio spielte eine singende Säge, und Hermies phantastische Mutter sang den Text mit. »Es steht ein altes Spinnrad in der Stube . . .«

Vollkommen geräuschlos stand Hermie auf und ging auf die Tür zu, und er schaffte es, hinauszuschlüpfen, ohne die singende Mutter aus ihrem Duett mit der Säge wachzurütteln. ». . . und es weckt süße Erinnerungen an dich.«

Als er die Haustür mit dem Fliegengitter erreicht hatte, konnte Hermie die beiden sehen. Oscy und Benjie. Oscy lag ausgestreckt auf dem Rücken auf dem verwahrlosten Rasen und betrachtete den Himmel. Benjie, bei dem sich die entsetzliche Langeweile in einer anderen Stellung ausdrückte, starrte auf seine Ingersoll am Handgelenk. Vielleicht würde er eines Tages Radium entdecken. Bei diesem Anblick seiner aufregenden Freunde war Hermie versucht, umzukehren und bei dem Kotelett Zerstreuung zu suchen. Doch die Trägheit ließ ihn in der einmal eingeschlagenen Richtung weitergehen, und er öffnete und schloß die Tür mit dem Fliegengitter so behutsam, daß nicht mal ein Polizeihund mit Auszeichnung etwas gehört hätte, aber ein Polizeihund war eben noch lange keine Mutter. Die Stimme kam aus dem Wohnzimmer, wurde vom Fliegengitter gefiltert und traf sein Gehirn wie eine Kanonenkugel. »Herman, du gehst fort.«

Das war eine direkte Feststellung gewesen. Nicht etwa eine Frage, sondern eine Feststellung von Tatsachen. Mutter; Substantiv; weiblichen Geschlechts: allsehend, allwissend. Gott im Himmel. Hermie stand auf der obersten Stufe und wartete auf den Rest, denn so funktionierte seine Mutter nun einmal – als hätte sie eine eingebaute Automatik. Zuerst die direkte Feststellung, über die sich nicht streiten ließ. Beispiel: »Herman, du gehst fort.« Als nächstes würde die versteckte Drohung kommen. Sie kam. »Ich will nur hoffen, du hast dein Kotelett aufgegessen.« Eine dritte Äußerung würde nicht lange auf sich warten lassen. Es würde eine Frage sein. Fragen waren tödlich, da sie eine Antwort erforderten. Bei einer direkten Feststellung konnte man weit weg sein, doch bei einer Frage war es dringend ratsam, sich im Haus zu befinden. Hermie setzte sich auf die oberste Stufe und wartete auf die Frage. Von da aus konnte er beobachten, ob in Oscys und Benjies Leichen, die man da auf seinen Rasen gekippt hatte, noch Anzeichen von Leben waren. Es gab tatsächlich solche Anzeichen, wenn auch nur schwache. Ein schwaches, ungleichmäßiges Atmen.

Hermie war immer gepflegt. Seine Haare waren gekämmt. Sie wurden nicht sehr oft gekämmt, und auch nicht zu gründlich, weil man sie erst einzeln erschießen mußte, bevor sie nachgaben und sich hinlegten. Doch es geschah immer mal wieder, daß irgendein Urinstinkt an

Hermies Gewissen nagte und ihm ins Ohr flüsterte: »Kämm deine Haare. Man kann nie wissen.«

Was Oscy anging, so trug er immer dasselbe idiotische Frotteehemd. Er behauptete, er habe vier davon, alle im gleichen Farbton, diesem stumpfen Grau. Doch Hermie hatte den starken Verdacht, daß vier Frotteehemden unmöglich dieselben identischen Fettflecken, Farbspritzer, Löcher, Schlitze und Blutflecken aufweisen konnten. Oscy war deshalb ein Lügner. Doch was noch schlimmer war, Oscy verbreitete gelegentlich einen starken Wildgeruch, vor allem an heißen, schwülen Tagen und vor allem im Haus, etwa in einem Kleiderschrank. Was Benjie betraf, so achtete Hermie nie darauf, was er anhatte. Solange Benjie seine Uhr hatte, war er angezogen, und seine Welt war in Ordnung. »Siebzehn Minuten bis acht«, sagte er. Niemand konnte ihm widersprechen.

Nach langem Stillschweigen, das besser auf einen Friedhof gepaßt hätte, hatte Oscy dem Himmel eine sehr wichtige Frage zu stellen. Er tat das zögernd und nachdenklich, denn die Antwort war von großer Bedeutung. »Wie viele Stangen Dynamit . . . würde man wohl brauchen . . . um diese ganze beschissene Insel . . . in die Luft zu jagen?«

Nachdem er lange und angestrengt nachgedacht hatte, gab Hermie die korrekte Antwort. »Dreiundzwanzig.« Wieder entstand eine lange Pause, als die Jungen über die Fragestellung selbst und die Genauigkeit einer solchen Antwort nachdachten.

Dann kam zum drittenmal die Stimme aus dem Haus. Die Frage. Bäng. »Herman, hast du dein Kotelett aufgegessen?« Oscy und Benjie richteten ihre Blicke auf Hermie und nagelten ihn fest. Denn die nächste Umdrehung der Erde hing von Hermies Antwort ab. Hermie blickte zurück, erst zum einen, dann zum andern. Er wiederholte diesen Vorgang, in erhöhtem Tempo, bis alle verstanden hatten, daß er mit seinem Kopfschütteln die Frage verneinte, und das war für die drei das Zeichen zum Aufbruch: Sie standen geräuschlos auf und gingen schweigend auf die Stadt zu. Sie hatten die Szene oft gespielt, auch auf Oscys und Benjies Rasen und vor vielen Häusern in Brooklyn, und es war das Gesetz: Wenn du deinen Teller nicht leergegessen hast, verdrück dich. Niemand hatte je eine angemessenere Lösung erdacht.

Als er sich so vom Haus entfernte, wußte Hermie, daß die unbeantwortete Frage in Kürze die vierte und letzte Stufe im mütterlichen Funktionsablauf erreichen ließ: ihren persönlichen Auftritt, bei dem sie auf die Veranda heraustreten und sich, die Hände in die Seiten gestemmt, in allen Richtungen umsehen und dann in die leere Luft hinausrufen würde: »Herman, komm ja nicht nach Hause, bevor du dein Kotelett aufgegessen hast.« Das war die Art von Logik, mit der sich Hermie auseinanderzusetzen hatte. Sein Leben war voll davon.

5

Der alte hölzerne Wasserturm hob sich dunkel vom Himmel ab, ein großes, insektenähnliches Gebilde, das so breitbeinig dastand wie der Koloß von Rhodos und all den Jungen als Versteck diente, die die vierzig Sprossen schafften, ohne sich dabei das Genick zu brechen. Jenseits des Turmes verabschiedete sich die Sonne, in einer Verschwörung aus roten und violetten Farbtönen. Unten streckte sich lethargisch die kleine Stadt und zündete hier und dort ein Licht an, als Talisman gegen die Nacht. Und oben waren drei Jungen; mit angezogenen Beinen saßen sie Schulter an Schulter auf der schmalen Plattform, die den bauchigen Wasserbehälter umgab. Sie waren unter sich, in guter Gesellschaft, und langweilten sich erbärmlich.

Sie reichten die eine durchnäßte Zigarette herum und

pafften dramatisch, wie Soldaten an der Front, denen eine kurze Pause in der blutigen Schlacht vergönnt ist. In die Stille fiel eine von Hermies scharfsinnigen Beobachtungen: »Das war der längste Sommer meines Lebens.«

Keiner seiner beiden Gefährten hatte ein Interesse daran, diesen Gesichtspunkt anzuzweifeln, und so klang der Tag aus, und die Nacht überfiel sie plötzlich mit weichen Brisen kühler Luft von der Bucht. Es war Gezeitenwechsel, und der Wind schlug um, und Hermie nutzte solche Augenblicke zu zusätzlichem tiefem Nachdenken. Doch das einzige, was ihm in den Sinn kam, war, warum diese eine blöde Seemöwe ausgerechnet ihn ausgesucht hatte und ihm dauernd folgte. Sie war über ihm geflogen, als er an diesem Morgen in die Stadt gegangen war, und hatte ihn mit ihrer Bombenladung nur knapp verfehlt, nachdem sie ihn wie ein Stuka im Tiefflug angegriffen hatte. Und als er später seinen dürftigen Siegesgarten bestellte, hatte sie über ihm drohend ihre Kreise gezogen, bevor sie zum Sturzflug ansetzte und seine wehrlosen Krautköpfe bombardierte. Und schließlich hatte ihn der gottverdammte Vogel pünktlich um sechs Uhr von hinten angegriffen, gerade als er vom Friseur kam, und plötzlich eine Ladung Kacke auf ihn abgefeuert, die ihm hinten auf den Hals klatschte. Das war alles sehr merkwürdig gewesen, denn Hermie hatte sich immer eingeredet, er komme mit Vögeln und Tieren des Waldes gut aus, obwohl er ein Großstadtjunge war. Und deshalb war es ihm ein echtes und immer unverständlicher werdendes Rätsel, weshalb dieser eine hysterische Vogel ihm fortwährend Kummer machte. Es sei denn, natürlich, der Vogel tat das alles aus Liebe. So wie Katzen. Katzen brachten ihre Beute, tote Mäuse und ähnliches, um sie ihrem Herrchen zu zeigen. Doch wenn das der Fall wäre, würde dann der Vogel nicht einfach einen Fisch auf ihn abwerfen, anstatt ihn mit Möwendreck zu bombardieren? Es ging über Hermies Horizont. Er wollte Oscy um seine Meinung fragen, doch Oscy war mit Husten beschäftigt und würde wahrscheinlich als Berater erst zur Verfügung stehen, wenn ihm die Lungen geplatzt waren. Und Benjie untersuchte seine Uhr, um zu sehen, ob sie tatsächlich im Dunkeln glühte. »Acht Uhr einunddreißig«, sagte Benjie, zum Beweis, daß seine Uhr im Dunkeln glühte. Oscy gab ihm einen Stoß, und um acht Uhr einunddreißig und drei Sekunden verlor er das Gleichgewicht. »Leck mich, Oscy.« Manche Dinge änderten sich nie.

Hermie saß vor dem Süßwarenladen und beschäftigte sich angestrengt mit der neuesten Ausgabe der *Jungle Comics*. Benjie saß daneben und schaute wie hypnotisiert auf seine Uhr und stoppte Hermie. Doch Hermie wußte nicht, daß ihn ein Zeitnehmer kontrollierte, denn er war tief im üppigen tropischen Urwald und schwang sich mit Sheena von Baum zu Baum, auf zwölf aufreizenden, vielfarbigen Bildern pro Seite. Und jedes Bild enthüllte Sheenas bebende Topographie aus einem anderen Blickwinkel. Stramme Schenkel und ein runder Busen pulsierten in ihrem ausgefransten Leopardenfell. Gegürtete Lenden und ein greller Nabel bestürmten Hermies Augen und Verstand, prallten auf seine Netzhaut und erschütterten seine junge Schädeldecke. Selbst die Raubtiere auf den Bildern schauten von den Zebras auf, die sie gerade verspeisten, und begutachteten die schnelle Sheena und überlegten sich, ob sie nicht sofort ihre Eßgewohnheiten ändern sollten. Da war zum Beispiel ein Löwe, der sabberte wie ein Wasserhahn, und ein Tiger, der so lüstern aussah wie ein Nashorn. Hermie war sich noch nie ganz im klaren darüber gewesen, warum diese Hefte Comics genannt wurden. Sie waren überhaupt nicht lustig. Vielleicht war Mickymaus lustig, doch über Sheena aus dem Dschungel gab es nichts zu lachen. Sheena konnte einen Mann verrückt machen, ohne daß sie sich nur bemühte. Hermie kniff seine Augen zusammen und versuchte, das Leopardenfell in Bild Nummer neun zu durchdringen, auf dem sich Sheena mit gewaltig gespreizten Beinen über eine gefährliche Schlucht wegschwang und dabei in einen weißen Ballon schrie ... »Jaaaaaa, Sheena!«

Seine Träumerei kam zu einem jähen Ende, als es seinem Röntgenauge eben gelungen war, das Leopardenfell in Zellophan zu verwandeln.

Es war ein vernichtender Schlag, und er kam von Benjie, dem offiziellen Zeitnehmer und allgemein anerkannten Superidioten. Er sagte: »Du bist jetzt seit sieben Minuten auf dieser Seite.«

»Ich wollte, ich wäre drin.«

»Sieben Minuten und sieben Sekunden. Mann, du liest langsam.«

»Wer sagt denn, daß ich lese?«

»Sieben Minuten und vierzig Sekunden. Was machst du denn damit – lernst du's auswendig?«

»Klar.«

»Blättere um.«

»Das ist die letzte Seite.«

»Dann mache eben das Heft zu.«

»Mach doch du dein Maul zu.«

Oscy kam aus dem Süßwarenladen, als Hermie eben dabei war, die gesamten zweiundfünfzig Seiten der *Jungle Comics* auf Benjie niedersausen zu lassen. Oscy kam pfeifend aus dem Laden, so lässig, daß man gleich wußte, er hatte etwas geklaut.

Er lief vorbei und hatte sich schon ein ganzes Stück weit entfernt, als Hermie endlich von Benjie abließ, der die ganzen Schläge mit dem rechten Unterarm abfing, um ja seine Armbanduhr zu schützen, die er am linken Arm trug – und der steckte in seiner Hosentasche, so sicher wie in einem Fuchsbau. Benjie sprang nun auf, warf Hermie einen Fluch an den Kopf und lief hinter Oscy her. Hermie stand auf und bemühte sich aufrecht zu gehen, doch es wollte ihm nicht so recht gelingen. Widerstrebend, aber realistisch brachte er die *Jungle Comics* zum Zeitungsstand zurück, wo das Heft allmählich verwelken und sterben würde. Denn niemand kaufte jemals ein *comic book*. Zeitungsstände legten *Comics* zur kostenlosen Lektüre bereit, es war sozusagen eine öffentliche Dienstleistung, nur durfte man sich dabei ja nicht erwischen lassen. Und so galt es, Abschied zu nehmen von Sheena aus dem Dschungel und ihrem phantastischen Bauchnabel, bis zum nächsten Monat, und bis dahin Oscy und Benjie und dem Wahnsinn des Lebens hinterherzulaufen.

Oscy führte sie zu einem versteckten Plätzchen, wo kein Außenstehender seine verbrecherischen Machenschaften beobachten konnte. Dann zog er einen glänzenden verchromten Gegenstand aus der Tasche und präsentierte ihn seinen Kameraden, als handele es sich um ein Stück aus dem englischen Kronschatz; nur war es eine Mundharmonika. Benjie war gar nicht damit einverstanden: »Mann, wieso klaust denn du 'ne Mundharmonika?«

Oscy zuckte die Achseln und lächelte. »Eine plötzliche Eingebung.« Und er steckte die Mundharmonika wieder ein und trottete davon.

Benjie folgte ihm, eine spindeldürre Schnake, die auf die kompakte Luft eindrischt. »Wir hatten doch ausgemacht, daß du einen Drachen stiehlst!«

»Auf einem Drachen kann ich nicht spielen.«

»Auf der Mundharmonika kannst du ja auch nicht spielen.«

»Ich kann's aber lernen.«

»Herrgott, Oscy – eine Mundharmonika können wir doch nicht fliegen lassen!«

Oscy gab der Schnake einen Klaps und kümmerte sich dann nicht mehr um sie. Hermie ließ sich ein paar Meter zurückfallen und wünschte sich, er hätte Sheena auf seinem geheimen Röntgentisch, wo er unbehindert seine gottlosen Experimente an ihrer Anatomie durchführen könnte, in Anwesenheit seines treuen Dieners Komo, der die Aufgabe hätte, seine Mutter fernzuhalten.

Hermie ging die Hauptstraße entlang, ein gutes Stück hinter seinen zwei Freunden her. Sheena war so lebendig in seiner Vorstellung und in seinen Lenden, daß er nicht die geringste Lust hatte, seinen streitenden Kumpanen zuzuhören. Dort vorn konnte er sehen, wie Oscy elegant die glitzernde Mundharmonika zwischen den Lippen hin- und herbewegte, bis er mit der Oberlippe an einem Cis hängenblieb, so daß Benjie vor Vergnügen auf und ab hüpfte. Erst als Oscy schließlich seine Lippe befreit hatte und anfing, mit dem Instrument auf Benjie einzuschlagen, schaltete Benjie plötzlich und diplomatisch auf Mitgefühl um.

Hermie fiel zurück wie ein Meilenläufer, der den Anschluß verpaßt. Wenn gesagt wurde, ein Sportler brauche nur seine Zeit mit Gedanken an Sex zu verschwenden und schon könne er nicht mehr mithalten, so stimmte das sicher. Sobald ein Boxer heiratete, war er erledigt. An dem Tag, an dem ein Fußballer zum erstenmal bumste, konnte er gleich seine Stiefel an den Nagel hängen, das war ein Gesetz des Sports, allgemein bekannt. Hermie hätte es nur interessiert zu wissen, warum dann so viele Sportler trotzdem darauf bestanden. Auf das Signal »Augen rechts!« fuhr Hermies Kopf ruckartig herum, festgenagelt von einem Torso mit Tupfenmuster in einem Schaufenster. Für einen kurzen Augenblick waren auch seine Augen nichts weiter als zwei Tupfen, die herumschwirrten und nach einer Öffnung suchten. Doch als sich der Rauch verzogen hatte und seine Augen auf das neue Ziel eingestellt waren, sah er den Bikini an der armlosen, beinlosen, kopflosen weiblichen Gestalt. Nur die guten Teile waren vorhanden, sehr fein und gleichmäßig gebräunt, kakaofarben und erregend.

Hermies Augen flatterten in schmerzlicher Erkenntnis. War er dazu verdammt, ewig zu beobachten und nie teilzuhaben? War er wirklich dazu verdammt, eine sexuelle Zeitbombe zu sein, im Verborgenen tickend, bis er eines Tages nicht mehr ticken konnte, worauf er einfach explodieren würde, so daß nebst Hermies Spermien nur noch Stücke von ihm gefunden würden, vielleicht an der Wand irgendeiner Besserungsanstalt? Und wer würde seine sterblichen Überreste identifizieren, wenn es seiner Mutter zu peinlich wäre, da ihr Sohn ihrer Meinung nach ein Heiliger war? Da traf Hermie ganz bewußt eine Entscheidung: Er würde der Sache nicht mehr länger aus dem Wege gehen. Er würde es tun, und es würde geschehen. Er würde hier vor diesem Schaufenster stehen und dem Torso direkt in die Augen sehen. Und allein durch seine Willenskraft würde der Bikini abfallen, und eine nackte Frau würde erscheinen. Und sie würde durch die Fensterscheibe treten, und er, Hermie im Wunderland, würde bereit sein, und Komo würde Wache halten, und – Jaaaaaa, Sheena!

»Hermie? He, Hermie?«

Das war Oscys Stimme, doch Hermie sagte sich, Komo wird das schon erledigen. Stören Sie sich nicht daran, nackte Frau. Du gehörst mir, ganz mir. Jaaaaaa, Sheena.

»Er ist wieder scheintot.«

Das war Benjie. Komo, siehst du denn nicht, daß ich nicht gestört werden möchte? Schaff ihn aus dem Weg. Ich bitte um Verzeihung, nackte Dame, wo waren wir stehengeblieben?

»He! Rip Van Hermie! He, Hermie?«

Jetzt also wieder Oscy, laut und störend und unvermeidlich. Und so nahm er Abschied von der nackten Frau, die sich wieder als getupfter Bikini um den Torso legte. Kacke und doppelt Kacke, Sheena. Komo, du bist entlassen. Fristlos.

Hermie drehte sich um zu Oscy und Benjie, die zurückgekommen waren, um ihn aus seinem neuesten Trancezustand zu retten. Er wußte, es war sinnlos, sie zu bestrafen. Sie würden nie begreifen. Wie konnten sie auch? Nicht mal er begriff.

Oscy neigte den Kopf zur Seite und lächelte Hermie zu. »Kommst du, Hermie?«

»Sicher. Wo geht ihr hin?«

»Äthiopien.«

»Okay.« Warum nicht? Was war ihm geblieben?

Sie bummelten die Straße hinunter und setzten sich schließlich auf den Landesteg der Fähre, der von den grünen moosbedeckten Pfeilern getragen wurde, die nicht so aussahen, als könnten sie noch einen Tag ihren Dienst versehen. Sie waren allmählich wahre Meister darin, auf dem Landesteg zu sitzen, und Hermie sehnte eine Flutwelle oder einen Taifun herbei, der sie einfach fortspülen würde. Er hoffte, seine Freunde würden dabei ertrinken, während er an irgendeiner Insel an Land gespült wurde, zusammen mit zwei bildschönen Mädchen und seinem Diener Bokoto. Aber Hermie konnte sich unmöglich von seiner Phantasie hinreißen lassen, solange Oscy neben ihm saß und seiner Mundharmonika wahrhaft merkwürdige Töne entlockte. Die Sinfonie der Blähungen. Benjie betrachtete die Ankündigungen, die am städtischen Schwarzen Brett befestigt waren, verglich sie mit seiner Armbanduhr, stoppte sie. Herrgott noch mal.

Hermie verbarg sich hinter seinem üblichen völlig stumpfsinnigen Gesichtsausdruck und beobachtete – ohne wirklich zu beobachten – die Leute, die an Bord der Fähre gingen, die um zwei Uhr zwanzig zum Festland fuhr. Leute, Kinder, Hunde, Kinderwagen, Handwagen, der letzte Zug, der Polen verließ. Und dann sie, der Mann und die Frau. Wieder stieg ihm bei ihrem Anblick, allein schon beim Gedanken an ihren Namen (den er nicht kannte) das Blut in den Kopf, so daß ihm schwindlig wurde.

Der Mann trug eine Armeeuniform und hatte einen Seesack über der Schulter. Er trug alle möglichen Auszeichnungen, den reinsten Fruchtsalat. Die Frau, aaaah, sie trug verblichene Jeans und eine weite Bluse, und ihre Haare und ihre bezaubernden grünen Augen waren in einen merkwürdigen Nebel getaucht, und Hermies Herz zog in Erwägung, die Pumparbeit ganz einzustellen, denn wer konnte je auf Größeres hoffen, als im Anblick hinreißender Schönheit sein Leben zu lassen? Sie klammerte sich an den Mann, versuchte ein Teil von ihm zu werden. Er ging fort. Sie wußte, daß er gehen mußte. Sie wußte nicht, wann sie ihn wiedersehen würde. Es war die alte Geschichte, doch außerhalb des Kinos so fachmännisch dargestellt, schien sie Hermie auf ganz neue Art fremd. Die zwei Liebenden standen genau in der Mitte der Menge, und die Leute rings umher waren in Bewegung, beeilten sich, an Bord der tuckernden Fähre zu kommen. Abschiedsstimmung lag in der Luft, und sie lächelte trotzdem, ohne sich auch nur einen Augenblick verstellen zu können.

Es war alles so seltsam. Die beiden hätten in der Menge nicht sichtbar sein sollen, doch sie waren es. Es war, als stünden sie Hermie zuliebe auf irgendeinem hohen Podest, damit er ihren Schmerz sehen und davon lernen konnte. Das Podest drehte sich ganz, ganz langsam, rotierte immer weiter, auch als sich die anderen Fahrgäste an der Abschiedsszene vorbeidrückten. Langsam, langsam drehten sich die Liebenden, die Augen auf immer ineinander versunken. Der Mann nahm seine Mütze ab und legte ihr den freien Arm um die Schulter und zog sie an sich in einem langen, langen Kuß, Kuß, Kuß. Unmöglich lang. Wie schafften sie das bloß, so lange, ohne dann darüber hinauszugehen? Was für eine Selbstbeherrschung. Was für ein Mann. Was für ein Sportler.

Schließlich waren alle Passagiere an Bord. Alle bis auf die Liebenden. Und als die Fähre anfing sich zu bewegen, und als die Trossen flogen und die Laufplanken zurückgezogen wurden und die Hunde bellten, da wußte Hermie, daß er sie warnen sollte, etwas zu ihnen sagen sollte. Hinter ihm lärmte Oscy mit seiner lumpigen Mundharmonika, doch auch das änderte nichts an der tragischen Schönheit des Augenblicks.

Schließlich ging der Kuß zu Ende, und das Liebespaar trennte sich. Der Mann erkannte, daß die Fähre ablegte. Doch ohne sich im geringsten aus der Ruhe bringen zu lassen, warf er seinen Seesack auf das davonschwimmende Schiff. Der Sack segelte durch die Luft wie ein mit Wasserstoff gefüllter Luftballon und landete eine halbe Stunde später auf der Fähre. Und während der Zeit wandte sich der Mann der Frau zu, nahm ihr liebes Gesicht in seine riesigen Hände und küßte sie ein letztes Mal auf die Stirn, eben als der Seesack die Fähre erreichte und fast geräuschlos auf das Achterdeck plumpste. Die Liebenden trennten sich, wobei ihre Hände auf unsichtbaren Klavieren spielten. Dann machte der Mann ein paar Schritte und katapultierte sich auf die bereits zwanzig Meter weit entfernte Fähre. Und er flog über das Wasser und setzte über die Reling und landete weich auf den Zehenspitzen, ein der Leinwand entsprungener Stummfilmheld, lächelnd, winkend, phantastisch.

Hermie schaute wieder hinüber zu der Frau, und sie hatte sich verändert. Sie stand jetzt allein am Pier und winkte mit einem lieblichen Arm über das Meer, und der Wind spielte weich mit ihrem herrlichen Haar. Sie war Anna Karenina, die schöne Helena, die Jungfrau aus dem See. Und zu all dem die lieblichen Klänge einer Mundharmonika. Virtuos. Oscy, das häßliche Entlein, spielte wie ein Schwan.

Hermie blickte wieder auf die schnell kleiner werdende Fähre, die jetzt die Bucht verließ. Sie war schon so weit weg, daß der Mann keine Eigenpersönlichkeit mehr hatte.

Er war nur noch einer unter vielen Passagieren, ein Pünktchen auf der Zweiuhrzwanzigfähre.

Hermie konzentrierte sich wieder auf die Frau. Das letzte Winken klang in ihren Fingerspitzen aus, das letzte blasse Lächeln verschwand aus ihrem schmerzerfüllten Gesicht. So wie sie dastand, wie sich die Tränen in ihre prachtvollen Augen schlichen, war sie die traurigste Kreatur in der traurigsten aller Welten. Über ihr Haar waren bunte Blumen gestreut, und sie war Ophelia. Warmes Gift auf ihren Lippen, und sie war Julia. Greta Garbo, Lana Turner, Linda Darnell. Penny Singleton wäre Paradies genug. Die Melodie der Mundharmonika stieg klagend gen Himmel, wo sie sicherlich ursprünglich herkam, und das durchsichtige Gewand der Frau löste sich kraft Hermies Röntgenaugen allmählich auf und enthüllte deutlich ihre elfenbeinernen Brüste, so herrlich verziert mit zwei Maraschino-Kirschen. Und dann kam eine Brise auf, und das dünne Gewand begann zu fallen, fallen ...

»He, Hermie? He, du alter Träumer!«

Verflucht, es war Oscy.

»Juhuu, heda, Hermie?«

Verflucht, es war Benjie. Verflucht, verflucht.

Hermie drehte sich um und sah, wie ihm Oscy und Benjie idiotisch zulächelten. Nebeneinander standen sie, und dieses doofe Grinsen schien in Oscys rechtem Ohr zu beginnen und sich über beide Gesichter weg bis zu Benjies linkem Ohr zu erstrecken, und dazwischen lagen nur Zähne, und die waren zum größten Teil durch Drahtbügel und Klammern verdeckt. Hermie drehte sich schnell wieder um, um die Frau noch einmal zu sehen, einen letzten Blick zu erhaschen, ein Foto für seine Aufzeichnungen, für einen Platz an der Wand seines Herzens. Doch sie war fort, und er sah nur noch einen kleinen weißen Schuh um eine Ecke verschwinden. Sie war nur noch irgendeine Dame in verblichenen Jeans, sonst nichts. Und die Mundharmonika war wieder schauderhaft, weil Oscy nicht spielen konnte, daran war nun einmal nicht zu rütteln.

Hermie ging wütend auf seine zwei sogenannten Kumpel los, und sein Ärger war so echt, daß Oscy seine Mundharmonika einsteckte und verwirrt lächelnd zurückwich. »Menschenskinder!« schimpfte Hermie. »Ihr könnt auch nie das Maul halten! Warum könnt ihr nicht mal ein paar Minuten das Maul halten? Warum haltet ihr nicht mal eine Weile das Maul und denkt nach? Warum lest ihr nicht? Herrgott, ihr lest nie! Nichts!«

»Ich lese, Hermie«, sagte Oscy, und dann, mit dem Daumen auf Benjie zeigend: »Und Benjie, der schaut die Bilder an.«

»Ihr zwei seid zum Kotzen! Wirklich! Alle beide! Mir kommt's tatsächlich gleich hoch!« Hermie steigerte sich in einen mächtigen Zorn hinein.

Benjie simulierte Angst und trat einen Schritt zurück. »Ach bitte, mein Herr, kotzen Sie mich nicht an. Ich bin ja nur ein kleines Kind.«

Hermie schickte sich an, Benjies Mund zu Hackfleisch zu verarbeiten, doch Oscy trat mit bemerkenswerter Toleranz dazwischen. »Hermie, dein Problem ist einfach, daß du ein Träumer bist.«

»Okay, ich träume. Na und?«

Oscy legte Hermie einen Arm um die Schulter und ging mit ihm die Straße entlang. »Weißt du, Hermie – träumen tut man nur beim Schlafen. Wenn du träumst, solange du wach bist, dann glaubt jeder, du seist übergeschnappt.« Er wollte sich das von Benjie, der hinter ihnen herlief, bestätigen lassen. »Hab' ich recht, Benjie?«

Benjie hatte die Augen geschlossen und streckte die Arme von sich wie ein Schlafwandler. »Stör mich nicht, ich träume.«

Hermies Wut war nicht mehr zu bremsen. Er stieß Oscys Arm von seiner Schulter und blieb stehen, denn im Gehen kann man nur schwer seinen Ärger ausdrücken. Um Ärger auszudrücken, muß man stillstehen, die Faust ballen und etwas Blut in die Augen schießen lassen, und all das tat Hermie, unmittelbar bevor er sein Mißfallen in Worte kleidete. »Na schön, ihr Heinis. Mit euch bin ich fertig, ist das klar? Ihr seid unter meinem Niveau, verstanden? So weit unten, daß ich es kaum fassen kann. Ihr seid doof und dumm dazu. Ihr habt keine Ahnung von aktuellen Begebenheiten. Nicht die geringste Ahnung, keinen beschissenen blassen Dunst.«

Diese neue Beschuldigung aus heiterem Himmel verunsicherte Benjie. »Aktuelle Begebenheiten?«

Hermie fiel über ihn her. »Wie hoch ist dein Intelligenzquotient?«

Benjie wandte sich an Oscy. »Was zum Kuckuck sind aktuelle Begebenheiten?«

Oscy lächelte Hermie zu. »Sag's ihm.«

Und Hermie sagte zu Benjie: »Du hast einen Intelligenzquotient von vier!«

Und Oscy sagte: »Richtig.«

Hermie ging davon, und seine beiden Freunde waren klug genug, ihm nicht zu folgen. Wenn Hermie in eine neue Periode dunkler Wunderlichkeit trat, dann wollten sie ihn lieber in Ruhe lassen. Es lohnte sich nicht mal, ihm etwas nachzurufen, obwohl sie wußten, wie sehr es Hermie irritierte, wenn man ihm auf der Straße etwas nachrief. Nein, sagten sie sich, er soll ruhig und in Frieden von uns gehen. Das war schließlich für alle Beteiligten am besten.

Auf dem Heimweg versuchte Hermie, Ordnung in seine chaotische Gedankenwelt zu bringen. Doch am Schluß seiner Bemühungen stand nichts als totale Verwirrung, dreimal multipliziert mit Hilflosigkeit und potenziert mit Einsamkeit. Die kreisende Seemöwe war in dieser Rechnung nicht inbegriffen, wenn sie auch Hermie veranlaßte, sein Tempo zu beschleunigen, denn ein Vogel im Flug war bedrohlicher als zwei im Busch. Gleich, was seine Mutter an diesem Abend auftischen würde, es konnte nur besser sein als das vom Abend vorher. Das mußte er seiner Mutter hoch anrechnen: Sie würde ihm nie an zwei aufeinanderfolgenden Tagen Kalbskotelett zumuten.

6

Die Sonne stand hoch am Himmel und verbreitete eine Mordshitze, so wie sich das für den Juli geziemte. Und die Wellen brachen sich sanft über den bewegungslosen Gestalten des Tödlichen Trios, die wie gestrandete Thunfische halb im Wasser, halb am Ufer lagen. Benjie hielt seinen linken Arm wie ein Periskop in die Luft, damit seine wertvolle Ingersoll ja keine Wasserspritzer abbekam. Oscy zog, zum Beweis, daß er noch am Leben war, den Gummizug seiner Badehose eine Handbreit von seinem Bauch weg, damit der Ozean durchspazieren und ihn dort kitzeln konnte, wo er am empfindlichsten war. »Ich wollte«, sagte Oscy und flehte mal wieder den Himmel an, »ich wollte, irgend jemand würde diese dämliche Insel überfallen. Ich werde verrückt. Verrückt, hört ihr mich? Verrückt!« Um seiner Feststellung Gewicht zu verleihen, lachte er wie ein Verrückter und erntete einen Mundvoll Salzwasser für seine Bemühungen, und außerdem kroch eine winzige Sandkrabbe in seine Badehose und richtete dort eine kleine Verwüstung an, bevor sie mit der zurückweichenden Brandung wieder davonschwamm.

Benjie blickte zu seinem Arm hoch und traf eine profunde Feststellung: »Elf Minuten vor drei.« Niemand äußerte sich zu dieser brillanten Beobachtung.

Oscy erholte sich. »Mein doofer Bruder, der ist Zahnarzt bei der Armee. Ich kann es gar nicht glauben. Als Kind war er ein richtig zäher Knochen. Ein Zahnarzt. Herrgott, ich muß mich für ihn schämen.«

Benjie meldete sich: »Mein Bruder ist Koch bei der Marine. Er sagt, er kriegt den höchsten Orden für seinen Rostbraten.« Benjie lachte.

Jetzt war Hermie dran. »Meine Schwester besucht die höhere Schule.« Sofort fragte er sich, warum er das gesagt hatte. Er konnte sich damit bestenfalls in die Brennesseln setzen. Und schon saß er drin.

Benjie, der Barrakuda, packte zu. »Wieso hast du eigentlich keinen Bruder, Hermie?«

»Meine Schwester hat einen Bruder, das gleicht sich aus.« Wenn das der Schluß der Debatte ist, dann bin ich noch billig weggekommen, dachte sich Hermie. Es war nicht der Schluß.

»Ich glaub', deine Schwester hat eine Schwester.« Dafür daß sie von Benjie kam, war diese Bemerkung so scharfsinnig, daß Hermie einen Augenblick aus dem Gleichgewicht geriet.

Als er endlich die Schwere der Beleidigung erfaßt hatte, hatte sich Oscy eingeschaltet. »Ich geh' zu den Marinefüsilieren, wenn ich gehe. Ich mag ihre Uniformen.«

Benjie wußte auch schon, was er wollte: »Und ich geh' zu den Rangers.«

Typisch Benjie: Ausgerechnet er bildete sich ein, daß er für die Elitetruppen qualifiziert sei.

Oscy beschloß, Benjie zu ködern. Es war so leicht, Benjie zu ködern, daß es sich oft nicht lohnte. Doch weil es im Moment gar nichts zu tun gab – »Dann kannst du gleich zur Armee, es ist die gleiche Uniform. Du hast dir einreden lassen, die Rangers seien eine eigene Gruppe. Das stimmt aber überhaupt nicht. Völlig falsch, Benjie. Falsch und blöd. Aber ganz typisch.« – Benjie wurde wütend. »Mann, du hast keine Ahnung. Du trägst so ein Ding am Arm, und darauf steht ganz deutlich ›Ranger‹.«

Oscy konterte. »Von weit weg sieht es trotzdem aus, als seist du in der Armee.«

»Keine Ahnung. Wenn einer näher herkommt, sieht er, daß du ein Ranger bist.«

»Selber keine Ahnung. Wenn einer so nahe rankommt, daß er die Schrift an deinem Arm lesen kann, bist du vielleicht schon tot.«

»Wirklich, Oscy, du hast nicht die geringste Ahnung. Noch lange, bevor einer so nahe –«

»Es muß doch irgendwo Mädchen geben auf dieser gottverlassenen Insel.« Es war Hermie, der sich auf Linksaußen meldete, wohin sich seit Monaten kein Ball mehr verirrt hatte.

Oscy wälzte sich in der Brandung und wandte sich Hermie zu, mit dem er sich viel lieber unterhielt als mit Benjie, diesem Einfaltspinsel. »Zu welcher Truppe gehst denn du, Hermie?«

»Mein Vater meint, der Krieg geht zu Ende, bevor ich alt genug bin. Ich geh' also zu überhaupt keiner.«

Der Ton dieser Antwort gefiel Oscy gar nicht. Sie war zu glatt, machte allzu deutlich, daß Hermie zu diesem Thema nichts weiter zu sagen hatte. Er würde Hermie in Harnisch bringen oder sterben. »Was weiß denn dein Vater schon? Der ist ja nur Vertreter.«

»Er liest *Time*. Bemüh dich nicht, Oscy, ich weiß nämlich, was du vorhast, und es geht nicht.«

Nach dieser absurden Reaktion drehte sich Oscy wieder um, und das Staffelholz wurde schweigend an Benjie weitergereicht, der sich tapfer daranmachte, die Zielgerade hinunterzulaufen. »Weißt du, was dir fehlt, Hermie?«

»Klar, du. Du hast mir noch gefehlt.«

»Dein Fehler ist, daß du eine Schwester auf der höheren Schule hast.«

Die Idiotie dieser Bemerkung ärgerte Hermie dermaßen, daß er sich auf eine Auseinandersetzung einließ, obwohl er das eigentlich hatte vermeiden wollen. »Was zum Teufel soll denn das nun heißen?«

»Das heißt, wenn du einen Bruder im Krieg hättest, wäre dein Vater kein so'n Klugscheißer.«

»Ich habe einen Vetter im Krieg. Meinen Vetter Ronald. Er ist als Major auf einer Aleuteninsel. Auf *Kiska*, wenn du's genau wissen willst.«

»Ein Vetter ist noch lange kein Bruder.«

»Für seinen Bruder ist er ein Bruder.«

»Woher weiß ich, daß er einen Bruder hat?«

»Er hat einen Bruder.«

»Sicher. Wie willst du das aber beweisen, Hermie?«

Hermie wälzte sich auf die andere Seite. Man konnte sich mit solchen Schwachköpfen einfach nicht unterhalten, und er war wütend über sich, weil er es versucht hatte. Und deshalb entzog er sich jeder weiteren Diskussion. »Ich möchte bloß wissen, warum ich mit euch Idioten überhaupt rede. Ihr seid Idioten.«

Das brachte Oscy wieder auf den Plan; er sprach zwar leise, haute aber mächtig auf die Pauke. »Hermie, du mußt endlich mit diesen Beleidigungen aufhören. Schließlich sind wir im Krieg, vergiß das nicht.«

»Ach du großer Gott«, murmelte Hermie. Denn es waren Bemerkungen von genau der Art, die dazu führten, daß er die Gesellschaft von Koteletts und Seemöwen der seiner nächsten und besten Freunde vorzuziehen begann.

Oscy war aufgestanden. Er stand da und lächelte. Hermie blickte auf, als der Schatten auf sein Gesicht fiel. Wenn Oscy so dastand und lächelte, bahnte sich etwas an. »Also, Hermie, weil ich keine Lust habe, dich zu verprügeln, nehme ich dir zur Strafe dein blödes Hemd weg.« Und er nahm es weg. »Du bekommst es erst wieder, wenn du ein Patriot geworden bist.«

Oscy ging davon und hielt Hermies Hemd an einem Ärmel und schleppte den Rest hinter sich her durch den

Dreck, der hier das Ufer säumte, wo das Wasser allerlei übelriechendes Zeug anschwemmte. Benjie stand auf und folgte Oscy, ein getreuer Diener seines Herrn. Hermie rührte sich nicht, er beobachtete nur. Es kam jetzt darauf an, eine Begründung zu finden, weshalb er sein Hemd nicht aus den feindlichen Klauen befreite. Erstens, so sagte sich Hermie, lag ihm ohnehin nicht viel an dem Hemd, deshalb trug er es auch nur, wenn er zum Strand ging, sonst nie. Zweitens, wenn er das Hemd nie zurückbekam, würde es relativ einfach sein, seiner Mutter die Neuigkeit zukommen zu lassen, und die würde sich dann an Oscys Mutter wenden, und danach würde er sein Hemd und Oscy eine Woche Einzelhaft bei Brot und Wasser bekommen. Doch all das war reine Spekulation. Die entscheidende Frage war: Lohnte es sich, wegen eines grün und gelb karierten, kurzärmeligen, nicht sanforisierten Hemdes Streit anzufangen, nur weil Hermies Besitzerstolz verletzt worden war? Die Antwort war kurz und einfach. Für ein McGregor-Hemd kämpft man. Doch wo es sich, wie in seinem Fall, um eine Allerweltsmarke handelte, da müßte einer schon ganz schön doof sein. Leck mich doch, Oscy. Oscy war noch keine fünfzehn Meter weit gegangen, als er den Rückwärtsgang einlegte und umkehrte. Benjie, der Lotsenfisch, schloß sich seinem Herrn und Meister an. Oscy blieb vor Hermie stehen und ließ das Hemd wie einen Fallschirm auf Hermie herunterfallen, der nicht mit der Wimper zuckte und an der ganzen Sache nicht das geringste Interesse zu haben schien. »Und laß dir das eine Lehre sein.«

Obwohl Hermies Kopf fast völlig von dem Hemd mit der Allerweltsmarke bedeckt war, so war ihm die Sicht doch nicht ganz verdeckt. Ein Auge hatte die Öffnung eines Hemdsärmels vor sich, und es schaute angestrengt zum Strand hinunter. Und das Auge berichtete dem Gehirn, was es erspäht hatte. Und das Gehirn funkte es dem Herzen, und das Herz gab die Neuigkeiten an seinen ganzen Körper weiter.

Sie war da. Eine geschmeidige Gestalt, die sich auf den Ozean zubewegte. Die Frau. Sie ging zu einem Platz am Strand und nahm ihn für alle Ewigkeit in Besitz, dadurch, daß sie ihr Badetuch darauf ausbreitete. Es flatterte im Wind, ein Liebesbanner, ein Signal der Leidenschaft.

Oscys Stimme. »Was starrt er denn an?«

Benjies Stimme. »Es ist wieder diese Frau.«

Wieder diese Frau legte sich dann auf den Rücken, um sich der Sonne hinzugeben. Der Badeanzug glitzerte, denn er war aus zehntausend echten Diamanten zusammengesetzt, zur Perfektion geschliffen von ebenso vielen Diamantschleifern, die anschließend glückselig starben. Ihre Beine waren lang und ebenmäßig hübsch, das mit dem gebeugten Knie und das andere mit dem gestreckten Knie; alle beide waren sie gleich köstlich, man brauchte nur auszuwählen. Ihr Mund war feucht und leicht geöffnet, und so viele weiße Zähne, wie sich eine Frau nur wünschen kann, schimmerten darin. Das Haar trug sie offen und einladend, und war es auch völlig windstill, so schien es doch von den zarten Liebkosungen eines Zephyrs umspielt zu werden. Lange Wimpern verschleierten die smaragdfarbenen Augen, die in den zarten Lidern eingebettet lagen und ihre grünen Batterien aufluden. Und diese ganze wundervolle Landschaft vermochte Hermie, flach am Boden liegend, auf dreißig Meter Entfernung zu sehen, und dazu noch mit einem Auge. Kein Baseballstar konnte je schärfere Augen gehabt haben.

Oscys Stimme. »Mein Gott, Hermie, läßt du dich schon wieder hypnotisieren, starr wie eine Leiche?«

Benjies Stimme. »He, Leiche!«

Hermie ging auf keinen der beiden ein. Höchstwahrscheinlich hatte er nichts gehört, nur Engelsklänge. Er schob das Hemd zur Seite, damit sich das andere Auge auch beteiligen und ihm bestätigen konnte, daß es wirklich stimmte, daß es tatsächlich sie war. Für einen Augenblick, als sich das zweite Auge darauf einstellte, war sie gleich dreimal vertreten. Dann viermal. Dann ein dutzendmal, in einem wirbelnden Kaleidoskop. Als dann jedoch der Wirbel aufhörte, gab es sie nur noch einmal, allerdings gestochen scharf. Hermie kamen die Tränen. Es war nicht einfach, das zu verstehen. Allein vom Hinschauen kamen ihm die Tränen. Was konnte das denn bloß bedeuten? Wer weint schon beim Anblick von Schönheit? Welche Gefühlstiefe war schon durch ihren bloßen Anblick ausgelotet worden?

Oscys Stimme. »Bei Gott, Hermie, ich weiß nicht, was auf einmal über dich gekommen ist. Das ist eine sehr alte Person. Ich seh' wirklich nicht, was an ihr so anziehend sein soll.«

Benjies Stimme. »He, Leiche.«

Hermie, der ja schließlich eine Schwester hatte, wußte, daß die Frau kaum älter als dreiundzwanzig sein konnte, höchstens ein paar Minuten. Er beobachtete, wie sie das Knie, das bisher abgewinkelt war, streckte, und dafür das andere hochstellte. In seinem Herzen donnerte es dabei so gewaltig, daß ihm von neuem Hören und Sehen verging.

Benjies Stimme. »Vielleicht ist es ihre Seele. Vielleicht treffen sich ihre Seelen und sagen sich guten Tag.«

Das Bild in Hermies Vorstellung, »Liebende im Sand«, wurde jäh zerstört, weil ihm irgend jemand, wahrscheinlich Oscy, einen sandbedeckten Fuß mit einem häßlichen Niednagel dran ins Kreuz stieß. »Geh, sag guten Tag zu ihrer Seele, Hermie. Sag doch guten Tag.«

Hermie schaute zu Oscy hinauf, der die blendende Sonne genau im Rücken hatte. »Laß das, Oscy.«

»Nein.« Oscy packte Hermie und stellte ihn unsanft auf die Beine. »Wenn sie die große Liebe deines Lebens ist, dann geh hin und sag ihr guten Tag.«

Hermie schaute Oscy ins Gesicht und haßte es aus ganzem Herzen. Er wollte ausholen und ihm die Nase blutig schlagen, aber er war schließlich nicht lebensmüde. Er versuchte, Oscys unergründliches Grinsen zu interpretieren. Aus Erfahrung wußte er: Zog Oscy beim Grinsen den linken Mundwinkel hoch, war er gnädiger Stimmung. Zog er aber den rechten Mundwinkel hoch – dann war höchste Alarmstufe. In diesem speziellen Fall grinste er mit beiden Mundwinkeln. Der bellende Hund wedelte mit dem Schwanz. Das soll einer verstehen.

Oscy legte beide Pfoten auf Hermies Schultern. Dann drehte er ihn ruckartig um, so daß die Richtung stimmte, und schob ihn sanft, aber unnachgiebig auf die Frau zu. »Wir möchten gern, daß du ihr guten Tag sagst, denn, wer weiß, vielleicht bist du ein Liebhaber der Spitzenklasse und hast es uns nur nie merken lassen. Also« – er gab ihm einen heftigen Stoß, und Hermie flog ein paar Schritte den Strand hinunter, direkt auf die Frau zu –, »geh, sag ihr guten Tag, Hermie. Geh, sag ihr guten Tag.«

Hermie folgte seinen Füßen. Er haßte sich wegen seiner Feigheit, lobte sich aber wegen seiner Intelligenz. Denn wer Oscy fürchtet und vor ihm davonläuft, der wird auch in Zukunft vor ihm davonlaufen müssen. Außerdem wußte Hermie, tief drin in seinem Herzen, daß er, auch wenn Oscy und Benjie nicht zuschauten, immer einen Vorwand finden würde, unter dem er sich irgendwie an die Frau heranmachen konnte, nur um irgendwie herauszufinden, was irgendwie daraus werden würde. Falsch. Lügner. Feigling. Wenn auch ein intelligenter, lügender Feigling.

Hermie trottete weiter, so gut es ging, und er kam gar nicht schlecht voran, wenn man bedenkt, daß er ganz irr war, halb aus Verlangen und halb aus Furcht. Immer näher kam er heran, immer kleiner wurde die endlose Lücke zwischen ihnen, und er stellte fest, daß ihr Badeanzug doch nicht aus Diamanten zusammengesetzt war. Vielmehr war er aus einem dünnen Material, das an die alten Griechen erinnerte, und auf atemberaubende Art beinahe durchsichtig. Oder waren es seine Röntgenaugen, die ihre Strahlen aussandten? Bald würde er es wissen. Vorwärts.

Und wieder beschworen die Götter die magische Mundharmonika, und sie ließ exotische Sonaten in den Himmel steigen, zum Vergnügen der Bewohner des Olymp. Gott, wenn das Oscy war, der da spielte. Hermie wagte nicht, sich umzudrehen, denn Oscy konnte nun mal nicht spielen. Und das hieß, daß es Benjie sein mußte, und das war noch unmöglicher. Vor ihm lag sie, im Sonnenglanz, und Wunder über Wunder, sie schwitzte nicht. Keine Spur von Schweiß. Sie schwitzte nicht. Wie herrlich, denn wer konnte wirklich eine Frau begehren, die schwitzte? Höchstens ein gefühlloser Gorilla.

Und welche Träume rührten ihre Seele? Welch mystischer Instinkt sagte ihr, wie nahe er war? Errol Flynn auf der Pirsch; Tyrone Power direkt aus dem Garten Eden. Hermie umkreiste sie wie ein Rudel Wölfe. Lautlos, heimlich. Sie war der Mittelpunkt des Universums und Hermie ein keuchender Satellit. Und weil er sich auf einer Kreisbahn bewegte, war es wieder so, als sei sie auf einem langsam rotierenden Plattenteller, zu Hermies Ergötzen serviert und von allen Seiten präsentiert. Die Zehen waren winzige Schmuckstücke. Die Beine aus Alabaster gehauen. Die Finger Ranken der Leidenschaft. Ägyptisches Gold verzierte ihre Ohren, die nichts anderes waren als Muschelschalen. Das Haar reine Seide. Die Wimpern ein samtenes Gewebe. Und die Stimmen Oscys und Benjies.

»He, junge Frau im blauen Badeanzug! Das ist *Jack the Ripper*!«

»Da kommt *Herman the German*, ein deutscher Spion!«

»Ein Unhold!«

Hermie erstarrte, als sich die Prinzessin bewegte, als die zarten Wimpern aufgescheucht flatterten, weil die rauhen Töne jener groben Sterblichen ihre königliche Ruhe störten. Hermies Kreisbahn wurde zu einer geraden Linie – fort von ihr. Er gönnte sich nur noch einen letzten Blick auf die ruhende Göttin, die sich mit anmutiger Erhabenheit auf beide Ellbogen stützte, während sich sanft der Vorhang über dem strahlenden Augenpaar hob. Hermie wußte, wenn sie jemals diese Smaragde auf ihn richtete, würde das seinen sofortigen Tod zur Folge haben. Und so rannte er davon. Schneller, Hermie, auf geht's. Sein Weg war so geradlinig, als wäre er mit dem Lineal gezogen. Kein Feigling war jemals mit größerer Entschlossenheit geflüchtet. Hermie hatte schon immer gewußt, daß er schnell war – schließlich war er nicht zufällig im Leichtathletikteam seiner Schule –, doch hier am Strand trugen die Umstände dazu bei, daß die Vier-Minuten-Meile, der die Menschheit seit grauer Vorzeit hinterherlief, in alle Ewigkeit unterboten und lächerlich gemacht wurde. Wenn ihn jetzt nur sein Coach sehen könnte. Seine Schritte waren Perfektion, seine Armarbeit vorbildlich, seine Atemtechnik gekonnt. Die Zuschauermenge feuerte ihn an, die Zigarre seines Vaters flog in die Luft mit einem Schrei: »Zeig's ihnen, Hermie!« Er war allein dort draußen, überrundete eben den Starläufer des gegnerischen Schulteams . . . da flogen die beiden blitzschnell auf ihn zu, wie Raubvögel, lautlose und flinke Japse. Oscy blockierte mit einer sauberen Körperdrehung Hermies Unterkörper. Benjie hätte ihn am Oberkörper erwischt, hätte Oscy ihn nicht bereits umgelegt. Und so konnte Hermie von seinem Platz am Boden aus beobachten, wie Benjie, einem Kartoffelsack zum Verwechseln ähnlich, über ihn wegflog und mit aller Macht ein Luftloch rammte und dann mit einem Aufschrei landete, genau auf seiner blöden Nase, als er eben Luft holte. Er würde mindestens bis Oktober Sand im Rotz haben. Hermie sprang auf die Beine, und er sah Blut im Mond. Er gab keinen Ton von sich, ballte einfach die Fäuste und ging auf Oscy zu, der sich eben lachend erhob. Oscy drehte sich um, verblüfft darüber, daß Hermie mit erhobenen Fäusten auf ihn zukam. Dann lächelte er, weder rechts noch links, und das hieß, er wußte nicht so recht, was er von der Sache halten sollte.

Benjie war wieder auf den Beinen und schnaubte und prustete Sand aus der Nase wie ein Drache, und dann griff er Hermie hinterlistig von hinten an. Doch die Sonne stand in seinem Rücken, und Hermie sah den schnell größer werdenden Schatten und machte einen Schritt zur Seite, wie ein Schläger im Baseball. Benjie schoß an ihm vorbei wie ein verrückt gewordener D-Zug, stürzte sich wieder einmal auf ein Luftloch und füllte seine gereizten Nasenlöcher erneut mit zwei Ladungen Sand. Der darauf folgende Schrei war überirdisch und verhallte für Hermie ungehört, denn er konzentrierte sich jetzt ganz auf die Auseinandersetzung mit dem wahren Gegner, mit Oscy dem Starken.

Oscy der Starke wußte, die Konfrontation war nicht mehr zu vermeiden, es gab kein Zurückweichen. Benjie der Schwachkopf rappelte sich wieder hoch, kochend vor Wut, und fluchte wie ein Feldwebel. Ohne ihn anzusehen, hielt Oscy Benjie mit einem Handzeichen zurück. »Laß ihn, Benjie. Laß ihn.« Was nichts anderes hieß, als daß Oscy mit großem Vergnügen die Sache selbst in die Hand nahm. Und deshalb zog sich Benjie, das folgsame Hündchen, schnell zurück und fügte sich alsbald in die Rolle des sadistischen Zuschauers, weil, wie ja allgemein bekannt war, Oscy Hermie zu Hackfleisch verarbeiten konnte.

Oscy war robuster, stärker, zäher und hatte mehr Erfahrung. Er war aber auch im Grunde seines Herzens ein ziemlich anständiger Bürger. Er wollte Hermie nicht weh tun, denn Hermie war all das, was Oscy nicht war: ein Gelehrter, ein Dichter, ein Prinz. Doch der kleine Scheißkerl kam auf ihn zu wie ein Schwergewichtsboxer, was blieb da Oscy übrig? Er tänzelte um Hermie herum, irritierte ihn mit kurzen linken Geraden zum Gesicht und versuchte, nur mit halber Kraft zu schlagen, um Hermie klarzumachen, daß eine tätliche Auseinandersetzung nicht in seinem Interesse liegen konnte. Doch Hermie marschierte nach vorne, er bekam die Schläge nur leicht auf die Nase, denn er zog immer genau im richtigen Moment den Kopf zurück, so daß es nur zu einer leichten Berührung kam. Doch trotz allem, sein Gesicht wurde allmählich rot, und Oscy machte sich Sorgen, weil sein empfindlicher Gegner noch keinen Zentimeter Boden preisgegeben hatte. »Hast du jetzt genug, Hermie?«

Hermie sagte nichts, er ging nur immer weiter nach vorne, suchte, beobachtete Oscys Augen, wartete auf die eine Lücke, die sich nach Aussage seines Vaters beim Boxen ergeben mußte, solange man sich nur zu behaupten und sein Kinn abzuschirmen wußte. Hermie schlug sogar einige Male mit der Faust nach seinem Gegner, nur um Oscy seine Verachtung spüren zu lassen. Diese Hiebe kamen nie an, aber sie waren ohnehin psychologisch. Und wieder hörte er die Stimme seines Vaters: »Du schlägst ein paarmal nach ihm, ganz zaghaft. Er soll denken, du hast nicht mehr zu bieten. Du achtest auf seine Arme und den Schulteransatz, und du läßt ihn merken, daß du keine Angst hast.« Sein Vater hatte ein paar Kämpfe als Berufsboxer hinter sich, doch Hermie wußte nicht, ob er sie gewonnen oder verloren hatte. Womöglich hatte er sie verloren! Herrgott, wie kam er nur dazu, die Ratschläge eines Verlierers zu befolgen? Bei all seinen Überlegungen und all seiner Strategie mußte Hermie ein ununterbrochenes Sperrfeuer von irritierenden linken Geraden aus Oscys Kolibri-Faust über sich ergehen lassen.

Oscys Bedenken wuchsen, als eine von Hermies edlen

Augenbrauen zu bluten begann. »Hast du jetzt genug, Hermie? Sag mir, wenn du genug hast.«

Hermie teilte weiterhin ungenaue Schläge aus, nur waren sie jetzt etwas pragmatischer. Er war Leichtathlet und Oscy nicht. Je länger er auf den Beinen bleiben würde, desto größer wurde die Chance, daß Oscy als erster ermüdete. Er spürte, wie ihm der Tomatensaft ins linke Auge lief, und er blinzelte ein paarmal, um ihn loszuwerden. Er hatte noch keinerlei Atembeschwerden. Seine Arme waren noch nicht müde. Und sein Herz pumpte so viel Adrenalin, daß er noch ein Jahr lang weitermachen konnte.

Beim Anblick des Blutes auf Hermies Gesicht bekam es Benjie auf seinem Beobachterplatz mit der Angst zu tun. »Laß ihn jetzt, Oscy. Er weiß nicht mehr, was er tut.«

»Ich hör' auf, sobald du willst, Hermie«, sagte Oscy, der sich immer noch spielerisch leicht bewegte und keinerlei Erschöpfung zeigte.

Hermie ging weiter nach vorn. Noch ein paar kurze Gerade von Oscy, und sein Gesicht nahm die Farbe einer roten Bete an. Bald würde es zu einer warmen Gemüsesuppe werden, doch er hatte keine Schmerzen, selbst als er zu hören glaubte, wie die Nähte seines Gesichtes zu winzigen Rissen aufplatzten. Er hatte nur eines im Sinn: Oscy umzubringen. Er griff immer wieder an, wohl wissend, daß die Kreise, die sie beide beschrieben, immer kleiner wurden.

Oscy betrachtete Hermies blutverklebtes Gesicht und entschied, daß sein Gegner die Niederlage nicht in Worte zu fassen brauchte. Voller Hochachtung für Hermies Stolz und Bewunderung für sein Durchhaltevermögen verkündete Oscy großherzig: »Okay, Hermie. Das reicht.« Und er ließ seine Arme sinken. Ein Fehler.

Hermie schoß nach vorne wie eine *Grumman Wildcat* vom Katapult eines Flugzeugträgers. Sein ganzer Körper war in seiner rechten Faust zusammengeballt. Mit Überschallgeschwindigkeit sauste sie durch die Luft und landete mit Macht auf Oscys ahnungsloser Nase, so daß Oscy wie ein Betrunkener rückwärts taumelte. Da sein Gleichgewicht kräftig erschüttert war, gaben Oscys Knie nach, und er setzte sich recht unfeierlich auf den Hintern und schaute lächelnd und ungläubig zu Hermie hoch. Innerhalb von zwei Sekunden stürzte ihm das Blut aus der Nase, und er versuchte es zurückzuhalten, zuerst durch Inhalieren und dann dadurch, daß er sich die Hände gegen die Nase drückte. Doch das Blut rann ihm über die Finger, und er blickte in schmerzhaftem Unglauben Hermie an. »Herrgott, Hermie! Mann – du bist ja ein toller Hecht.«

Hermie hatte keine Zeit für Komplimente. Er kam auf Oscy zugeflogen, mit den Knien voraus. Und jedes Knie traf eine Schulter, so daß Oscy im Nu flach auf dem Rücken lag. Hermie saß auf ihm wie Tom Mix auf seinem Roß und schlug auf ihn ein, mit fliegenden Fäusten und spitzen Sporen, Linken und Rechten und Knien und Schenkeln.

Er blieb nicht lange im Vorteil. Oscy bäumte sich auf und ließ Hermie mit einem Schnalzer seines ganzen Körpers in einem so gewaltigen Überschlag durch die Luft fliegen, daß der nun seinerseits flach auf dem Rücken landete. Sie lagen Kopf an Kopf im Sand, aber nur sehr kurze Zeit. In Hermies Kopf klingelte es, und als er eben daran dachte, das Alarmsignal zu beachten, machte Oscy einen Satz und saß auf ihm. Und so war jetzt also Oscy oben und Hermie unten, während es eben noch umgekehrt gewesen war. Oscy hatte ihn jetzt sicher im Griff. Seine Hände schlossen sich so fest um Hermies Handgelenke, daß es nur eine Sache von Sekunden sein konnte, bevor sein Pulsschlag aufhören würde. Hermie versuchte seinen Körper nach oben schnellen zu lassen, um Oscy aus dem Sattel zu werfen; doch Oscy fiel nicht darauf herein, und jedesmal, wenn Hermie das versuchte, stieß ihm Oscy ein Knie nachdrücklich in den Unterleib, eine Strategie, die den stärksten Stier entmutigen mußte. Hermie konnte gar nichts tun, er konnte nur liegenbleiben und darauf warten, daß seine erstarrten Hände abfielen. Aus seiner Position direkt über Hermie ließ Oscy in seiner perversen Art das Blut aus seiner Nase genau in Hermies Gesicht tropfen. Hermie drehte seinen Kopf von einer Seite auf die andere, um den Tropfen auszuweichen, schließlich hatte er genug eigenes Blut im Gesicht, vielen Dank. Doch Oscy gelang es, sein Blut direkt im Zielgebiet landen zu lassen, so daß Hermies Gesicht in kürzester Zeit aussah, als sei es mit roter Farbe übergossen worden. Er hatte keinerlei Unternehmungsgeist mehr. Er war Oscys Gnade ausgeliefert, aber eher würde er eine Schlange essen, als in einer solchen Lage klein beizugeben.

Oscy durchschaute Hermie genau, doch inzwischen war er wütend genug, Hermie für seine Hartnäckigkeit dadurch zu bestrafen, daß er ihn windelweich prügelte. Das Lächeln auf seinem roten Gesicht war jetzt einwandfrei nach rechts orientiert. Alarmstufe eins, und Hermie wußte Bescheid. Nichtsdestotrotz sammelte er den Speichel in seinem Mund und spuckte ihn dann direkt nach oben, wo Oscys Gesicht über ihm schwebte. Vielleicht war es einfach Pech. Vielleicht änderte der Wind plötzlich die Richtung. Jedenfalls kam die Spucke nie ans Ziel. Sie kehrte wie ein Bumerang zu Hermie zurück, genau zwischen seine Augen. Oscy mußte lachen, und die Spannung ließ nach. »Okay, Hermie. Ich laß' dich jetzt los. Einmal muß ja Schluß sein. Aber mach ja keine Mätzchen, okay?«

Hermie sagte nichts. Er blickte einfach Oscy ins Gesicht, durch das Blut und die Spucke und den Sand und den Schmerz und das ganze beschissene Elend. Oscy, der wilde Reiter, stieg langsam von Hermie herunter, langsam und vorsichtig. Doch nicht vorsichtig genug.

Der Schlag traf Oscy so massiv am Kinn, daß er erst zehn, zwanzig Zentimeter angehoben wurde, bevor er in einem tollen Salto rückwärts durch die Luft schoß und erneut auf dem Rücken landete, in einer Lage, die ihm immer vertrauter wurde. Schnell rappelte er sich auf ein Knie hoch, doch inzwischen war auch Hermie bereits auf den Knien. Der rechte Schwinger zischte durch die Luft wie eine Sichel, und hätte Oscy nicht zum Schutz seinen Unterarm hochgehoben, wäre er mit Sicherheit enthauptet worden. Auf den Knien setzten die zwei sandüberzogenen Gladiatoren ihren Kampf fort, und das Blut und der Sand flogen in alle Richtungen, bis hin zu Benjie.

Als er schließlich die Lücke fand, legte Oscy seine ganze beträchtliche Kraft in einen grausam genauen Aufwärtshaken. Hermies Kopf schnappte zurück wie eine Colaflasche, die eben geöffnet worden ist, und als er sich überschlug und zu Boden fiel, sah er über sich den blauen Himmel und seine flatternden Haare. Und dann sah er gut und gern drei Tage lang überhaupt nichts mehr.

Oscy stand auf und blickte auf Hermie hinunter, der im Sand ausgestreckt lag, als sei er von der Spitze des Empire State Building heruntergefallen. Er war nur noch eine platte zweidimensionale Form, wie ein Fresko in der Ägypten-Abteilung des Museums, wie ein Plakat, das Trunkenheit am Steuer anklagt. Er sah tot aus, und zwar etwa zehn Sekunden lang.

Benjie stellte sich neben Oscy, und zusammen betrachteten sie Hermie und wußten, daß er ganz und gar weggetreten war. Doch nach genau elf Sekunden kam Hermies Peitschenarm knisternd zum Leben, und an seinem Ende befand sich eine mit Sand gefüllte Hand. Der Sand war eigentlich Oscy zugedacht, doch es war Benjie, der ihn in beide Augen bekam und der daraufhin blind schrie: »Drekkiger Japs! Dreckiger, gottverdammter Japs!«

Oscy wälzte sich natürlich am Boden vor Lachen, als der blinde Benjie nach Hermies Hals tastete und dabei seine knochigen Fäuste so verkrampft zusammenballte, daß ihm die Fingernägel in die Handflächen schnitten. Oscy packte Benjie und hielt ihn zurück. Hermie lag sehr still im Sand. Er war bei Bewußtsein, aber restlos erledigt. Der Sand war sein letztes Aufbäumen gewesen. Er hatte Oscy gegolten, hatte aber sein Ziel nicht erreicht. Und so lag er da und tat und dachte nichts. Gefallen auf dem Feld der Ehre. Blieb nur noch der Trauermarsch. Eine Gewehrkugel im Kopf wäre ihm lieber gewesen. Häng einen goldenen Orden ins Fenster, Mutter; Hermie hat's geschafft.

Oscy packte Benjie und zerrte ihn mit sich fort, und er ließ ihn auch nicht los, als sie schon fast außer Sichtweite waren. Aber Hermie konnte immer noch hören, wie Benjie fluchte, während er sich die groben Sandkörnchen immer tiefer in die Augen rieb. Oscy drehte sich um und rief zu Hermie zurück: »Bis später, Hermie! Okay?«

Hermie gab keine Antwort, rührte sich nicht. Er drehte nur den Kopf so weit, daß er Oscy sehen konnte, der Benjie immer noch fest im Griff hatte, Benjie, der Flüche ausstieß, die es gar nicht gab. Das ungleiche Paar verschwand über dem Horizont, sie sahen aus wie Abbott und Costello, nur noch viel lustiger.

Als sie außer Sichtweite waren, wälzte sich Hermie zur Seite und richtete sich langsam auf. Es dauerte mindestens eine Stunde. Er sah böse aus. Sein Hemd war nicht mehr zu retten. Er wollte es als Souvenir aufbewahren, bis seine Mutter es finden und einen unrühmlichen Putzlappen daraus machen würde. Er ging im Zickzackkurs, wie betrunken, zum Ozean, und der Blechgeschmack seines eigenen Blutes ließ seinen Mund sauer werden. Und als er bis zu den Knien im Wasser stand, ließ er sich vollends hineinfallen, wie ein gefällter Baumriese. Sein Kopf tauchte unter, und auf der ganzen Welt gingen die Lichter aus.

Die Kälte war erfrischend und wiederbelebend, doch das Salz brannte wie irr in seinen offenen Wunden. Beides zusammen reichte gerade aus, um ihn vor dem Ertrinken aus reiner Erschöpfung zu retten. Er wußte, er hätte einen solchen Kampf nicht überlebt, hätte er seine Kräfte mit Mädchen verausgabt. Zehn Pluspunkte für das Zölibat. Wenn sich Priester jemals entschließen könnten, Berufsboxer zu werden, würden sie sämtliche Titel an sich reißen, ganz ohne Zweifel. Sei dem, wie ihm wolle, er tauchte auf wie ein Delphin und füllte seine Lungen mit Luft und paddelte ans Ufer zurück. Seine wackligen Beine trugen ihn die letzten paar Meter, und er ließ sich mit einer Bauchlandung in den nassen Sand fallen, so daß die Schnepfenvögel bibbel-bibbel machten und sich ein Stückchen weiter vom Ufer entfernten, als sie eigentlich beabsichtigt hatten. Er stützte den Kopf mit seinem Unterarm, versuchte das brennende Salz zu vergessen und spähte zum Horizont. Der Feind hatte sich verzogen, doch die Frau auch. Wußte sie wohl, welchen Kampf er für sie ausgefochten hatte? Hatte sie denn eine Ahnung, daß er eben sein Leben aufs Spiel gesetzt hatte? Nun, er würde ihr später davon erzählen. Er stand auf und machte sich auf den Weg nach Hause, und aus irgendeinem Grund, den er nie verstehen würde, fühlte er sich wohler, als er sich bisher in seinem ganzen fünfzehnjährigen Leben gefühlt hatte.

7

Hermie verbrachte den Rest des Tages in tiefstem Nachdenken auf seinem Zimmer. Er haßte Oscy nicht; er verstand ihn. Oscy war einfach ein großes Kind, ein munteres Fohlen, das war alles. Einen Baseball richtig zu treffen, bedeutete Oscy viel mehr als die feineren Dinge des Lebens. Oscy sorgte sich einfach viel mehr darum, daß sein dämlicher Football nicht vom Beton der Straße, auf der sie immer spielten, abgewetzt wurde, weshalb der Ball mit zwei Pfund Leukoplast verklebt war wie ein verstauchter Fuß.

Oscy interessierte sich einfach noch nicht für Sex. Und doch, hatte Hermie nicht einmal Oscy, seinen besten Freund, im Kellergeschoß des Hauses Ocean Parkway Nr. 81 dabei überrascht, wie er sich anhand einer Fotografie Claire Trevors in Erregung brachte? Und wenn auch Oscy die Sache als zufälliges Ereignis abtat, mußte man nicht aus dem Stand der Dinge schließen, daß Sex für Oscy kein Fremdwort mehr war? Was Benjie anging, der wußte noch nicht mal, daß er zur Spezies Mensch gehörte, und außerdem war er ein Schandfleck in der Mannschaftsaufstellung des OPACS, des Ocean Parkway Athletic Club & Social. Benjie spielte Fänger auf Rechtsaußen, denn da der OPACS nur neun Mitglieder hatte, brauchte man ihn zwar, doch er wurde auf Rechtsaußen aufgestellt, denn wie viele linkshändige Schläger gab es schon, die den Ball überzogen? Benjie würde sein ganzes Leben auf Rechtsaußen zubringen. Er war dazu geboren, er war von Natur aus ein Blindgänger. Er hatte zwei linke Füße und fünf Daumen an jeder Hand. Es fehlte nicht viel, und sie würden ihn an der Uni unter einer Glasglocke aufbewahren.

Hermies tiefe Meditationen wurden jäh durch die Stimme seiner Mutter unterbrochen, die ihn zum Abendessen rief. Beim Essen stellte er sich taubstumm, was zwar kaum jemand bemerkte, weil seine Schwester in einem langen Vortrag darüber klagte, daß es keine Männer auf der Insel gebe. Am Ende ihrer Ansprache stand sie weinend vom Tisch auf und lief auf ihr Zimmer. Nach dem Essen las seine Mutter in der Zeitschrift *Liberty*, während sein Vater, der ein paar Wochen Urlaub auf der Insel verbrachte, die Rechnungen durchging und wegen der Lebensmittelkarten nörgelte, mit denen seine Mutter gar nicht zurecht kam. Etwa das Huhn, das es zum Abendessen gegeben hatte: 23 Punkte und sehnig. Es gab so oft Huhn in dieser Familie, daß Hermie überzeugt war, er würde eines Morgens auf dem Klo entdecken, daß er ein Ei gelegt hatte. Es war zum Verzweifeln, und außerdem regnete es, und so verbrachte Hermie den Rest des Abends damit, daß er zwei Stars, die in seinen Augen an Liebreiz gleich hinter Penny Singleton rangierten, ausschnitt und versuchte, einen Platz für sie an seiner Wand zu finden, auch wenn das bedeutete, daß er ein paar seiner eigenen Flugzeuge abschießen mußte. Von Penny selbst war es schwierig, neue Aufnahmen zu finden, denn sie war einfach nicht gefragt. Sein Radio brachte Bob Hope, der in Alaska droben war und sich für die Soldaten die Eier abfror. Vielleicht war sein Vetter-auf-dem-Schlachtfeld, Ronald, unter den Zuhörern. Es war ein erregender Gedanke. Nachdem er das Radio abgeschaltet hatte, lag Hermie in seinem Bett und dachte an die Frau und an die Liebe, die sich in seinem Herzen entwickelte. Mit ihrem phantastischen Gesicht neben sich auf dem Kopfkissen schlief er schließlich ein. Dann verwandelte sich das Kopfkissen in die Frau, und er nahm das Kissen ordentlich her. Es war ein Wunder, daß keine Federn flogen.

8

Der Wecker schrie auf ihn ein, und er ignorierte ihn, ließ ihn ganz ablaufen, vielleicht würde ihm das irgendwie eine Lehre sein. Er untersuchte sorgfältig sein Gesicht im Spiegel und stellte fest, daß keine nennenswerten Beulen zu sehen waren. Er putzte sich die Zähne, machte sich aber gar nicht erst die Mühe, sich zu kämmen, da er wußte, es würde Stunden dauern, seine Haare in eine nur halbwegs annehmbare Frisur zu zähmen. Und so viel Zeit konnte er einfach nicht verplempern, wenn er auch für den Rest des Tages keine festen Pläne hatte. Auf Zehenspitzen ging er in die Küche und aß einen Teller voll von diesen blöden Cornflakes, weil sie so knisterten und knackten und er keinen anderen Gesprächspartner hatte. Im Grunde genommen langweilte ihn das ganze Leben so gotteslästerlich, daß er, ohne sich dabei etwas zu denken, die Tür mit dem Fliegengitter zuknallte, als er aus dem Haus ging. Er wartete auf das Unvermeidliche. Die Automatik im Mund seiner Mutter war ausgelöst worden, und ihre Stimme klang wie Fliegeralarm. »Herman, wo gehst du hin?«

Er blieb auf der obersten Treppenstufe stehen. »Zum Planeten Mongo.«

»Es ist noch nicht mal acht Uhr.«

»Ich kann es nicht ändern.«

»Hast du wenigstens etwas gegessen?«

»Einen Elefanten.«

»Bring eine Zeitung aus der Stadt.«

»Ja, sicher.«

»Und eine *Time* für deinen Vater.«

»Gott im Himmel.« Hermie ging auf dem schmalen Gehweg, der seit dem Spanisch-amerikanischen Krieg vielleicht eintausendmal aufgerissen und zugeschüttet worden war. Ein Gefühl der Leere war in ihm. Er ging an einigen Häusern vorbei und an einigen Kindern auf rostigen Dreirädern und an einigen Hunden, die besser aussahen als das Huhn vom gestrigen Abendessen. Und er blickte zum Himmel, um sich nicht von seiner Seemöwe überraschen zu lassen, doch sie war nirgends zu sehen. Wahrscheinlich stopfte sie sich gerade mit toten Fischen voll, um am späten Nachmittag wieder seinen Kopf bombardieren zu können.

Von den Sommergästen waren noch nicht viele auf. Doch der Frachter hatte eben festgemacht; da konnte man eine halbe Stunde zuschauen, bevor einen der Schlaf übermannte. In der Hauptstraße wurde er wieder von dem getupften Badeanzug aufgehalten, der ihn ganz plötzlich anlachte. Ein lachender Badeanzug ist für jedermann Grund genug stehenzubleiben, doch bald kam die Quelle des Lachens aus der Ladentür, in Gestalt zweier fetter Damen, die so sehr lachten, daß sie husten mußten. Und das Fett an ihren Armen hüpfte und wackelte, und Hermie wußte, daß er diesem speziellen Badeanzug nie mehr dieselben Gefühle entgegenbringen würde.

Mit einer Tüte frisch gebackener und verführerisch riechender Berliner Pfannkuchen kam er aus der Bäckerei Killerman. Als er in den ersten von ihnen hineinbiß, wurde die Erdbeermarmelade herausgedrückt und verschmierte ihm den Mund, so daß er aussah, als komme er frisch vom Zähneziehen. Der Zucker, bestimmt Ersatzzucker, bildete bald einen von Ohr zu Ohr reichenden weißen Streifen, und er setzte seinen Spaziergang fort und verdrückte dabei genüßlich einen Berliner nach dem andern.

Er blieb vor dem Friseurgeschäft stehen und schaute zu, wie ein Junge in seinem Alter, den er allerdings nicht kannte, sich einen Bürstenschnitt verpassen ließ. Er verlieh ihm das Aussehen eines behaarten Handballs. Und was noch schlimmer war, der Junge wußte das. Hermie stand da und starrte ihn an, denn das Ganze sah aus wie eine Vorführung in einer Jahrmarkts-Schaubude. Das war wirklich das Schlimme am Haarschneiden: sie bugsierten dich immer in den Stuhl, der dem Schaufenster am nächsten war, als wollten sie dich ausstellen. Dann bedeckten sie dich mit einem lumpigen Tuch, an dem noch die Haare des letzten Kunden hingen, so daß du das Gefühl hattest, in einem Ameisenhaufen zu stecken. Und dann verlangten sie einen halben Dollar, und wenn du die Frechheit hattest, kein Trinkgeld zu geben, beschimpften sie dich in einer fremden Sprache, wahrscheinlich italienisch, und bei deinem nächsten Besuch konntest du damit rechnen, etliche Mal hinter den Ohren geschnitten zu werden, denn ein Friseur vergißt nie – vor allem wenn er der einzige auf der Insel ist. Der Junge auf dem Stuhl senkte den Blick und tat so, als sei er gar nicht da, so sehr ging es ihm gegen den Strich, daß ihn Hermie anstarrte.

Hermie wandte sich ab und kaufte die neueste Ausgabe der *Time*, deren Titelbild Jimmy Doolittle zeigte, weil Jimmy Doolittle offenbar gerade erst Tokio bombardiert hatte. Hermie wußte, daß das ein recht bedeutendes Ereignis war, weil die Yankees bis dahin nicht so recht gewußt hatten, ob sie am Gewinnen oder Verlieren waren. Es war wie im Baseball, wenn man mit einem plötzlichen Treffer noch rechtzeitig vor Schluß eines Spiels aufholen kann. Hermie kaufte auch eine Tageszeitung und setzte dann seinen Weg fort, wobei er seine liebe Not hatte, die Berliner Pfannkuchen, die Zeitung und die *Time* zu jonglieren. Dann sah er *sie*, und das Herz rutschte ihm in die Hosen und füllte seine beiden Segeltuchtaschen aus.

Sie war strahlend. Das war die einzig mögliche Beschreibung. Strahlend. Mit ihren langen Beinen und dem fließenden Haar und den grünen Augen, o wie verfolgst du mich in meinen Träumen – doch was seh' ich. Sie war in einer Notlage. Sie hatte mehr Pakete, als sie tragen konnte. Die junge Frau würde sie bestimmt gleich fallen lassen. Ganz klar eine Aufgabe für Super-Hermie. Er stärkte sich noch einmal mit einem Biß in den letzten Berliner und spürte sofort, wie seine ganzen 117 Pfund hart wurden, wirklich hart.

Eins ihrer Pakete wankte und begann zu rutschen, doch irgendwie gelang es ihr, es sanft abzusetzen, bevor es aufplatzen konnte. Als sie sich dann aber bückte, um es besser in den Griff zu bekommen, fing ein anderes ihrer Päckchen an zu schaukeln. Es war ein aussichtsloser Kampf, und schließlich entglitten alle Pakete ihren Armen, und kläglich stand sie da. Traurigkeit in einem Faltenrock. Hilflosigkeit in einer grauen Strickjacke.

Super-Hermie holte tief Luft, wischte sich die Marmelade vom Mund, warf die leere Tüte in den Wind, stopfte Jimmy Doolittle in die eine Gesäßtasche und die *New York Times* in die andere und machte sich im D-Zug-

Tempo daran, der Dame zu Hilfe zu eilen, bei Gott, fürwahr. Doch als er dann bei ihr war und den Mund aufmachte, um sie anzusprechen, drückte er sich so gekünstelt aus, daß es sogar in seinen eigenen Ohren ausgesprochen doof klang: »Darf ich Ihnen meine Dienste anbieten?«

Er verzog das Gesicht, und sie mußte es gesehen haben, doch sie war so vornehm. »Sie dürfen«, sagte sie, und, Gott im Himmel, sie machte dabei sogar einen Knicks. Welch hoher Adel stand ihm da wohl gegenüber?

Sie war doch nicht größer. Sie waren eigentlich gleich groß. Nur durch ihre Vornehmheit schien sie so hoch über ihm. Er ließ sich auf die Knie fallen und rechnete halb damit, zum Ritter geschlagen zu werden oder eins ihrer Strumpfbänder zu bekommen oder dergleichen. Doch in Wirklichkeit wollte er ja nur diese dämlichen Pakete aufheben, und das war eine ganz schöne Menge. Sie überbrückte die Pause mit einer sonnigen Stimme. Sonnig war genau das richtige Wort für sie. Sie war ein sonniger Mensch. »Ich wollte eigentlich nicht so viel kaufen. Ich hätte meinen Handwagen mitbringen sollen.«

»Sie hätten Ihren Handwagen mitbringen sollen.« Hatte er das gesagt? Herrgott.

»Ja.« Er mußte es gewesen sein, denn sie stimmte zu.

Hermie hatte die Pakete im Schlepptau, doch die *New York Times* machte sich dauernd selbständig. Gott sei Dank war es nicht die Sonntagsausgabe. Er versuchte immer wieder, sie mit einer Hand in die Gesäßtasche zurückzuschieben. Es war wahrlich nicht leicht, ein guter Samariter zu sein. Die Frau machte eine Geste, als wolle sie helfen. »Nicht doch«, sagte er. »Es geht schon.«

»Aber *eins* kann ich doch nehmen.«

»Es geht schon.« Er ließ diesmal das »nicht doch« weg. Clever. Noch immer unterwürfig kniend, umfaßte er die Pakete mit den Armen, bis sich seine Hände trafen und einander packten wie Stanley und Livingstone. Etwas riß. Es war keines der Pakete. Entweder hatte er sich eben einen Leistenbruch eingehandelt, oder seine Unterhose hatte nachgegeben. »Was Sie unbedingt brauchen, ist ein Handwagen.« Er hatte das ganz schnell gesagt, um das verräterische Geräusch zu übertönen. Etwas anderes fiel ihm in der Eile nicht ein.

»Ich glaube, Sie haben recht«, sagte die sonnige Stimme. Und dann kniete sie sich neben ihn hin. Hermie erstarrte, doch sie redete in einem freundlichen Ton mit ihm, gar nicht gönnerhaft. »Wenn Sie ein paar nehmen und ich ein paar, dann schaffen wir's, glaube ich. Und ich will Sie auch gerne dafür bezahlen.«

»Das kommt ja gar nicht in Frage.« Das klang besser, strahlte Selbstsicherheit aus. Sie standen sich jetzt gegenüber, und ihre grünen Augen schauten ihm direkt ins Gesicht. Das Eis war endlich gebrochen.

»Ich fürchte, es ist ziemlich weit bis zu meinem Haus.« Sie lächelte.

»Ich weiß, wo es ist.« Das war ein Schnitzer.

»O ja?«

Er riß sich zusammen. »Mhm. Es steht dort drüben.« Er zeigte in die Richtung, in der alle Häuser waren. Die Frau lächelte und schüttelte sich die brünetten Haare aus der Stirn. Und ihr Parfüm überfiel ihn und stieg ihm in die Nase und prägte sich seinem Gedächtnis ein. Dann machten sie sich auf den Weg.

Hermie fiel nichts ein, was er sagen konnte, doch sie füllte auch diese Lücke. »Wohnen Sie auf der Insel?«

»Im Sommer.«

»Mit Ihrer Familie?«

»Ja, aber die stören mich nicht. Ich gehe mehr oder weniger meine eigenen Wege.« Es schien ihm wichtig, gleich seine Unabhängigkeit zu etablieren.

»Was machen Sie?«

»Oh – allerlei interessante Dinge.« Zum Beispiel? Filmstars ausschneiden? Kalbskoteletts essen? Kopfkissen bumsen?

Sie gingen weiter, und Hermie versuchte, sich nichts von den Schwierigkeiten anmerken zu lassen, die er mit den Paketen hatte. Inzwischen war er sich sicher, daß seine Unterhose kaputtgegangen war und nicht sein Unterleib. Doch die Bündel wurden immer schwerer, und die Schwerkraft half nicht gerade.

Über dem Rand des obersten Päckchens erspähte Hermie seine zwei schwachsinnigen Freunde. Oscy und Benjie kamen direkt auf ihn zu. Sie waren so ziemlich die letzten Schwachköpfe der Welt, denen er im Augenblick begegnen wollte. Er zog den Kopf ein wie eine Schildkröte und konzentrierte sich ganz auf seine Zehen. Kurz darauf gingen seine zwei Segeltuchschuhe an den vier Segeltuchschuhen seiner Freunde vorbei. Hatten sie ihn gesehen? Wahrscheinlich nicht, aber man konnte nie wissen. Er ging weiter. Die Pakete waren schwer wie Blei. Er blickte zu der Frau hinüber, die lächelte, und so lächelte er zurück; er wollte möglichst nicht reden, denn Reden kostete Energie.

»He, Hermie!« Es war Benjies Stimme. Doch sie brach gleich wieder ab, Oscy hatte ihm wohl den Ellbogen kräftig in die Magengrube gerammt. Der gute alte Oscy. Irgendwie wußte er, daß Hermie in eine wichtige Sache verwickelt war. Der gute, alte, reife Oscy. Man durfte es nicht unterschätzen, wenn sich's einer vor dem Bild Claire Trevors selber machte.

»Hat da nicht jemand nach Ihnen gerufen?«

»Bestimmt nicht.«

»Heißen Sie Hermie?« – »Ja.«

»Irgend jemand dort hinten hat nach Ihnen gerufen.«

»Bestimmt nicht.«

»Er hat ›Hermie‹ gerufen.«

»Es ist ein ziemlich verbreiteter Name.«

Die Frau lächelte und ließ das Thema auf sich beruhen. Sie gingen weiter. Wo zum Teufel blieb denn ihr Haus? Gelegentlich setzte Hermie ein Bündel auf einem angehobenen Knie ab, um insgeheim mit beiden Händen nachfassen zu können. Auch mit Autohypnose versuchte er es, redete sich ein, die Pakete seien mit aufgeblasenen Luftballonen gefüllt und seine Arme dehnten sich nicht wie dünne Gummibänder und sie habe nicht vier Kisten voller Ziegelsteine eingekauft. Vielleicht war sie Bauarbeiterin. Vielleicht würde sie ihn auffordern, eine Mauer zu bauen, um ganz China herum. Oder vielleicht doch etwas Einfacheres, etwa eine Panzersperre oder einen U-Boot-Bunker? Hermie wußte nur, daß, wenn sie nicht bald an dem verdammten Haus waren . . .

»Da wären wir«, sagte sie.

»Ich kann noch.« Das gehörte mit Sicherheit zu den schwachsinnigsten Bemerkungen, die er je gemacht hatte.

Und es verwirrte sie. »Aber . . . das ist wirklich nicht nötig.« Sie zeigte auf ihr Haus, so als könne er es vielleicht nicht sehen.

Wenn man das Haus von der Straße her betrat, brauchte man, Gott sei's gedankt, keine Treppen zu steigen. Er folgte ihr, wobei er von ihr nicht mehr sehen konnte als den obersten Teil ihres Kopfes. »Können Sie sie bitte hereinbringen?«

»Mit Vergnügen.«

Sie gingen durch die Tür, und Musik erklang, denn alles an dem Haus war so ganz besonders, obwohl es sich von den anderen Häusern auf der Insel kaum unterschied. Er folgte den tanzenden Haaren über die Veranda und durch das sauber aufgeräumte Wohnzimmer, und alles begann in strahlenden Farben zu leuchten, sobald sie in die Nähe kam. Als er am Kaminsims vorbeiging, sah Hermie eine gerahmte Fotografie des Mannes. Es war nur ein flüchtiger Blick, denn Hermie hatte keine Zeit für eingehende Betrachtungen; aber er würde das Bild ewig im Gedächtnis behalten. Der Mann sah so phantastisch aus, daß Hermie wußte, er sollte eigentlich nicht gleichzeitig in einem Zimmer mit ihm sein. Das Lächeln war überwältigend und richtig männlich. Und er war in Uniform und hatte eine Pfeife zwischen den blendendweißen Zähnen. Hermie verzweifelte. Die ganze Welt hatte gerade Zähne, bloß er nicht. Seine Zähne waren so krumm wie die eines Haifisches. Das Bild hatte eine Widmung. Handgeschrieben. »In ewiger Liebe, Pete.« So hieß er also. Hermie wußte, daß er jetzt viel näher dran war, fragte sich nur, an was.

»Hier herein. In die Küche.«

Hermie ging in die Küche, die von vielen Blumen belebt wurde, die sie auf etwa ein Dutzend Vasen verteilt hatte. Sie hatte zweifellos etwas für Blumen übrig. Ein Glück, daß Hermie nicht allergisch war. »Stellen Sie sie doch bitte auf den Tisch.«

Hermie hatte vorgehabt, die Pakete sanft auf dem Tisch abzusetzen. Doch dann ließen ihn alle Muskeln, Sehnen und Bänder in seinen Armen gleichzeitig im Stich. Die Pakete knallten auf den Tisch wie Jimmy Doolittles Bomben auf Tokio. Außerdem vergrößerte sich der Riß in Hermies Unterhose, und er wußte, daß sie in seinen Jeans hing wie zwei selbständige Taschentücher. Er kam sich blöd vor und wurde wütend. »Die sollten das Zeug wirklich besser verpacken.« Er versuchte, die Dinge einzusammeln, die zu entkommen versuchten, nur um ihn zu ärgern.

»Lassen Sie mich bitte dafür bezahlen.« Sie hatte ihre Handtasche offen und suchte darin herum. Wäre das die Handtasche seiner Mutter, würde sie ein Jahr dazu brauchen, und der Vierteldollar, den sie schließlich finden würde, wäre in Wirklichkeit ein Roosevelt/Wallace-Knopf aus dem letzten Wahlkampf.

»Das kommt ja gar nicht in Frage.« Mann Gottes, er hatte ja selbst nicht gewußt, daß er ein solcher Kavalier war!

Sie lächelte ihn an. »Aber wie kann ich Ihnen meine Dankbarkeit zeigen?«

»Ich weiß nicht.« Vielleicht dachte sie an etwas Besonderes. Etwas ganz anderes. Nur keine falschen Hoffnungen, Hermie.

Sie legte ihre Handtasche weg und blickte zum Tisch. »Ich hab' diese köstlichen Berliner Pfannkuchen gekauft.« Hermie schluckte ein paarmal trocken, als sie die Tüte mit dem Aufdruck *Bäckerei Killerman* herauszog und genau dieselben Berliner aus der Tüte nahm, mit denen er sich eben vollgestopft hatte. Er konnte keinen einzigen mehr davon essen, selbst wenn sein Leben davon abhinge. »Ich habe noch etwas Kaffee«, sagte sie. »Er ist von heute morgen, aber, na ja, wir müssen in diesen Tagen alle besser haushalten.« Sie stellte die Kaffeekanne auf den Herd und wandte sich dann wieder Hermie zu. »Sie trinken doch Kaffee?«

»Vor dem Krieg hab' ich jeden Tag ein paar Tassen getrunken.« Vor dem Krieg hatte er höchstens Babynahrung zu sich genommen.

Sie war immer noch nicht überzeugt. »Ich habe nämlich auch Milch da.«

Er mißverstand sie gründlich. »Ich trinke meinen Kaffee schwarz.« Dann kapierte er plötzlich und kam sich wieder doof vor. Was war bloß aus seiner natürlichen Selbstsicherheit geworden, die ihn, laut Oscy, auszeichnete?

»Nehmen Sie doch bitte Platz«, sagte sie. Und Hermie setzte sich an den kleinen Küchentisch. Er setzte sich direkt auf Jimmy Doolittle und die *New York Times*, was einen unbeholfenen Eindruck machen mußte. Deshalb stand er auf, zog Zeitung und Zeitschrift aus seinen Gesäßtaschen und strich sie auf dem Tisch glatt. Sie sahen aus, als habe ein Jahr lang ein Elefant auf ihnen gesessen.

»Aha«, sagte sie vom Herd herüber mit einem Blick über die Schulter, während der Kaffee widerwillig zum Leben zurückkehrte, »Sie lesen *Time*.«

»Ich lese es regelmäßig. Hält einen auf dem laufenden.« Er würde *Time* nicht mal lesen, wenn er einen Orden dafür bekäme.

Sie stellte frische Blumen in sauberes Wasser, und die Farben spiegelten sich in ihren Augen. »Gehen Sie auf die Oberschule?«

»Ja. Erasmus Hall. In Brooklyn. Es ist leicht zu finden. Ich bin in der zehnten Klasse.«

»Aha, in der zehnten.«

»Ja.«

»Hmmmmmmmm.«

»Letztes Jahr war ich in der neunten.«

»Ich hatte Sie für älter gehalten.«

»Und nächstes Jahr werde ich in der elften sein, und so fort.«

»Nun, machen Sie nicht so schnell. Bevor Sie wissen, wie Ihnen geschieht, sind Sie beim Militär.«

»Bis dahin ist es vorbei.«

»Bis wann?«

»Bis dann.«

»Ach ja, ich verstehe.« Aber Hermie wußte, daß sie ihn nicht verstanden hatte. Die weibliche Vernunft hatte Mühe, gewisse Dinge zu begreifen. Die weibliche Vernunft begriff solche Dinge wie Kaffee. Nur daß *dieser* Kaffee hier so aussah, als wolle er nicht mehr zum Leben erweckt werden. Er schnaubte und zitterte und dampfte und beschwerte sich sogar. »Nun«, sagte sie, »ich hoffe, Sie behalten recht.«

»Aber noch ist es nicht vorbei. Und ich bin bereit, mitzukämpfen. Ich nehme in der Schule an Vorkursen zur

Pilotenausbildung teil, und ich rechne damit, ziemlich bald ein Flugzeug zu fliegen.«

»Das wird bestimmt interessant sein.« Sie behielt den Kaffee im Auge.

»Vielleicht werde ich mich mit meinem Bruder zusammentun. Er ist bei den Fallschirmspringern. Vielleicht kann ich ihn 'raufnehmen und aussteigen lassen.« Aus was, seinem Verstand? Seiner Phantasie? Der einzige Bruder, den er je hatte, das war höchstens seine Schwester, bevor ihr dieser Busen wuchs.

»Aha, Ihr Bruder ist Fallschirmspringer.«

»Nun ja, ich habe hauptsächlich eine Schwester in der Oberschule.« Beichten war gut für die Seele. Vor allem, falls er sie mal mit nach Hause nahm und seiner Familie vorstellte.

»Der Kaffee ist fertig.« Sie brachte die Kaffeekanne zum Tisch und schenkte zwei Tassen ein. Schwachsinnig, wie er nun mal war, nahm Hermie seine Tasse in die Hand und tat so, als habe er sein ganzes Leben nur Kaffee getrunken, und verbrannte sich gründlich die Zunge. Daß er die Situation überhaupt überlebte, ohne laut aufzuheulen, war ein Beweis für jene Selbstsicherheit, von der Oscy immer sprach. Doch seine Augen fingen an zu tränen, und irgendwie fiel ihm die Zunge aus dem Mund und hing heraus wie bei Lassie. Die Frau hielt die Luft an. »Oh! Ich hätte Sie warnen sollen! Er ist sehr heiß! Haben Sie sich weh getan?«

»Na-nein. Ga-gar nicht.« Er spürte, wie ihm der Dampf von der Zunge direkt in die Nase stieg. Vielleicht war das gut für seine Stirnhöhlen. Viele Leute behandelten ihre Nase mit Dampf.

Sie war ganz durcheinander und flatterte aufgeregt um ihn her – wie eine Mutter, und von der Sorte hatte er doch schon eine. »Möchten Sie etwas Eis? Ich kann Ihnen etwas Eis geben. Vielleicht sollte ich Ihnen etwas Eis geben. Ich gebe Ihnen etwas Eis. Eis. Eis.« Sie machte sich überstürzt am Kühlschrank zu schaffen. Vielleicht war sie eine Rotkreuzschwester. Vielleicht würde er sich auf ihr Bett legen müssen, um sich die Zunge verbinden zu lassen.

Sie kam zurück und ließ ein paar Eiswürfel derart schnell in seine Tasse plumpsen, daß Hermie für einen Moment glaubte, auch sie müßten glühend heiß sein. Er betrachtete die schmelzenden Eiswürfel in seiner Tasse. Er hatte nicht viel Zeit. Sie hatten sich fast schon aufgelöst. Als sie ihm den Rücken zudrehte, um noch mehr Eiswürfel herauszubrechen, beugte er sich deshalb schnell vor und drückte seine Zunge gegen die schnell kleiner werdenden Eiswürfel in seiner Kaffeetasse. Das verschaffte ihm sofort Erleichterung. Herrgott, sie machte den heißesten Kaffee in der ganzen Stadt. Huhuiii.

Er war nicht ganz sicher, wie lange sie nun schon redete und worüber. Er war vollauf damit beschäftigt, die Eiswürfel mit seiner Zunge zu kitzeln. Als sie schließlich verschwunden waren und seine Zunge langsam wieder zu sich kam, schaute er auf, um zu sehen, wo sie war und was sie machte. Sie saß ihm gegenüber und aß – brrr – Berliner Pfannkuchen. Außerdem redete sie, und er kriegte gerade noch einen halben Satz mit. » . . . so ein alter Herd von 1934, den ich einfach nicht genau einstellen kann.« Sie merkte, daß er sie anstarrte, und wertete das als Zeichen, daß sie genug geredet habe. Also lächelte sie und wechselte das Thema. »Haben Sie viele Freunde auf der Insel? Hermie? Hermie?«

Er hatte noch nie eine Frau schöner sprechen sehen. »Zwei«, sagte er. »Ich habe zwei. Aber sehr unreif.« Seine Zunge machte weiterhin gute Fortschritte.

»Nun – was machen Sie? Ich meine, womit vertreiben Sie sich die Zeit?«

»Ich neige zu Basketball, aber auch Baseball hat meiner Ansicht nach sehr viel für sich. Beim Baseball bekommt man wenigstens keine krummen Schultern vom Dribbeln.«

»Ah ja.«

»Ich laufe auch, auf der Aschenbahn.«

»Sie sind sehr sportlich veranlagt.«

»Stimmt. Viele Leute sind sportlich veranlagt. Worauf es ankommt, ist, daß man etwas daraus macht.«

»Mögen Sie . . . Musik?«

»Ja. Ich bin recht musikalisch.« Er spürte, wie spielend die Unterhaltung lief. Er war Herr der Lage. Das Leben war gut.

»Spielen Sie ein Instrument?«

»Ja. Ich singe.«

»Ah ja«, sagt sie, und dann lachte sie.

Hermie hatte das nicht als Witz gemeint. Er mußte das klarstellen. »Für mich ist eine Stimme wie ein Instrument.«

»Oh, da bin ich ganz Ihrer Meinung.« Sie sagte das bestimmt nur so aus Höflichkeit. Was zum Teufel wußte sie schon von Musik? Sie war nichts als die schönste Frau der Welt. Was zum Teufel brauchte sie von Musik zu wissen?

»Jedenfalls – man kann auch zur Abwechslung mal pfeifen. Gibt einem eine ganze Menge Ausdrucksmöglichkeiten.« Das hatte er nun als Witz gemeint.

Doch es entging ihr, und sie nickte nur zustimmend ernst mit ihrem schönen Kopf. »Da haben Sie sicherlich recht.«

»Ich betreibe auch poetische Dinge, gelegentlich.« Er überraschte sich selbst mit dieser Bemerkung. Er hatte das noch keinem Menschen anvertraut, nicht mal Oscy. Und er ließ auch seine Gedichte nie irgendwo herumliegen, wo sie jemand finden könnte. Alles, was er schrieb, verbrannte er anschließend. Es war besser so. So konnte er seinen Traum ewig behalten. So konnte nie jemand behaupten, seine Produkte seien minderwertig.

»Ich muß schon sagen, Sie haben viele Interessen.«

Hermie stand auf. Er hatte irgendwo gelesen, daß ein erfahrener Mann weiß, wann es Zeit ist zu gehen. »Nun, dann werde ich mich jetzt trollen. Sonst kommen Sie vielleicht noch auf die Idee, mir ein Mittagessen vorzusetzen.«

Sie stand ebenfalls auf. »Müssen Sie gehen?« Es klang aufrichtig. Sie wollte tatsächlich, daß er noch dablieb, länger verweilte, ihr noch eine Weile Gesellschaft leistete.

»Ja. Ich habe einiges an zerlassenem Fett, das ich abliefern will. In drei Wochen kommt einiges zusammen. Sie machen Munition daraus. Haben Sie vielleicht alte Strümpfe? Daraus machen sie Kartuschbeutel für Schiffskanonen.«

»Ich trag' im Sommer keine Strümpfe.«

»Das ist eine sehr patriotische Einstellung.«

»Ich weiß nicht, wie patriotisch es ist, aber man kommt dabei jedenfalls nicht so ins Schwitzen.« Sie lächelte. Das sollte wohl ein guter Witz sein.

Er lächelte und versuchte sogar ein kurzes Erwachsenenlachen. Witze waren nicht gerade ihre Stärke, aber wie viele Frauen können es schließlich schon mit einem Bob Hope aufnehmen?

»Ich möchte, daß Sie« – sie steckte einige der Berliner in die Tüte aus der Bäckerei Killerman zurück – »einige dieser köstlichen Berliner Pfannkuchen mitnehmen. Es ist das wenigste, was ich für Sie tun kann.«

»Recht herzlichen Dank. Ich werde sie essen, sobald ich kann.«

»Oh, ich habe Ihnen zu danken, Hermie.»

»Aber ich bitte Sie. Das war mir eine Ehre.« Er ging rückwärts zur Tür und hatte dabei das unangenehme Gefühl, daß er verschiedene Dinge umwarf, was auch genau den Tatsachen entsprach. Einen Stuhl. Eine Lampe. Einen Zeitschriftenständer.

Sie lächelte und schien davon nichts zu bemerken, als sie neben ihm her ging. »Das nächste Mal gehe ich aber bestimmt mit dem Handwagen einkaufen.«

»Ich glaube, das sollten Sie wirklich tun. Sie könnten sich sonst einen Leistenbruch holen.« Warum er das sagen mußte, würde ihm stets ein Rätsel bleiben.

Sie schüttelte es ab, vielleicht glaubte sie, sie habe sich einfach verhört. »Vielleicht seh' ich Sie mal wieder.«

»Es würde mir eine Ehre sein.« Es fiel ihm allmählich nichts mehr ein. Es war besser, er verdrückte sich, bevor er wieder mit guten Tag anfing. Er war an der Tür.

»Auf Wiedersehn«, sagte sie.

»Auf Wiedersehen«, sagte er, und die Tür mit dem Fliegengitter schloß sich hinter ihm. Er schlüpfte gewissermaßen aus dem Haus und winkte ihr nochmals zu und hätte schrecklich gerne gesagt: »Ich komme wieder«, doch er schluckte es hinunter. Er ging die Straße entlang auf die Stadt zu und trug die Tüte mit den Berliner Pfannkuchen in der Hand, als handle es sich um einen verwesenden Leichnam. Er war sehr böse mit sich wegen seiner ungeschickten Ausdrucksweise, wegen seiner rhetorischen Unzulänglichkeit, und er schlug sich wiederholt die Faust auf den Schenkel, immer und immer wieder, während er sich Vorwürfe machte: »Einen Leistenbruch! Du großer Gott!«

Oscy und Benjie schienen aus dem Nichts aufzutauchen. Plötzlich blockierten sie seinen Weg. Oscy hatte ein Fernglas um den Hals hängen, und er lächelte, wie immer. »Tag, Hermie.«

Hermie ging in einem säuberlichen Halbkreis um sie herum. »Hallo«, sagte er, als er mit erhobenem Kopf an ihnen vorbeiging, in der Hoffnung, sie würden sich in einem grünen Rauchwölkchen auflösen, doch sie taten ihm den Gefallen nicht. Er konnte zwar ihre Apachenfüße nicht hören, aber er spürte, daß sie ihm folgten. Doch es war ihm viel wichtiger, seine Zunge von der Meeresbrise kühlen zu lassen, als sich mit zwei Idioten zu unterhalten, und so ging er beharrlich weiter.

Oscy schloß kurzentschlossen zu ihm auf und ging neben ihm her. »Nur zu deiner Information, Hermie, du bist beobachtet worden. Aus einer Entfernung von dreißig Metern hatten wir dich ständig im Visier.«

»Was du nicht sagst.«

»Du warst lange da drin, Hermie. Du hättest diese Pakete reinbringen und in zehn Sekunden wieder draußen sein können. Was ging da drin vor sich?«

Hermie wollte zunächst überhaupt nicht antworten, doch das war so wenig möglich, wie man eine Biene ignorieren kann, die einem in den Hintern sticht. Er dachte auch daran zu lügen. Aber Lügen vertrugen sich nicht so recht mit seinem Stil. Sie paßten einfach nicht in sein Charakterbild, trotz der Lügen, die er eben erst der Frau erzählt hatte. Schließlich beschloß er, die Wahrheit zu sagen, sich selbst dabei aber ins beste Licht zu rücken. »Wir hatten ein paar Drinks zusammen.«

Oscys Augen wurden größer. »Das soll wohl ein Witz sein.«

»Okay, es soll ein Witz sein.« Und er beschleunigte seine Schritte.

Oscy wußte, daß Hermie keine Witze machte, und holte ihn wieder ein, drehte sich dabei aber nach Benjie um, der die vorgeschriebenen zehn Schritte Abstand hielt. »Sie hatten Drinks zusammen.« – »Na und.«

Ohne stehenzubleiben, beugte sich Oscy, dessen Neugier immer größer wurde, vertraulich zu Hermie vor: »He – wie weit bist du bei ihr gekommen?«

»Du hast doch ein Fernglas gehabt. Hast du's nicht gesehn?«

»Man kann damit nicht um die Ecke sehen. Nun sei doch nicht so, Hermie. Hat sie dich rangelassen?«

Hermie wollte sich unbedingt aus solchen Grobheiten heraushalten. »Du bist ein Esel.«

Oscy war vielleicht ein Esel, aber er war außerdem unbarmherzig. »Ältere Frauen, so wie die – die sind da doch nicht kleinlich. He, Hermie, Baby – nun endlich raus mit der Sprache!«

»Sie hat mir Berliner Pfannkuchen gegeben.« Hermie blieb bei seinem Entschluß, keine Lügen über sein Abenteuer zu erzählen. Er war zu müde und zu abgespannt und zu sehr mit einem Leistenbruch beschäftigt, als daß er aus seiner zufälligen Begegnung mit der Frau eine romantische Geschichte hätte machen wollen. Ohne sich umzuschauen, warf er die Tüte mit den Berlinern über die Schulter, wo sie Benjie auffangen konnte.

Benjie der Baseballspieler sah, wie das Ding auf ihn zuflog, ein harmloser Flugball. Er brauchte nur die Hände hinzuhalten, um es zu fangen, doch dank seiner phänomenalen Ungeschicklichkeit wurde er von der Tüte mitten auf die Stirn getroffen. »Was soll denn das, Hermie«, sagte er. Und dann trat er mit aller Macht nach der Tüte, um sie möglichst weit wegzuschicken – fast einen Meter weit.

Oscy bedrängte Hermie. »Hermie, was zum Teufel hast du denn die ganze Zeit da drin gemacht?«

»Ich war mir der Zeit gar nicht bewußt. Sie verging wie im Flug.« Die Erinnerung an sie ließ ihn ganz rhapsodisch werden.

Oscys Phantasie hatte sich entzündet. »Mann, ich kann dir sagen, ich würde bei der ganz gern mal ordentlich rumfummeln.«

»Ich dachte, du seist reifer, Oscy.« Hermie stellte fest, daß der Himmel noch nie so blau gewesen war. Und es hatte noch nie eine angenehmere Brise gegeben.

»Es ist sehr reif, an Mädchen rumzufummeln. Mein Bruder tut das die ganze Zeit.«

»Wieso ist er dann Zahnarzt?« Diese Bemerkung war als

Ehrenrettung für seine Schwester gedacht. Eine großbusige Schwester war immer noch besser als ein Bruder, der Zahnarzt war.

Beleidigt stellte sich Oscy Hermie in den Weg. »Glaub ja nicht, du kannst jetzt auf einmal große Töne spucken. Und versuch bloß nicht, uns weiszumachen, es sei etwas vorgefallen da drin, zwischen dir und dieser Dame!«

Hermie versuchte Oscy auszuweichen, ohne irgendwelche Furcht erkennen zu lassen, ein ganz und gar unmögliches Manöver. »Ich will euch überhaupt nichts weismachen.«

Oscy blockierte immer noch den Weg. »Aha! Das heißt soviel wie: eine Menge ist da drin vorgefallen. Eine ganze Menge!«

Hermie spürte, wie die Wut in ihm hochstieg, nicht weil Oscy sich benahm wie ein Schwachkopf – Oscy benahm sich immer wie ein Schwachkopf. Es war nur, daß Oscy in seiner Schwachköpfigkeit ihm ausgerechnet jetzt begegnen mußte und damit die Erinnerung an sein kostbares Rendezvous zerstörte, bevor sie sich noch halbwegs in ihm festgesetzt hatte. »Leck mich doch, Oscy«, warf er mit ganzer Inbrunst hin, obwohl es leicht eine blutige Nase nach sich ziehen konnte, in solch unmittelbarer Nähe Oscys diese Wendung zu gebrauchen. Hermie fuhr fort: »Ich sag' doch nicht, es sei was vorgefallen, wenn nichts vorgefallen ist! Nichts ist vorgefallen! Und wenn das für dich bedeutet, daß etwas vorgefallen ist, dann tust du mir leid – weil nämlich überhaupt nichts vorgefallen ist! Herr Gott noch mal, ich weiß nicht mal, wie sie heißt!« Und diese Erkenntnis brachte Hermie erst recht aus der Fassung, und er schob Oscy zur Seite, ohne sich dabei etwas zu denken.

Nur selten legte jemand Hand an Oscy, ohne sich wenigstens ein blaues Auge dafür einzuhandeln. Doch Oscy sah, wie verwirrt Hermie im Augenblick war, und so beschloß er, es ihm ungestraft durchgehen zu lassen, vorläufig jedenfalls. Statt dessen ging er wieder im Gleichschritt neben ihm her und setzte die mündliche Auseinandersetzung fort. »Du erwartest doch nicht im Ernst, daß wir das glauben!«

»Mann – mir ist doch allmählich schnurzegal, was ihr glaubt. Ich geh' heim. Mein Vater wartet auf seine Zeitung und seine *Time* –« –« Er zog sie beide aus seinen Gesäßtaschen. Sie sahen fürchterlich aus. »Ach du lieber Gott!« Was sollte er seinem Vater erzählen? Daß sie von einer Straßenwalze überfahren worden seien? Er betrachtete das Titelbild der *Time*. Jimmy Doolittle hatte verschiedene Runzeln im Gesicht, die ein normaler Mensch frühestens mit siebzig bekam.

»Gehst du jetzt heim?« bedrängte ihn Oscy immer noch.

»Allerdings. Ich geh' heim. Ich muß über verschiedene Dinge nachdenken. Ich geh' heim.«

»Und was machst du dann danach?« Oscy war jetzt sehr liebenswürdig.

»Dann bring' ich mich um!«

»Und dann –«

»Ich weiß nicht. Oscy, ich weiß nicht!« Er ließ seine Freunde stehen und machte sich auf den Heimweg und schlug sich dabei immer noch die Faust auf den Schenkel. Machte sich immer noch schwere Vorwürfe. »Leistenbruch. Auuuuuuuu!«

9

Der Rest des Tages hatte recht wenig Sinn und brachte überhaupt nichts ein. Die meiste Zeit lag Hermie auf seinem Bett, die Hände hinter dem Kopf verschränkt, tief in Gedanken versunken. Seine Gedanken wanderten ziellos umher, ließen sich kaum festhalten, waren schwer zu katalogisieren, und sie schwirrten ihm in großer, verwirrender Unordnung durch den Kopf. Die wichtigste Rolle spielte natürlich die Frau, so lieblich und intelligent und patriotisch. Doch da war auch noch der Mann, Pete. Hermie wußte, wenn alles gut lief für die Vereinigten Staaten, würde Pete eines Tages zurückkehren, und er würde sich mit ihm auseinandersetzen müssen, und bei Angehörigen der Streitkräfte hatte Hermie gewisse Skrupel. Eine kritische Einschätzung seines eigenen Irrsinns blitzte immer wieder in Hermies Verstand auf, umspülte sein Gehirn und konfrontierte ihn mit der nackten Wirklichkeit, die er einfach nicht ganz unterdrücken konnte. Er war nichts anderes als ein fünfzehnjähriger Junge, der sich in eine Frau verknallt hatte, die um Jahre älter war. Das hatte Hermie schon einmal erlebt. Im Mathematikunterricht der neunten Klasse, Miss Randall, Josephine Ruth. Er kam schnell darüber weg, an jenem Nachmittag, als er sich nach dem Unterricht noch im Klassenzimmer herumdrückte, um ihr eine Frage zu stellen, auch wenn er die Antwort längst wußte, und sie dabei ertappte, wie sie eine Gaumenplatte aus dem Mund nahm, die mit falschen Zähnen gespickt war. Damit war Josephine Ruth für ihn auf der Stelle erledigt, und seither sah er sie, wenn er gerade mal an sie denken mußte, immer als alte Hexe vor sich, die am Abend kichernd ihr künstliches Gebiß in ein Glas Wasser legt und dann für diesen Schneewittchen-Typ ein Dutzend Äpfel mit Gift präpariert. Doch mit seinem neuesten Schwarm war das anders. Ihre Zähne waren echt. Sie mußten einfach echt sein. Gott konnte nicht zweimal nacheinander so grausam sein. Und ihre Beine waren auch echt. Künstliche Beine lassen sich sowieso nicht verheimlichen. Ihr Haar, das war keine Perücke. Mindestens dreimal hatte es eine so starke Windbö gegeben, daß eine Perücke auf Nimmerwiedersehen davongesegelt wäre. Ihre Brüste, na ja – sie waren wohl nicht gerade üppig, aber im Grunde genommen neigte Hermie ohnehin zu Frauen mit kleinen Brüsten. Und überhaupt, waren nicht alle klassischen historischen Schönheiten schmalbrüstig? Diana, Julia und all die anderen.

Hermie blätterte in *Popular Mechanics* und las einen Artikel über einen Mann, der sich aus alten Autoteilen, drei Einrädern und dem Flügel eines Segelflugzeugs sein eigenes Flugzeug bastelte. Faszinierend.

Das Abendessen brachte eine Überraschung. Fleischklößchen und Obstsalat, auf getrennten Tellern. Dann Fruchtflammeri, auch Die Rosa Pest genannt. Und Plätzchen, von seiner Schwester in einem jener seltenen Augenblicke gebacken, wo sie nicht den Mond anhimmelte.

Nach dem Essen äußerte sein Vater Mißfallen über den Zustand seiner *Time*. Hermie erklärte, daß er auf dem Heimweg von einer versprengten Brigade italienischer Fallschirmspringer angegriffen worden und nur durch glückliche Umstände mit dem Leben davongekommen sei. Sein Vater verfolgte den Fall nicht weiter, denn sein Sohn redete wieder verrücktes Zeug, am besten verständigen wir gleich einen Arzt. Seine Schwester las wieder mal Jane Austen, als Hermie an diesem Abend aus dem Haus ging. Und seine Mutter war in der Küche und spülte und summte die Töne aus dem Radio mit. Das war unglaublich, weil gerade Nachrichten kamen. Das As der Royal Air Force war abgeschossen worden, und seine letzten Worte waren gewesen: »Jetzt ist es soweit, Kameraden.« Daß seine Mutter solche Nachrichten mitsummen konnte, war eine phantastische Sache, einfach phantastisch. Als Hermie auf die Veranda trat, brummte sein Vater, dessen Kopf unter einem Bambusfächer lag, etwas von den vier Roosevelt-Jungen und daß alle vier mitten im Krieg steckten. Hermie stimmte zu und schloß die Fliegentür möglichst geräuschlos hinter sich.

Und da waren sie, eine Zier für seinen Rasen. Oscy und Benjie. Das beglückende Duo. Oscy hatte ein Mundharmonika-Lehrbuch für Anfänger und brachte mühsam eine Melodie zusammen, die eine gewisse Ähnlichkeit mit *Kling, Glöcklein* hatte, ein trefflich gewähltes Stück für einen Abend im Hochsommer. Benjie spielte mit einem Hi-Li, einem Instrument, das aus einem Holzschläger bestand, an dem mit einem roten Gummiband ein Gummiball befestigt war, den man mit dem Schläger treffen mußte. Benjie mit seiner einmaligen Ungeschicklichkeit konnte nicht gerade viele Treffer für sich verbuchen – am besten hätte er den Ball auf den Boden gelegt, sich davor gestellt und mit dem Schläger darauf eingeschlagen. Oscy und Benjie erspähten Hermie, doch mit keinem Wort wurden Probleme erwähnt, die sie vielleicht früher an diesem Tag miteinander gehabt hatten. Das war ungeschriebenes Gesetz. Das Abendessen spülte den Tag fort. Was vor dem Abendessen geschah, war erledigt. Was nachher kam, war langweilig.

Und deshalb gab es *Kling, Glöcklein* und *Hi-Li* fünfzehn Minuten lang. Weil er seine Fleischklößchen und seinen Flammeri gegessen hatte, wurde Hermie von keiner Stimme aus dem Haus gescholten. Er konnte ganz nach Wunsch aufstehen und sich davonmachen. Niemand würde ihn aufhalten. Er konnte mit seinen Kumpanen in die Stadt gehen und Eis essen. Ganz wie er wollte. Und so gingen sie in die Stadt, und Hermie nahm Erdbeereis mit Schokolade bestreut, weil Mr. Sanders, der Ladenbesitzer, mit der Schokolade unheimlich großzügig war. Oscy aß Schokolade mit Pfefferminz, das Hermie nicht ausstehen konnte. Und Benjie genehmigte sich einen Bubble Gum, mit dem er gar nicht gut zurechtkam und der ihm schließlich an der Nase klebte, wie immer. Sie schauten zu, wie die letzte Fähre ablegte, und dann gingen sie nach Hause, jeder für sich.

Ein weiterer erregender Abend auf der Packett-Insel war Geschichte geworden.

Hermie schlich sich zu seinem Zimmer, ohne gute Nacht zu sagen. Meistens ärgerte das seine Mutter, denn sie legte auf das Gutenachtsagen großen Wert. Doch da sie in eine hitzige Auseinandersetzung mit seiner Schwester verwickelt war, übersah sie diesmal Hermies Vergehen. Auf seinem Bett liegend, konnte Hermie sie hören. Seine Schwester wollte einem bestimmten Kerl nicht schreiben, weil er ein Hohlkopf war. Doch seine Mutter sagte, auch Hohlköpfe bekämen gern Post, wenn sie beim Militär seien und im Dienst ihres Landes ihr Leben aufs Spiel setzten. Das Wortgefecht dauerte noch eine Weile an, bis seine Schwester schließlich zu ihrem Zimmer rannte und die Tür zuschlug. Seine Mutter stellte sich vor die Tür und schrie von wegen Patriotismus und so. Sein Vater kam dazu und schrie wegen des Geschreis. Dann war alles vorbei, und sie legten sich alle schlafen.

Hermie lag im Bett und fragte sich, warum das Leben so schnell an ihm vorbeilief. Er stellte das Radio an und hörte, daß Rommel sich frei in Afrika bewegen konnte und niemand imstande schien, ihn aufzuhalten. Hermie wünschte, Rommel würde auf die Packett-Insel kommen, bevor der Sommer zu Ende ging. Es mußte doch auf der Insel irgend etwas von militärischer Bedeutung geben, für das sich die Deutschen interessierten. Der Küstenwachdienst unterhielt doch nicht umsonst einen Posten hier. Hermie machte sich dann Gedanken darüber, was der Küstenwachdienst wohl sonst noch machte, außer dem Bewachen von Küsten. Denn das war sowieso der Gipfel der Idiotie, da die Packett-Insel praktisch nur aus Küste bestand und so gut wie kein Inland hatte. Er kam dann zu dem Schluß, daß die Handelsmarine ein noch blöderer Teil der Streitkräfte war, da er nicht wußte, was damit überhaupt gemeint war. Er hatte einen Onkel in einem Ledergeschäft, der behauptete, er sei im Lederhandel. Hatte vielleicht ein bestimmter Teil der Marineinfanterie mit Lederhandel zu tun? Kam daher vielleicht das Wort »Ledernacken«? Hermie schlief ein, und das Gesicht der Frau schwebte durch seine Träume. Er wünschte, es gäbe irgendeine Möglichkeit für ihn, ihr das Leben zu retten.

10

Tags darauf drängten sich am Strand die Sonnenanbeter auf einem ganz schmalen Streifen Sand, obwohl links und rechts davon große Sandflächen frei blieben. Es mußte der Herdentrieb sein oder so was, und während Hermie über die scheinbar körperlosen Arme und Beine der in der Sonne Liegenden hinwegstieg, kitzelte ihn der Duft von Sonnenöl und Hautkrem in der Nase. Dieser Geruch war alles andere als sexy, und er untergrub den eigentlichen Grund, weshalb er und Oscy und Benjie sich dazu entschlossen hatten, quer durch diese Ansammlung teilweise nackter Körper zu gehen. Sie waren gekommen, um sich die Mädchen anzusehen, denn hier lagen gewöhnlich die Mädchen mit den gewagten Badeanzügen. Was die wenigen Männer anging, die da waren, so waren die meisten zum Wehrdienst zu jung, kaum älter als das Tödliche Trio, wenn auch ein bißchen kräftiger und zweifellos klüger. Hermie, Oscy und Benjie suchten sich einen Weg durch die sonnengebräunten Menschen, als handle es sich um ein Minenfeld, während sich der Lärm aus den Kofferradios zu einer Sinfonie aus beliebten Tagesschlagern vermischte.

Oscy spähte lüstern nach den auf dem Rücken liegenden Mädchen und tat dabei so, als suche er eine Bekannte und hoffe, sie dort, wo die Beine zusammenlaufen, zu erkennen. Hermie ließ ihm einen Vorsprung von mehreren in der Sonne bratenden Leibern, und Benjie folgte mit großem

Abstand und stolperte immer wieder ungeschickt über Knie und Knöchel in seinem Bestreben, seine Freunde nicht aus den Augen zu verlieren.

Als sie schließlich die Strecke zurückgelegt und nichts nachgewiesen hatten, ließen sie sich auf einem weniger bevölkerten Fleckchen Sand nieder, ein Stück weit entfernt von der Musik und der aggressiven Sexualität. Oscy betonte immer wieder: »Mann, am liebsten würde ich diese Weiber alle einmal anfassen. Ich hätte einfach ein paarmal hängenbleiben und auf eine drauffallen sollen. Diese verrückte Rothaarige zum Beispiel, habt ihr die gesehen? Die hätte es noch nicht mal gemerkt.«

Hermie fühlte sich sehr reif, eigentlich sogar zu reif für einen solchen Spaziergang durch die Sonne. »So kann man das nicht machen.«

Oscy wirbelte ihn herum. »Wie denn sonst?«

Hermie schüttelte ihn ab. »Man muß etwas dazu sagen.«

»Ich sage dann eben: bitte um Entschuldigung.«

»Du weißt schon, was ich meine. Du kannst nicht einfach auf ein Mädchen zugehen und dich auf sie fallen lassen. So was tut man einfach nicht.«

»Wir haben es bei Gladys Potter so gemacht.«

»Sie war zwölf Jahre alt. Was wußte die denn schon?«

Oscy lächelte, als er sich zurückerinnerte. »Ich weiß nicht, aber sie schien nichts dagegen zu haben.«

»Sie war überrascht.«

»Ich auch. Ich hatte mir's besser vorgestellt.« Er wandte sich an Benjie, der Schwierigkeiten hatte, auf dem heißen Sand stillzustehen. »Was soll denn das, Benjie. Was treibst du denn da, bist du unter die Tänzer gegangen?«

»Halt's Maul«, sagte Benjie und ließ sich auf den Podex fallen, um seine gebratenen Fußsohlen zu begutachten.

Oscy gestand Hermie: »Ich weiß nicht, was aus ihm noch werden soll. Er hat keine Gefühle.«

»Er ist nur ein bißchen durcheinander.« Hermie ließ sich auf einem wurmstichigen Baumstamm nieder.

»Um ehrlich zu sein, ich auch.« Oscy setzte sich und scheuchte die Fliegen weg, während er ein Dutzend kleiner Insekten zerquetschte. Er wurde sehr nachdenklich. »Ich wache in letzter Zeit oft mitten in der Nacht auf.«

»Das macht nichts«, sagte Hermie, »ich auch.«

»Aber ich wache auf und bin ganz durchgedreht und denke an Vera Miller.«

»Na und?«

»Ich hasse aber Vera Miller!«

»Dann hör doch auf, an sie zu denken.«

Oscy mußte es erwischt haben, die verwirrenden Gefühle der Liebe. »Herrgott, glaubst du, ich bin in sie verliebt?«

»Ich weiß nicht.«

»Ich hoffe bloß, ich bin nicht in sie verliebt, ich hasse sie nämlich.«

»Was für Gedanken hast du eigentlich, wenn du an sie denkst?«

Oscy wich aus. »Ich hab's vergessen.«

»Wie soll ich dir dann helfen?«

»Wer zum Teufel hat dich denn gebeten, mir zu helfen?« Er gab Hermie einen Stoß, und Hermie kippte von seinem Baumstamm und landete auf dem Rücken, mit dem Gesicht zur Sonne. Im Grunde genommen störte ihn das gar nicht. So lag er bequemer, und außerdem sah er seine Zehen aus einer Perspektive, die er zum letztenmal hatte, als er sechs Monate alt war. Oscy trommelte auf Hermies Fußsohlen. »Du bist manchmal zu überheblich, Hermie. Nimm dich ja in acht.«

Benjie mischte sich ein. »Wovon redet ihr denn?«

Oscy schob ihn mit einer Handbewegung zur Seite. »Nichts für dich, du würdest es doch nicht verstehen.«

»Leck mich, Oscy.«

Oscy wurde boshaft tolerant. »Leck mich, Oscy«, äffte er Benjie nach. »Wie wär's denn, wenn du zur Abwechslung mal an was andres denken würdest, an Mädchen zum Beispiel?«

»Okay.«

Oscy lachte zu Hermie hinunter. »Okay, sagt er. Mann, hat der 'ne Ahnung.« Und wieder an Benjie gewandt: »Du wüßtest nicht mal, wie anfangen.«

»Klar weiß ich das.«

»Wie fängt man denn an?«

»Man streichelt sie.«

»Falsch. Man *küßt* sie.«

Benjie sah verblüfft aus. »Gladys Potter haben wir nicht geküßt.«

»In Gladys Potter waren wir ja auch nicht verliebt. Wenn du ein Mädchen liebst, solltest du sie küssen.« Er klatschte Hermie auf den Fuß. »Stimmt's, Hermie?«

Hermie blickte auf und ließ sich einen Moment Zeit, um seine Antwort zu formulieren. »Nun ja, es ist höflich.« Der Himmel ist blau, die Wolken sind weiß; der doofen Möwe ist's heute zu heiß. Gedicht. »Beim Anblick des Himmels«, von Hermie.

Benjie war erregt. »Höflich, Quark! Es ist nicht nötig.«

Oscy stand auf und ging zu Benjie hinüber. »Natürlich ist es nötig, du Blödmann.« Und er gab Benjie einen heftigen Stoß.

Benjie wich selbstverständlich zurück. Aber seinen Standpunkt in der Auseinandersetzung gab er so leicht nicht auf. Da blieb er stur. Und er legte die Hände auf die Hüften und stand trotzig da: »Und ich sage, es ist nicht nötig.«

Oscy mußte dieser Hartnäckigkeit auf den Grund gehen. »Woher zum Teufel willst denn *du* das wissen?«

»Ich weiß es eben.« – »Woher?«

»Ich hab' ein Buch gefunden.«

Oscy schaute ihn nur an, er hörte sogar auf zu atmen. Hermie wälzte sich zur Seite und starrte ebenfalls Benjie an. Dann schaute Oscy Hermie und Hermie Oscy an. Dann schauten sie beide wieder Benjie an. Es wurde überhaupt eine Menge geschaut. Denn Benjie, ausgerechnet Benjie hatte der Menschheit das Feuer gebracht.

II

Der ehemalige Hühnerstall war ideal. Er roch ein wenig nach vergangenen Tagen und früheren Bewohnern, und seine schiefen Wände waren dermaßen mit Hühnerdreck überzogen, daß er nur für sehr wenige Leute eine Attraktion sein konnte. Die abendliche Sonne ergoß sich durch die Dachlatten und fiel auf die drei Jungen mit ihrem riesigen Gesundheitslexikon. Hermie und Oscy waren tief im Text versunken, während Benjie durch die verkrustete Hühnerscheiße stelzte und seine ehemaligen Freunde nicht aus den Augen ließ. Benjie behielt auch den weniger als einen Meter hohen Eingang zum Hühnerstall im Auge, nur für den Fall, daß seine Mutter in der Nähe war. Und diese Nähe bestand aus einem zugewachsenen Acker, auf dem allerlei Gerümpel umherlag. Eine Mutter würde sich nicht mal im Traum hier sehen lassen.

»Wenn meine Mutter wüßte, daß ich das Buch genommen habe –« Benjie jammerte leise vor sich hin. »Es gehört gar nicht mir. Es gehört nicht mal meiner Mutter. Es gehört zum Haus!«

Oscy und Hermie reagierten überhaupt nicht darauf, sie waren beide auf einmal taub und lernbegierig geworden. Hermie war über den Hühnerstall nicht gerade begeistert, er hatte nun mal eine Abneigung gegen Hühner. Aber die waren schließlich immer noch besser als Kotelett, und deshalb fügte er sich dann doch der Mehrheit. Er befeuchtete seinen Zeigefinger, um demnächst umzublättern. Oscys schmutzige Hand fuhr über die Seite. »Augenblick.«

Hermie wartete mit dem Umblättern. Er wartete lange genug, daß selbst ein Schwachkopf mit der Seite fertig werden konnte. Dann begann er sich zu ärgern. »Oscy . . .«

»Und wenn du mich umbringst, ich les' nicht so schnell wie du.« Oscy nahm sich noch ein paar kostbare Augenblicke, um für sich zu lesen. »Mmmmm. Mmmmmmm. Mmmmmmmmmmmm. Okay, umblättern.« Hermie blätterte um, und dann beugten sich beide wieder vor, um ihren enormen Wissensdurst zu stillen.

Benjie war ein verdrießlicher Wachtposten und ein düsterer Prophet. »Wenn ihr Fingerabdrücke zurücklaßt, könnt ihr gleich euer Begräbnis bestellen.«

Oscy und Hermie lasen weiter und sagten nichts, ihre ungeteilte und hingerissene Aufmerksamkeit galt dem Buch. In prächtigen Farben boten sich ihnen Stückchen und Teile der weiblichen Anatomie dar, auf durchsichtigem Papier übereinandergeschoben. Oscy geriet völlig außer sich, während er die Blätter hin- und herschob. »Herr Gott, du kannst damit dein eigenes Mädchen bauen!« Und er baute sich sein eigenes Mädchen, wobei er die Eingeweide ausließ. Er schob andere Blätter rein und baute sich ein Mädchen »ohne unten«. Dann baute er eine, die nur aus »unten« bestand. Er lachte wie ein Irrer, und als er die vielen Kombinationen durchprobiert hatte, blätterte er um und fand das farbige Foto einer nackten Frau. Darunter wimmelte es nur so von neuen Begriffen, es war wie eine ganze unerschlossene Welt, ein ganzes Universum an Sex. Und sie konnten das alles sehen und darüber den Verstand verlieren. Oscy stieß Hermie freudig erregt und ungläubig an. »Hermie, glaubst du das ganze Zeug?«

»Es ist ein medizinisches Fachbuch«, sagte Hermie. »Warum sollten die lügen?«

Oscys Augen blieben auf die nackte Frau geheftet. »Was meinst du, wer ist das wohl?«

»Ich weiß nicht. Könnte irgendwer sein.« Auch Hermies Augen konzentrierten sich ganz auf das Buch.

»Ich möchte bloß wissen, wie die heißt.«

»Ich weiß nicht.«

»Meiner Ansicht nach sieht sie aus wie eine Barbara.«

»Mhm. Könnte eine Barbara sein.«

»Oder vielleicht Alice.«

»Mhm. Möglich.«

»Wie *machen* die bloß solche Bilder?«

»Die haben Spezialkameras. Unheimlich lichtstark.«

»Ich glaube, ich bin in sie verliebt.«

»Du kannst ja nicht mal ihr Gesicht sehen.«

»Verdammt und zugenäht, Sex hat doch nichts mit dem Gesicht zu tun, Mann.«

»Du vergißt dich.«

»Welches Geschäft entwickelt wohl solche Bilder? Wenn wir solche Bilder abliefern würden, würden sie uns sofort in eine Erziehungsanstalt stecken.«

»Ich nehme an, die entwickeln sie selbst.« Hermie beugte sich noch weiter über das Buch vor. »Bestimmt. Ich glaube, so machen sie's.«

Benjie stand über ihnen. »Laßt mich auch mal sehen.«

»Hau ab, Benjie.« Oscy deckte die Seite zu, so als wolle Benjie bei einer Klassenarbeit abschreiben. »Du hast das Buch wahrscheinlich schon tausendmal angeschaut.«

»Das ist nicht wahr.« Dann fügte Benjie zögernd hinzu: »Ich habe angefangen – aber es hat mich dann ganz nervös gemacht.«

Oscy machte sich über ihn lustig. »Wieso macht es dich denn nervös? Da erfährst du endlich, wie es wirklich ist.«

»Ich weiß«, sagte Benjie. »Ich glaube, ich habe ein Recht, es zu sehen. Und überhaupt ist es mein Buch.«

»Einen alten Hut«, sagte Oscy. »Es gehört zu deinem

Haus. Mann, ich frage mich bloß, wem dieses Haus gehört.« Er stieß Hermie an. »Vielleicht Barbara, was?« Benjie beugte sich vor, und Oscy stieß ihn zurück. »Hau ab, Kleiner. Gleich steht dir der Schaum vor dem Mund.«

Hermie, alias König Salomo, intervenierte. »Laß es ihn sehen.«

»Okay«, sagte Oscy widerspenstig. »Ich laß' es ihn sehen. Aber zeigen wir ihm doch etwas ganz Besonderes.« Oscy überschlug ein paar Seiten, bis er zu einer Fotografie kam, die einen Mann und eine Frau beim Koitus zeigte. Dann schob er das Buch Benjie hin. »Hier, Sportsfreund.«

Benjie betrachtete das Bild hundertfünfzig Jahre lang, ohne sich zu rühren, ohne zu atmen, ohne auch nur zu hören, wie Oscy sagte: »Das sind Barbara und ihr Freund. Er heißt Großer Pimmel.«

Schließlich, viele Jahre danach, sprach Benjie, doch mit ganz leiser Stimme. »Ich kann es nicht glauben.«

Oscy lachte. »Die sind in voller Aktion, Benjie. Da hast du's. Die treiben's, daß die Wände wackeln.«

Wieder die leise Stimme: »Ich kann's nicht glauben.«

Oscy wurde plötzlich nervös. Die Intensität und die Erregung taten ihre Wirkung und trafen ihn dort, wo es weh tat, in den Hosen. »Mann, du mußt es aber glauben, Benjie, denn eines Tages bist du dran, und dann mußt du wissen, was du zu tun hast!« Er fing an zu schwitzen, und sein Frotteehemd konnte ungeahnte Mengen an Schweiß aufsaugen.

»Ich kann's nicht glauben«, sagte Benjie. »Es ist . . . unmöglich.«

Oscy schrie ihn an: »Wieso ist es unmöglich?«

»Weil . . . sich niemand so verrenken kann.«

»Man verrenkt sich ohne weiteres so, wenn man *muß*!«

Benjie formulierte ruhige Beurteilungen. »Dicke Leute keinesfalls. Diese Leute schaffen das nicht.«

»Dicke Leute tun es ausgiebiger als andere!« Oscy wußte nicht mehr, was er sagte, ja er wußte nicht mal, daß er kreischte.

»Nun, eins kann ich dir sagen«, Benjie war seltsam ruhig, »meine Mutter und mein Vater haben das nie getan.« Er deutete mit seinem wissenden Zeigefinger auf die Fotografie.

Oscy war drauf und dran, ihn k.o. zu schlagen. »Warum nicht?«

»Weil es doof ist.«

»Wie, glaubst du denn, haben sie *dich* bekommen, Benjie – vom Weihnachtsmann?«

Hermie hatte sich während des ganzen Wortwechsels still verhalten. Als er deshalb sein Schweigen brach, sprach er wie ein großer Gelehrter. »Ich sage dir das äußerst ungern, Benjie, aber so wie auf dem Bild wird's tatsächlich gemacht. Und Dicke hat damit gar nichts zu tun. Womöglich ist es für dicke Leute sogar einfacher, wer weiß?«

Benjie fuhr hoch, und seine Augen glühten rot. Er war völlig durcheinander. »Hört bloß auf, euch über mich lustig zu machen – das könnte nämlich gefährlich werden. Verdammt gefährlich.«

Hermie legte großen Wert darauf, ruhig zu bleiben. Bei hitzigen Diskussionen war es wichtig, daß mindestens einer ruhig blieb. »Sieh mal, Benjie, wenn du dir dieses Bild anguckst, nun – ich geb' ja zu, daß es vielleicht blöd aussieht, aber wenn sich zwei Menschen lieben, soll es tatsächlich sehr . . . angenehm sein.«

Benjies Wut richtete sich sofort gegen Hermie. »Woher willst denn du das wissen? Du hast es noch nie getan!«

Hermie glänzte mit biblischer Geduld. »Sieh mal, Benjie –«

»Leck mich doch mit deinem ›sieh mal‹!«

Hermie ließ sich von Benjies Unterbrechung nicht aus dem Konzept bringen. »Sieh mal, Benjie, es ist alles hier in dem Buch. Schwarz auf weiß.« Er blickte auf die leuchtenden Körperteile zum Ausklappen und fügte hinzu: »Und in Farbe. Deshalb *küßt* sich ein Paar zuerst. Das gibt ihnen die Möglichkeit, sich erst mal kennenzulernen. Dann, wenn sie sich kennen, verlieben sie sich. Und wenn sie sich lieben –«

Oscy packte das Buch und schrie wie ein Verrückter: »Vorspiel! Man nennt es Vorspiel! Sie ziehen sich alle aus, und dann spielen sie Vorspiel! Dann tut er das!« Er überblätterte wie wild verschiedene Aufnahmen. »Und sie tut das! Und er tut das! Und auf einmal ist's soweit!« Er schlug das Buch so gewalttätig zu, daß es sich wie ein Granatwerfer anhörte. »Nichts einfacher als das!« Oscy war wirklich in Fahrt. Benjie hatte Angst. Hermie war überrascht. Doch Oscy hatte völlig den Verstand verloren. Er stolzierte in dem niedrigen Hühnerstall umher wie Groucho Marx auf Freiersfüßen. »Ehrlich gesagt, bevor ich diese Fotos sah, habe ich es auch für unmöglich gehalten. Das sind aber Fotos, Benjie. Fo-to-gra-fien! Keine Zeichnungen! Ich hab' auch schon Zeichnungen gesehen. Doch das hier sind Fo-to-gra-fien! Und bei Gott, es wird Zeit, daß wir da mitmischen!« Oscy, ihr Führer, würde sie nicht enttäuschen. Heute Vorspiel, morgen die ganze Welt.

12

Wegen des Krieges galten Verdunkelungsvorschriften, und die Lichter in der Stadt leuchteten spärlich. Auch an der elektrischen Anzeigetafel über dem Kino war die obere Hälfte der nackten Birnen schwarz angestrichen. Es tauchte alles irgendwie in eine seltsame Atmosphäre, so als ginge man mit einer Baseballmütze über den Augen durch die Straßen. Im übrigen mußte man sich einfach daran gewöhnen. Die Plakate teilten der Welt mit, daß der

Hauptfilm in dieser Woche *Now Voyager* war, mit Bette Davis und Paul Henreid, und in den Nebenrollen Gladys Cooper und John Loder, von dem das Gerücht behauptete, er habe eine heiße Sache mit Hedy Lamarr laufen. Die Leute drängten sich vor dem Kino und warteten ruhig auf die Acht-Uhr-Vorstellung, unter ihnen Oscy, Hermie und Benjie.

Oscy strich ohne jegliche Hemmungen um Mädchen herum, Hermie machte einen ziemlich gleichgültigen Eindruck und hielt sich abwartend im Hintergrund, während sich Benjie weit, weit weg wünschte. Die drei schienen vergleichsweise klein, als sie sich unter den überhängenden Erwachsenen durchbewegten, die zumeist Frauen waren. Noch kleiner schienen sie, weil sie ihre Eiskremtüten so sorgfältig balancierten, um ja nicht an den Armen, Hinterteilen und Bäuchen der Leute über ihnen hängenzubleiben. Drei Kugeln im Spielautomat des Lebens, das waren sie. Und auf ihre eigene unnachahmliche Art waren sie auf ein Gewinnspiel aus.

Aha, Oscy hatte ein lohnendes Ziel gefunden. Er stieß Hermie an, der sofort jenes unangenehme Flackern in der Magengegend spürte, das ihn immer heimsuchte, wenn es darauf ankam, seinen Mann zu stehen. Oscy zeigte ihm durch eine Lücke in der Menge drei Mädchen, die dastanden und schwatzten und sich ihre Geheimnisse ins Ohr kicherten.

Mit einer Geste, die militärischen Anstrich hatte, signalisierte Oscy seinen Kohorten, sie sollten auf ihn warten, während er Erkundungen einholte. Sie nickten, zum Zeichen, daß sie ihn verstanden hatten, und Oscy pirschte los. Zufällig waren nun die drei Mädchen etwas größer als Oscy. Sie waren zweifellos auch eine Idee älter und wohl auch eine Spur reifer. Doch das störte Oscy alles nicht, und Hermie staunte über die Art, in der Oscy ins Gefecht zog. Oscy konzentrierte sich auf die eine Blonde, die auch den größten Busen hatte, und sagte, wobei er höflich an seine Waffeltüte tippte: »Guten Abend.«

Die Mädchen blickten sich an und dachten: Ganz schön frech, dieser kleine Wichtigtuer. Doch Oscy ließ sich nicht so leicht abwimmeln. Er richtete seinen reifen Dialog an die Blonde mit den großen Brüsten, die, wie er bald erfahren würde, Miriam hieß. »Ein feiner Abend für einen Abend im Kino.« Es war Hermie klar, daß Miriam Oscys Mädchen sein würde. Die anderen waren für ihn und Benjie. Die eine war halbwegs hübsch, mit einem Pietà-Lächeln. Die andere war eine bessere Vogelscheuche. Hermie entschied sich heimlich für die erstere. Benjie wußte, ihm blieb die letztere.

Miriam, auch nicht gerade auf den Kopf gefallen, wollte den kleinen Mann, der da vor ihr stand, erst mal auf die Probe stellen. Sie zog ihre Schultern zurück und schlug dadurch mit ihren Brüsten beinahe Oscys Nase kaputt. »Darfst du überhaupt so spät noch auf sein?« Die Vogelscheuche kicherte idiotisch und enthüllte dabei Klammern und Drähte, die der Brooklyn-Brücke Konkurrenz machen konnten. Benjie sank das Herz in die Hosentasche. Das andere Mädchen, Hermies, blieb bei ihrem hübschen Lächeln. Sie war entweder taub oder doof.

Oscy, angespornt durch die heroische Qualität von Miriams Brüsten, überhörte ihre beleidigende Frage und setzte die geistreiche Konversation fort. »Ich habe zwei reizende Freunde bei mir.« Miriam zog ein Taschentuch heraus und fuhr Oscy übers Gesicht. »Und außerdem Eiskrem im ganzen Gesicht.« Ihre Freundinnen glucksten. Oscy griff sofort nach ihrer Hand und drückte sich das Taschentuch auf die schnuppernde Nase. Er atmete tief ein und tat so, als falle er in Ohnmacht. »Oh, dieses Parfüm. Mir wird direkt schwindlig.« Miriam befreite verblüfft ihre Hand und war froh darüber, daß sie irgendwie in die Defensive gedrängt war. Oscy ahnte seinen Vorteil.

»Meine Freunde und ich würden mit den drei Damen gerne des Films genießen.«

»Getrennte Kasse, nehm' ich an«, sagte Miriam, ihn immer noch taxierend.

»Ja. Aber wir werden für die Erfrischungen aufkommen.«

Miriam zog sich mit ihren beiden Freundinnen zur Beratung zurück. Palaver, Palaver. Dann drehte sie sich wieder um und überflog die Menge, während sie zu Oscy sagte: »Wo sind sie?«

Oscys Finger fuhr herum und zeigte dann in die Richtung, in der Hermie und Benjie standen. So ähnlich mußte es sein, wenn man beim Übersteigen der Gefängnismauern in den Lichtkegel des Scheinwerfers geriet. Gleich würde das Maschinengewehr losrattern. Hermie gelang es, ein krankes Lächeln aufzusetzen, während er Benjie einen jener fünf Millionen Rippenstöße gab, die dieser sich im Laufe des Sommers einhandelte. »Lächle«, sagte Hermie. »Sieh älter aus.«

Benjie lächelte im Bemühen, älter auszusehen, männlicher, und aus dem Mundwinkel redete er mit Hermie, ohne sein absurdes Grinsen zu unterbrechen ... »Sie kommen auf uns zu.«

»Keine Panik.«

»Ich schwitze.«

»Nicht schwitzen.«

Oscy und die drei Mädchen waren da. Alle drei Jungen waren kleiner. Vor allem Benjie, der dabei war, sich mit seinen Tennisschuhen ein Schlupfloch in den Beton zu graben. Oscy übernahm großzügig die Vorstellung. Mensch, Mann, tat der vornehm! »Das ist Hermie, und das ist Benjie. Und das ist Miriam.«

Dann stellte Miriam ihre Freundinnen vor. »Das ist Aggie.« Sie war die halbwegs hübsche, doofe, taube. »Und das ist Gloria.« Sie war der Trümmerhaufen.

Oscy, der die Sache fest im Griff hatte, teilte die Paare ein. »Hermie, du sitzt neben Aggie, weil ihr beides Intellektuelle seid. Benjie, du sitzt neben Gloria, weil.«

»Ich muß heim.« Es war Benjie mit seiner leisen Stimme. Und bevor noch die anderen richtig reagierten, war er in der Menge verschwunden. Gloria war am Boden zerstört, als Benjie kniff. Sie verbarg ihr Gesicht in den Händen. Ein Eimer Sand wäre besser gewesen.

Miriam war von Benjies Verhalten gar nicht angetan. Sie blähte sich auf, und Oscy stellte sich unbewußt auf die Zehenspitzen, als sich ihre Brüste wie ein paar Zeppeline vorwölbten. »Wenn Gloria nicht mitkommt, kommen wir auch nicht mit.« Sie vergaß, »ätsch« zu sagen.

Oscy hatte nicht die Absicht, sich von Benjie alles vermasseln zu lassen. Höflich schrie er durch die Massenmenge: »Ben-jiiiieeee!!!!!« Die Leute drehten sich überrascht um, denn es klang wie der japanische Schlachtruf »Banzaiiiii«. Vor allem ein Mann zeigte sich höchst irritiert, denn es war seine Achselhöhle, in die Oscy seinen Schrei losgelassen hatte. Doch Benjie war fort, von der Nacht verschluckt. Vom Anblick des ihm zugedachten Mädchens heimgetrieben. *Sic gloria transit.*

Gloria entschied sich dafür, Selbstlosigkeit zu demonstrieren. Und die Worte kamen lispelnd durch ihre nasse Brücke. Jede Silbe wurde von einem Sprühregen begleitet. »Miriam, ich mußßß nicht dabeigewesssen sssein.«

Miriam, die edle Närrin, wollte davon nichts wissen. »Mach keinen Blödsinn.«

»Ich mach' keinen Blödsssinn. Ich will nicht gehen, ich schschwör' esss.«

»Wenn das so ist«, sagte die stolze Miriam, »dann gehen wir eben auch nicht.«

Oscy zog Miriam sanft zur Seite. Er beugte sich vor und sagte zu ihr, *sotto voce*, wie Mephisto: »Geht doch ohne sie.«

»Sie ist unsere Freundin. Wir halten zusammen.« Miriam war unerbittlich.

Wieder Gloria, lispelnd: »Geht doch ohne mich.«

Oscy, Miriam anstoßend: »Sie will, daß ihr ohne sie geht.«

»Das stimmt nicht.«

»Doch.«

»Das stimmt nicht.«

»Sie ist weg.«

Miriam wirbelte herum, und tatsächlich, Gloria war weg, in derselben Nacht verschwunden, die auch Benjie verschluckt hatte. Aggie blieb da, reichlich unsicher, ihr Lächeln begann abzusterben, wollte ausgehen wie eine Kerze im Wind. Sie fürchtete sich, nachzusehen, ob Hermie so wie Benjie inzwischen davongerannt war. Hermie starrte nur in den Himmel. – Oscy hatte die Initiative fest an sich gerissen, und er hatte nicht vor, sie aus der Hand zu geben. Er hängte sich bei Miriam ein. »Stellen wir uns in die Schlange. Der Abend ist noch jung, und ich will den Vorfilm nicht verpassen.«

Miriam blickte zu Aggie hinüber, in der Hoffnung, irgendwie einen Hinweis zu erhalten, was sie von der ganzen Sache hielt. Aggie zuckte mit den Achseln. Sie hatte keinen Vorschlag. Nur ein Lächeln. Ein endloses Lächeln. Miriam wandte sich wieder an Oscy, entschlossen, ihre Haut so teuer wie möglich zu verkaufen. »Wir wollen aber beide Popcorn zu fünfzehn Cents.« Sie sagte das hinter ihren beiden Medizinbällen hervor.

Oscy sah Hermie an. Mach jetzt bloß keinen Ärger, hieß das. Hermie verstand die Spielregeln, und so nickte er zustimmend. Damit war alles klar, und die vier stellten sich in die Schlange, die sich langsam bildete. Miriam und Aggie vorne, Oscy und Hermie direkt dahinter.

Oscy murmelte Hermie zu: »Nie wieder tu' ich Benjie einen Gefallen. Das war das allerletzte Mal.«

»Er ist zu jung. Es geht über seinen Horizont.«

»Der Scheißkerl hätte um ein Haar alles verdorben. Diese Gloria war doch gar nicht so übel.« Oscy brauchte sich gar nicht erst von Hermie sagen zu lassen, daß das nicht stimmte, denn ein paar Sekunden später flüsterte er vor sich hin, so daß ihn nur Hermie hören konnte: »Lauf, Benjie. Lauf. Dreh dich nicht um.« Oscy lachte sich selbst fast krank über seinen Spruch.

»Oscy, ich hab' schlimme Nachrichten für dich.« Es war Hermies Stimme, die halb nach Verzweiflung, halb nach Gleichgültigkeit klang.

»Was ist?«

»Du mußt mir zehn Cents leihen.«

Oscy schob ihm verstohlen die Münze zu, doch seine Gedanken waren anderswo. »Hast du geprüft, was diese Miriam für Brüste hat?«

»Das überlaß' ich dir.«

»Sie braucht sie nur zu werfen, ich fang' sie auf.« Während Oscy seine Sprüche machte, sah Hermie etwas, was ihn schlagartig aus der Fassung brachte. »Klarer Fall«, sagte Oscy, »ich werde bereit sein, wenn diese Brüste aus der weiten blauen Ferne auf mich zu –«

Oscy erhielt einen blitzartigen Ellbogen in die Lebergegend, ein nicht zu übersehendes Signal, daß Gefahr im Verzug war. Er wurde starr und fragte sich, wieso zum Teufel Hermie auf einmal zu spinnen anfing. Hermie versuchte ihn mit einem recht nervösen Finger darauf hinzuweisen.

Es war die Frau. Sie war zusammen mit einer Gruppe Erwachsener, die offensichtlich alle darauf warteten, daß der Film anfing. Ihre lieblichen Haare flatterten, und ihre Augen fielen auf Hermie. Sie blinzelte ihm zu, vielleicht empfing sie die Radiowellen aus seinem pulsierenden Gehirn. Dann lächelte sie. Das Lächeln aller Lächeln. Und sie kam zu ihm herüber. »Guten Abend, Hermie.«

»Guten Abend.« Er machte mit seiner Hand eine Art halbkreisförmige Bewegung, wie ein Lebemann, und er nahm sich gleich darauf vor, das nie wieder zu tun, denn es war einfach zu verdammt unnatürlich und weit unter ihm.

»Gehn Sie ins Kino?« fragte sie. Nicht gerade eine besonders gescheite Frage, denn weshalb würde er sonst wohl hier in der Schlange stehen, mit dem Geld in der Hand?

Er antwortete ihr mit einem weltmännischen »So ist es«.

Und sie beendete die Unterhaltung mit einem esoterischen »Wie schön« und wandte sich ab und widmete sich mit ihrem strahlenden Charme wieder ihrer Begleitung.

Oscy brachte kaum den Mund zu. »Hermie! Sie kennt dich tatsächlich!«

»Herr Gott, ist das peinlich.« Hermie war unglücklich.

»Was denn?«

»Sie. Daß sie mich sehen muß mit . . . *so was*.« Er deutete mit dem Daumen über die Schulter, wo die doofe Aggie stand und hysterisch in den Abend und in die Welt hinein lächelte. Vielleicht war ihr der Mund in dieser Stellung stehengeblieben. Vielleicht sah sie insgeheim etwas Lustiges. Vielleicht kroch ihr gerade eine Schlange in den Hintern.

Irgendwie war die Frau wieder da, direkt neben Hermie, und sie lächelte. »Entschuldigen Sie, Hermie. Ich hätte da ein Anliegen. Könnten Sie am Donnerstag nachmittag bei mir vorbeikommen?« Hermie spürte, wie Oscy neben ihm zusammensackte, der Idiot fiel praktisch in Ohnmacht. Die Frau fuhr fort: »Ich fürchte, ich habe da ein paar schwere Dinge umzuräumen und« – sie lächelte und zuckte hilflos mit den Achseln – »keinen Mann im Haus.«

Oscy war zweifellos von einem Curare-Pfeil am Hals gestreift worden. Er wurde steif, dann sackte er zusammen; er fiel gegen Hermie und hing da mit einer Neigung von fünfundvierzig Grad. Hermie mußte sich ebenfalls in einem Winkel von fünfundvierzig Grad dagegenstemmen, um ihn zu stützen. Sie sahen aus wie ein Zelt. »Klar«, sagte Hermie zu der Frau. »Geht in Ordnung.«

»Schön«, sagte sie, und fügte dann hinzu: »Das heißt, der Vormittag wäre eigentlich besser. Dann hätten wir mehr Zeit. Geht zehn Uhr bei Ihnen?«

»Klar. Gerade richtig zum Kaffee.« Oscy war tot. Er war stehend gestorben, gegen den Körper seines lieben Freundes Hermie gelehnt, der solche Dinge sagte wie »Klar. Gerade richtig zum Kaffee«.

»Sie mögen ihn schwarz, stimmt's?« – »Stimmt.«

»Dann bis Donnerstag«, sagte die sonnige Stimme. Und sie war weg, zurück bei ihren Freunden.

Hermie hielt Oscy fest, der in Trance war, ein lebender Toter, der aber noch sprechen konnte, und eine stumpfe, monotone Stimme sagte zu Hermie: »Du . . . hast's . . . geschafft.«

»Halt's Maul, Oscy. Du bist noch dümmer als Benjie.« Hermie wollte nicht mit Oscy zusammen gesehen werden, wenn der den Verstand verlor. Er packte ihn an den Armen und schüttelte ihn, bis das Leben zurückkehrte. »Los, los. Komm zu dir.«

Oscy erwachte, und schon bald teilte ein breites Grinsen sein Gesicht in eine nördliche und eine südliche Hälfte. »Du hast's geschafft, Hermie. Ich kann's nicht glauben. Sie ist verrückt nach dir. Kaffee um zehn. Leck mich!«

»Willst du jetzt endlich das Maul halten?«

»Nein, ich kann's nicht halten. Ich bin ganz zappelig. Wo ist diese Miriam? Die quetsch' ich aus wie eine Zitrone! Sobald die Lichter ausgehn, schleich ich mich an diesen Busen ran und fühl' mich wie Tarzan im Busch!« Er trommelte sich auf die Brust und war drauf und dran, den wilden Schrei des Affenmenschen auszustoßen.

Doch Hermie drückte Oscy eine Hand aufs Gesicht. »Was soll denn das. Kannst du nicht mal bis nach dem Vorfilm warten?«

Oscy befreite seinen Mund, und wieder zeigte er sein strahlendes Grinsen. »Ich kann nicht warten! Ich kann nicht warten!« Oscy hatte zu guter Letzt seine wahre Identität enthüllt. Er war der Werwolf von London, und niemand war vor ihm sicher.

Etwa vierzig zahlende Zuschauer nahmen in dem alten Kino Platz. Oscy hatte seine Truppe sorgfältig nach links hinten in die letzte Sitzreihe geführt. Zwischen den Leuten, die gekommen waren, um den Film anzuschauen, und Oscy und seinem Quartett lagen annähernd zwanzig leere Reihen. Das war das Niemandsland. Es trennte die logisch denkenden Bewohner der Insel von den zwei angehenden Sexteufeln und ihrer ins Visier genommenen Beute.

Sie hatten so Platz genommen, daß Miriam ganz rechts außen saß. Dann Oscy. Dann Aggie. Dann Hermie. Hinter ihnen die Rückwand des Kinos. Links und rechts und vorne nichts als Luft. Während Wochenschau und darauffolgendem Mickymaus-Cartoon schielte Oscy immer wieder zu Miriams Brüsten hinüber, die von ihr abstanden wie ein auf der Seite liegendes Hochgebirge. Miriam war sich Oscys lüsterner Blicke wohl bewußt, doch sie tat so, als bemerke sie nichts. Aus Erfahrung wußte sie, daß sie erst im Laufe des Hauptfilms das Kommando »Alle Mann an Deck« geben mußte. Und so konzentrierte sie sich auf ihren Beutel Popcorn zu fünfzehn Cents und fühlte sich, zumindest für den Augenblick, völlig sicher. Ein richtiger Profi, diese Miriam. Trotz ihrer Anatomie hatte sie sich noch nie von einem Cartoon oder einer Wochenschau ablenken lassen.

Was Aggie und Hermie anging, so ließ nichts darauf schließen, daß sie zusammengehörten. Hermie blickte angespannt auf die Leinwand, er hatte entweder Angst oder einfach keine Lust, von dem neben ihm sitzenden Mädchen mit der reizenden bauschigen Zigeunerbluse Notiz zu nehmen. Alles oberhalb Aggies Brüsten war nackt, einschließlich beider Oberarme. Alles unterhalb der Brüste war mit einer Menge lustiger Rüschen und Manschetten bedeckt. Die Bluse war dermaßen weit heruntergezogen, daß die Ärmel von einer Stelle über den Ellbogen aufwärtsliefen und fünfzehn Zentimeter unter den nackten Schulterblättern endeten. So sah sie aus wie die Gräfin von Monte Christo in Bereitschaft, sich den Rücken auspeitschen zu lassen. Doch sie beschäftigte sich ganz unpassend mit ihrem eigenen Popcorn, und was immer hinter diesen sanften grauen Augen vorging, es blieb einzig und allein ihr Geheimnis.

Endlich kam dann der Hauptfilm, und in Oscys Quartett stieg die Spannung. Das Rennen konnte beginnen, und im Feld des Abends waren zwei feine Fohlen, ein vollblütiger Hengst und Hermie, ein Mittelding zwischen einem verschüchterten Füllen und einem draufgängerischen Wallach. Die Pferde hatten Aufstellung genommen.

Bette Davis mußte die üblichen Schicksalsschläge hinnehmen. Und Paul Henreid, der Blödmann, hatte sich zu sehr mit ihr eingelassen und hätte sich das als verheirateter Mann eigentlich denken können. John Loder tauchte auf und belebte die Szene. Hermie mochte John Loder, er war so RAF, ein Gentleman mit guten Umgangsformen. Aber es war von vornherein klar, daß John Loder am Ende mit leeren Händen dastehen würde, weil er sich ganz darauf konzentrierte, stets vornehm zu bleiben, anstatt zu tun, was erforderlich gewesen wäre, nämlich Bette Davis schwungvoll auf die Couch zu werfen.

Hermie wußte, daß er viel von John Loder an sich hatte, wahrscheinlich von einem Onkel mütterlicherseits, der aus London stammte und möglicherweise adlige Vorfahren hatte, nur daß er jetzt einen Gemüseladen in Brooklyn betrieb. Das war vielleicht so ein Onkel. Sein Daumen wog zwanzig Pfund. Hermies Gedanken waren auf Zickzackkurs. Er wußte, daß es wegen des Drucks war, der auf ihn ausgeübt wurde. Er spürte die Hitze, die Aggies Körper neben ihm ausstrahlte, und von Zeit zu Zeit stieg ihm ihr Cologne in die Nase und betäubte ihn. Sie war so heiß, daß er ihr ein rohes Ei in den Ausschnitt hätte stecken können, und es wäre pochiert unten herausgefallen. Rechts drüben bewegte sich etwas. Neben Aggie. Es war Oscy.

Das verrückte Aas war der reinste Krake, greifend und umschlingend. Doch Miriam war abgebrüht und hatte mindestens so viele Arme wie Oscy.

Für einen Augenblick sahen sie beide wie Schwimmer aus. Die wichtigste Feststellung war, daß Oscy keine Fortschritte machte.

Hermie verfolgte das Geschehen auf der Leinwand. Bette Davis' Mutter starb, auf einem Stuhl sitzend, und Bette Davis, die schon Schwierigkeiten genug im Leben hatte, beschloß, sich schuldig zu fühlen. Ein Freund von ihr, ein Doktor oder so was, wollte es ihr ausreden, doch hätte sie sich nicht schuldig gefühlt, hätte es keinen Film gegeben. Sie fühlte sich also weiterhin schuldig, mindestens zehn Minuten lang, und in der Zeit entsagte Oscy dem australischen Kraulstil und versuchte es mit einer neuen Methode. Verstohlenheit. Langsam bewegte er seine linke Hand, über seinen Schoß weg, und berührte damit Miriams linkes Knie. Gleichzeitig wanderte sein rechter Arm über ihre Lehne und ihren Rücken und über ihre rechte Schulter und glaubte sich dabei unbemerkt. Und wieder war Miriam der Situation gewachsen. Die Hand auf dem Knie wurde weggeschnellt. Die Hand über der Schulter bekam einen schmerzhaften Klaps und zog sich zurück. Angriff abgewehrt.

Auf dem Kriegsschauplatz Hermie/Aggie gab es keine Neuigkeiten. Hermie widmete sich lustlos dem Film und ärgerte sich über die idiotische Rolle, die John Loder zu spielen hatte. Mehr Zeit verging. Aggie aß eine Menge Popcorn. Nach einer gewissen Zeit versuchte Hermie, zu Oscy/Miriam hinüberzublicken, ohne den Kopf zu verdrehen. Es wäre leichter gewesen, wären seine Augen dort gewesen, wo sein rechtes Ohr war. Oscy hatte Miriams linken Oberschenkel im Todesgriff, genauer gesagt: Oscys entschlossene rechte Hand. Miriam konterte, indem sie nun ihrerseits mit der rechten Hand Oscys Unterarm im Todesgriff umklammerte. Oscys Hand konnte sich nicht mehr weiter auf Miriams Oberschenkel vorarbeiten. Rommel gegen Montgomery. Unentschieden.

Einen Augenblick danach schlug Oscy zurück. Seine freie Hand packte bald das Handgelenk des Armes im Todesgriff, der seinen Unterarm im Todesgriff hatte. Doch mit ihrer letzten freien Hand, ihrer Linken, schloß Miriam den Arm in einen Todesgriff, der ihren anderen Arm im Todesgriff hatte, der wiederum seinen anderen Arm im Todesgriff hatte. Auf Grund all dieser Todesgriffe war eine ganze Menge Blut abgeschnitten. Die zwei saßen da wie ein Knäuel aus vier Drahtseilen.

Auf dem Hermie/Aggie-Schauplatz bewegte sich Aggie, gerührt vom Drama auf der Leinwand, ein Stückchen auf Hermie zu, nicht so sehr aus Begehrlichkeit, sondern aus Mitgefühl für alle von Sorgen bedrängten menschlichen Wesen. Hermie bemerkte die kaum wahrnehmbare Bewegung, wegen eines Luftwirbels und weil sie auf seinem Seismographen als Beben der Stärke 193 registriert wurde. Von Aggies unverschämter Demonstration lüsterner Begehrlichkeit verwirrt und ermutigt, entschied sich Hermie zur Tat, denn jetzt hieß es kämpfen oder sterben. Der Film ging seinem Ende zu, ob das nun Bette Davis paßte oder nicht, und Hermie blieb nicht mehr viel Zeit übrig, in Aktion zu treten. Hoch in die Luft stieg sein rechter Arm, in der Absicht, sich um Aggies Schulter zu legen. Doch Hermie verschätzte sich in den vorhandenen Entfernungen, und so landete seine Hand schwungvoll auf Aggies Nase.

»Oh«, sagte sie, als sei es ihre Schuld. Und sie lächelte schwachsinnig und sagte: »Tut mir leid.« Hermie erwiderte das Lächeln, denn man muß Feuer mit Feuer bekämpfen. Wofür zum Teufel sie sich entschuldigte, das ging über seinen Horizont. Doch gleich welcher Irrsinn das lächelnde Mädchen in Gang hielt, der physische Kontakt, den Hermie gemacht hatte, seine Hand auf ihrer Nase, jagte sein Blut in allen Richtungen durch seine verwirrten Arterien. Und so zählte er bis dreißig, zweifellos eine willkürliche Zahl, und versuchte dann noch einmal den Trick mit dem Arm hinter dem Rücken, doch diesmal weit vorsichtiger. Geschickt schaffte diesmal sein Arm das schwierige Manöver, ohne einmal anzustoßen, und blieb auf der Stuhllehne liegen. Aggie machte keine Bewegung des Protests oder der Abwehr. Gute Nachricht, General. Die Niederlande kapitulieren kampflos.

Hermies Finger krümmten sich und krochen voran wie eine Tarantel. Über den Rücken des Stuhls krochen sie und legten sich sachte auf Aggies warme Schulter, wo sie zu erstarren und abzusterben schienen. Und Aggie rührte sich noch immer nicht. Norwegen kapitulierte. Hermie atmete tief ein, und die verrauchte Luft brachte ihn zum Husten. Als er ausgehustet hatte, ließ er seine Hand liegen, wo sie war, damit sie sich auf die nächste Bewegung konzentrieren konnte.

Im Westen gab es nichts Neues. Doch neue Strategien wurden ausgeheckt. Das Blut hatte seinen Kreislauf in Oscys beiden Armen eingestellt, und da er keinen anderen Ausweg sah, lockerte er allmählich seinen Griff um Miriams Schenkel. Daraufhin lockerte Miriam ihren Griff um seinen Arm. Dann gab er ihren anderen Arm frei. Und sie gab seinen anderen Arm frei. Der Knäuel war entwirrt, und sie rieben sich ihre Glieder und brachten langsam das Blut wieder zum Fließen.

Oscy lehnte sich zurück, enttäuscht und wütend. Sie hatte sich ihm überlegen erwiesen. Er hatte genug. Miriam wandte sich wieder dem Film zu. Flink griff Oscy mit einer unangemeldeten Schurkenhand über ihren Schoß hinweg, so daß sie um ein Haar aufgefahren und senkrecht zur Decke geschossen wäre. Doch Oscy fuhr lediglich, boshaft grinsend, mit seiner Klaue in ihr Popcorn, an dem er ja schließlich gewisse Rechte besaß. Außerdem streckte er die Zunge raus. Zu seinem Glück sah das Miriam nicht. Sonst wäre ihr klargeworden, daß sie es mit einem Neunjährigen zu tun hatte, und der Kampf wäre auf der Stelle und für alle Ewigkeit zu Ende gewesen.

Da seine Niederlage besiegelt war, wollte sich Oscy versichern, wie es seinem Verbündeten erging. Das erste, was er im Halbdunkel sah, war Hermies Hand, die leblos auf Aggies Schulter lag, wie ein riesiges Omelett. Fasziniert schaute Oscy hin und wunderte sich, mit welch toller Strategie Hermie wohl vorging.

Unerbittlich kamen Hermies Finger zu zitterndem Leben und tasteten sich weiter und bewegten sich nach unten wie die eines Klavierspielers in Zeitlupe. Und weiter nach unten, über die süße heiße Schulter. Doch Aggie war mit einem leichten Pullover ins Kino gekommen, für den Fall, daß ihr auf dem Heimweg die kühle Nachtluft zusetzen sollte. Und Aggie hatte, ohne daß Hermie das wußte, während des Films den Pullover in ihren Händen, so daß ein großer Teil davon über ihrem Busen lag. Als deshalb Hermies Finger über den Berg gekrochen kamen und auf weiche Kaschmirwolle stießen, gerieten sie verständlicherweise in Verwirrung. Und sie fingen an, den Pullover langsam wegzuziehen, in die Handfläche, wo er zu einem großen Wollball wurde. Aggie blickte hinunter und sah, wie ihr Pullover verschwand. Sie hatte Angst, etwas dagegen zu unternehmen, da sie fürchtete, damit auch Hermies furchtsame Hand aufzuhalten, und sie wollte die Hand nicht aufhalten. Sie wollte, daß die Hand weitermachte und weiter und weiter. Jedenfalls sah sich der Pullover bald ganz zusammengeballt und fand sich kurz darauf in Oscys Schoß wieder, der unmittelbar neben all dem heißen Geschehen war. Oscy akzeptierte ihn ohne Gegenwehr, er betrachtete das als seinen Beitrag zur Kriegsanstrengung. Außerdem war ein Ärmel des Pullovers immer noch irgendwie um Hermies Handgelenk gewickelt, ein zusätzlicher Grund, weshalb die verrückten Finger in allen Himmelsrichtungen umhertasteten, auf der Suche nach Fleisch. Und dann, dann hatten sich die Finger endlich vom Pullover befreit und berührten tatsächlich Fleisch. Echtes Fleisch. Warm. Fest. Huhuuiii!

Hermies Augen weiteten sich. Er fing an zu schwitzen. Er rechnete fest damit, gestoppt, vielleicht sogar getadelt zu werden. Wahrscheinlich so laut, daß sich sämtliche Leute im Kino umdrehen und nach der Polizei rufen würden. Doch von Aggie kam kein Wort des Protests. Dänemark kapitulierte.

Aggie schmolz und rückte eine Spur näher an Hermie heran, legte ihm praktisch den Kopf auf die Schulter. Und Oscy beobachtete das alles und wußte nicht so recht, was er davon halten sollte.

Hermies Hand liebkoste das Fleisch mit Hingabe, streichelte, drückte zusammen und ließ los. Drückte zusammen und ließ los. Drückte zusammen, ließ los. Aggies liebliche Brust war elastisch und glatt und einladend warm. Doch Oscys Verwunderung beruhte auf einer traurigen Wahrheit die Hermies Fingern bisher entgangen war. Das Fleisch, das sie bearbeiteten, war Aggies Arm, zwischen dem Ellbogen und der Schulter. Durch die komplizierte Anordnung von Kaschmirpullover und Zigeunerbluse waren die Finger fehlgeleitet worden und mindestens fünfzehn Zentimeter vom Zielgebiet entfernt gelandet. Hätte Aggie ein paar Pfunde mehr unter der Bluse gehabt, hätte Hermie vielleicht seinen Irrtum bemerkt. Doch so, wie die Dinge lagen, hatte er keine Ahnung, daß er auf ein Nebengleis geraten war, und fuhr einfach fort, den Arm zu drücken.

Als der gute Freund, der er war, versicherte sich Oscy zunächst behutsam, daß der Pullover auch bestimmt nicht im Wege war. Dann entschloß er sich, die irrtümliche Vorstellung, die die Hand von Aggies Geographie hatte, zu korrigieren. Er griff vorsichtig nach Hermies Hand und versuchte, sie auf den gewünschten Kurs zu bringen.

Als jedoch Hermie Oscys Pfote auf seiner Hand spürte, dachte er zuerst, es sei Aggie, die ihm sagen wolle, er solle mit dem Gegrapsche aufhören. Als er aber einen Blick auf Aggies Schoß warf, sah er, daß ihre Hände beide die Popcorntüte umklammerten. Die Hand mußte also anderswo herkommen. Doch von wem? Hermie lehnte sich zurück und schaute hinter Aggies Rücken zu Oscy hinüber, der lautlos die Lippen bewegte und Hermie irgend etwas sagen wollte. Daß er sich nämlich im Breitengrad vergriffen habe. Doch Hermie bedeutete ihm mit einer Grimasse: »Nimm die Hand weg oder ich bring dich um! Vernasche lieber Miriam!«

Mehr konnte man von einem Freund nicht erwarten. Oscy hatte versucht, die Lage zu Hermies Gunsten zu verbessern, doch niemand war so blind wie die, die nichts sehen konnten, und deshalb zog sich Oscy einfach zurück und wurde zu einem ungläubigen Beobachter, der Hermies Hand im Auge behielt.

Was Aggie betraf, so wartete sie seit einer halben Stunde darauf, daß Hermies Hand Gold fand. Sie wünschte das herbei. Hatte sie das nicht klargemacht? Ihr kleines Herz klopfte so laut in ihren Ohren, daß Bette Davis' Worte für sie wie Trommelfeuer klangen.

Hermies Hand war halb verrückt vor Leidenschaft. Sie drückte zusammen, ließ los. Drückte zusammen, ließ los. Sie war überzeugt davon, daß sie Aggies Brust massierte, und war entschlossen, noch weiter vorzudringen. Sie krabbelte unter dem Gummiband des Ärmels durch wie ein mexikanischer Schmuggler unter dem Stacheldraht auf dem Weg nach Texas. Und dort tastete die Hand umher, in der Hoffnung, eine Brustwarze zu finden.

Oscy lehnte sich zurück und hatte seinen Spaß an der ganzen Szene; er lächelte sein großes Lächeln und stieß Miriam an, um sie darauf aufmerksam zu machen. Das gelang ihm sofort. Miriam drehte sich nach ihm um, um zu sehen, was für neue Missetaten Oscy im Sinn hatte. Er deutete nur auf Hermies Hand, die bis zum Handgelenk in Aggies Ärmel verschwunden war und darin wühlte wie ein Maulwurf unter dem Rasen.

Miriam kapierte sofort, und ihre Faust flog zum Mund, um das Lachen zu unterdrücken. In diesem Augenblick erkannte Oscy eine Lücke in Miriams beachtlicher Panzerung. Die Finger gespreizt wie Falkenklauen, legte er blitzschnell beide Arme um sie und hatte alsbald in jeder Hand eine ordentliche Portion Brust. Einen Moment wehrte sie sich, wie sich das für ein anständiges Bürgermädchen geziemt. Doch dann fügte sie sich in ihr Schicksal und ließ die angestaute Luft aus, und Oscy wartete nur darauf, feststellen zu müssen, daß es ihr Busen war, der die Luft abgelassen hatte. Doch der Busen behielt seine Größe bei, und Oscy genoß mit beiden Händen, massierte sie gut, und seine zehn quecksilbrigen Finger spielten eine leidenschaftliche Liebesmelodie. Miriam quietschte ein paarmal, eher genießerisch denn protestierend, als Oscy, der beidhändige Künstler, seine Gunst auf die zwei Brüste gleichmäßig verteilte. Als es in Oscys Lenden zu kribbeln anfing, schlug er aus Versehen mit seinem linken Knie gegen Aggies rechtes.

Das veranlaßte Aggie, sich umzudrehen und nachzuschauen, was da drüben vor sich ging. Das war eine ganze Menge. Angesichts ihrer eigenen stagnierenden Situation wurde Aggie von soviel öffentlichem Sex irritiert. Sie blickte auf Hermies schwachsinnige Hand hinunter, die sich weiterhin damit zufriedengab, ihren Arm zu flammender Röte zu massieren. Sie war ratlos. Was tun?

Hermie war inzwischen völlig durcheinander. Seine Hand hatte alles abgetastet, doch ... Aggie hatte keine Brustwarze. Er wußte, daß es Brustwarzen in verschiedenen Ausführungen und Größen gab, doch konnte Aggies so klein sein, daß sie nicht aufzuspüren war? Er suchte die Gegend immer wieder ab, doch da war keine Spur einer Brustwarze. Er fragte sich, ob Aggie nicht vielleicht deformiert war. Und der Gedanke an diese Möglichkeit ließ ihn erstarren wie einen Eiszapfen.

Aggie spürte, wie die Hand in ihrem Ärmel erstarrte. Und sie traf eine Entscheidung. Mit ihrer freien Hand löste sie das kleine Schnürband an ihrer Bluse, damit ihre heißen Brüste leichter zugänglich wurden, sogar für einen Einfaltspinsel, und der Verdacht dämmerte ihr allmählich, daß sie es mit einem solchen zu tun hatte. Dann griff sie mit derselben Hand über ihren pulsierenden Busen weg und legte sie sanft auf Hermies fehlgelenkte Hand. Sie wollte nichts anderes als Hermies umherirrende Finger an ihr eigentliches Ziel führen – um der Sache endlich ein Ende zu machen.

Hermie fuhr bei der Berührung zusammen. Sie holte ihn aus der Ekstase zurück in die Wirklichkeit. Da er glaubte, Aggie gebe ihm damit das Zeichen, für heute sei Feierabend, zog er schnell seine Hand aus dem Ärmel der Bluse, und das Gummiband schnappte so laut zu, daß Bette Davis' Kuß wie eine Saugpumpe klang. Kein Wunder, Paul Henreid wollte sie nicht heiraten. Hermie zog hastig seinen Arm zurück, hinter Aggies Rücken, und ließ seine

Hand, die immer noch voller Leidenschaft zitterte, in seinen Schoß fallen. Er gab Aggie einen einfältigen Blick und entschuldigte sich lächelnd: »Ich bitte um Verzeihung. Ich habe mich gehenlassen.«

Aggie konnte nur blöde lächeln, denn was blieb ihr sonst übrig? Was war das nur für ein Mann, der ihren Arm dermaßen mit Zärtlichkeiten überschüttete? Hatten Arme irgend etwas an sich, von dem sie noch gar nichts wußte? Waren Arme »erogene Zonen«? In den Gesundheitsbüchern, in die sie heimlich reingeschaut hatte, waren sie nie als solche beschrieben worden. Sie wandte sich wieder dem Film zu, aus dem sie aber genausowenig schlau wurde wie aus ihrem eigenen Leben. Sie würde ihrer älteren Schwester ein paar brisante Fragen stellen müssen.

Auch Hermie schenkte seine Aufmerksamkeit wieder der Leinwand, aber die ganze Sache hatte ihn in eine Bombenstimmung versetzt. Lange und ausgiebig hatte er eine feine, warme Brust in der Hand gehabt. Er war unterwegs zu größeren Dingen. Was tat es schon, daß er auf die Brustwarze hatte verzichten müssen? Es gab schließlich noch mehr davon. Eine ganze Welt voller Brustwarzen war da draußen, wenn er sie bei Aggie nicht fand, dann anderswo. Er lächelte vor sich hin, denn auf dem übernächsten Sitz ließ Oscy Miriam hochfahren. Dummer Oscy, so grob. Richtig grob. Worauf es ankam, das war, feinfühlig und zärtlich zu sein. Dummer, doofer, derber Oscy. Hermie verfolgte das Ende des Films, und die letzten paar Worte rührten ihn sehr. »Wozu nach dem Mond streben? Wir haben doch schon die Sterne.« Das war großartig. Echte Filmkunst. Bravo, Warner Brothers. Die Lichter im Kino gingen an.

Sie rissen sich zusammen.

Vor dem Kino teilte sich das Publikum wieder in die kleinen Grüppchen, die zusammen gekommen waren, und man ging nach Hause oder zum Kaffeetrinken oder weiß

Gott wohin. Oscy, Hermie, Miriam und Aggie bildeten ihr eigenes Grüppchen, und Oscy war zu größeren Taten aufgelegt. »Was meint ihr, gehen wir noch zum Strand hinunter und schauen den Wellen zu?«

Miriam sperrte den Mund zu einem gewaltigen Gähnen auf. »Es ist sehr spät. Wir müssen heim.«

»Ach bitte«, sagte Oscy auf komische Art dramatisch, »sag mir, daß du nur Spaß machst.«

Miriam schüttelte den Kopf. »Vielleicht sehen wir euch morgen am Strand. Seid ihr morgen am Strand?«

»Auf einem Berg findest du mich bestimmt nicht.« Niemand wußte, was das heißen sollte. Doch eigentlich wollte es auch keiner wissen.

»Also, bis bald einmal. Gutnacht. Vielen Dank fürs Popcorn.« Und damit nahm Miriam Aggies Arm, und die zwei Mädchen verschwanden wie alle andern Leute.

Oscy und Hermie machten sich auf den Heimweg, wobei Oscy Hermie in der Dunkelheit genau musterte. Das triumphierende Grinsen auf Hermies Gesicht war nicht zu übersehen. Doch Oscy wußte etwas, was Hermie nicht wußte. Es war nur wichtig, mit solcher Information behutsam umzugehen.

»Wie hat's bei dir geklappt, Hermie?«

»Ganz gut.«

»Ehrlich? Was hast du erreicht?« Oscy war phantastisch.

»Ich hab' ihre Brust gehalten.«

»Das darf doch nicht wahr sein!«

»Du brauchst es ja nicht zu glauben.«

»Menschenskinder ... Mann ... ihre Brust gehalten. Huhuuiii!«

»Fast elf Minuten lang.« Hermie demonstrierte beherrschtes Delirium.

»Du hast auf die Uhr geschaut? Mann!«

»Klar. Das längste waren bisher acht Minuten mit Lila

Harrison. Und das war über den Kleidern. Diesmal ging ich drunter.«

»Die nackte Haut.«

»Stimmt.«

»Und du hast einen neuen Rekord aufgestellt.«

»Um drei Minuten besser.«

»Wie hat es sich angefühlt?«

Das brachte Hermie irgendwie 'raus. »Wie soll es sich angefühlt haben? Wie eine Brust eben.«

»Hat es sich nicht vielleicht wie ein *Arm* angefühlt?«

»Ein Arm?«

»Ja. Du weißt doch – ein Arm.«

»Nein. Es hat sich wie eine Brust angefühlt.«

»Ich wette, es hat sich wie ein Arm angefühlt.«

»Warum zum Teufel sollte es sich wie ein Arm anfühlen?«

»Weil es ein Arm war.« Oscy ließ das ganz beiläufig fallen und ging weiter, als denke er an gar nichts Besonderes.

Doch Hermie blieb stehen. »Was hast du eigentlich, Oscy? Herrgott noch mal!«

Oscy blieb stehen und blickte ihm ins Gesicht. Er sprach so leise wie möglich. Sinnlos, sich über ein kleines Mißverständnis aufzuregen. »Du hast an einem Arm rumgefingert, Hermie. Ich hab' zugeschaut. Ich wollte es dir doch sagen. Du hast elf Minuten lang einen Arm geknutscht.« Und er fügte hinzu: »Du Nachtwächter.«

»Jetzt hör mal gut zu, Oscy –« Er wurde langsam sauer.

Doch Oscy mußte seinen Gedanken zu Ende führen, und er tat es mit dem breitesten Grinsen, das er je zustande gebracht hatte: »Deshalb gilt der Rekord von acht Minuten mit Lila Harrison offiziell als nicht überboten.«

Hermie ging allmählich ein Licht auf, und es gefiel ihm gar nicht. »Oscy, wir kennen uns schon lange und –«

»Ich würde dich wegen eines Armes nicht anlügen.« Die Sache machte ihm sichtlich Spaß.

Die Wahrheit senkte sich grausam über Hermie. Es wurde Winter, und die Bäume wurden kahl für Hermie. Das Leben ging zu Ende, winselnd und klagend. »Ein Arm. Herrgott – kein Wunder, daß ich – ich schnappte fast über und ... es war ein Arm.«

»Allerdings. Ein ganz reizender Arm.« Gott im Himmel, wie sich Oscy amüsierte!

»Kein Wunder, sie hatte keine Brustwarze.«

»Was?«

»Ich konnte ihre Brustwarze gar nicht finden.«

»Du kannst von Glück sagen, daß du nicht ihren Ellbogen gefunden hast.«

Hermie wurde plötzlich wütend. »Du Scheißkerl!«

»Was?«

»Warum hast du mich nicht bei dem Glauben gelassen, daß es eine *Brust* war?«

»Ach Mann. Ich glaubte, du solltest die Wahrheit wissen. Daß du kein zweites Mal einen solchen Fehler machst.«

»Du wolltest nur meine schönen Erinnerungen kaputtmachen, du Scheißkerl, du elender!«

Oscy konnte sich diese Ausdrucksweise nicht gefallen lassen. »Leck mich doch! Mir kann es doch ganz egal sein, wenn du dein ganzes Leben lang Arme streichelst! Ich hab' nur gemeint, du solltest der Wirklichkeit ins Gesicht sehen! Vor allem, wenn du dabei auf die Uhr schaust und Rekorde aufstellen willst!«

Hermies Wut begann sich zu legen. Er mußte die Wahrheit, die unangenehme, unerträgliche Wahrheit, akzeptieren. Er spürte, wie seine Hochstimmung jäh verflog.

»Mein Gott ... wie kann ich ihr jemals wieder gegenübertreten?«

»Am besten nur, wenn sie lange Ärmel hat.« Das war Oscys Vorstellung von Humor.

Die beiden Jungen schauten sich einen Augenblick lang

an, der endlos schien. Dann brachen sie gleichzeitig in irres Gelächter aus. Und sie klopften sich männlich-kameradschaftlich auf die Schulter, wobei Hermie vielleicht ein bißchen kräftiger zuschlug, als eigentlich zulässig war, und Oscy das duldete, weil er menschliche Verhaltensweisen verstand.

Sie setzten den langen Heimweg fort und lachten und klopften sich auf die Schulter und erfüllten die Nacht mit solchen Sprüchen wie: »Es war ein Arm!« – »Ein elf Minuten langer Arm!« – »Lila Harrison, dein Rekord steht immer noch!« Ihre Stimmen drangen überall durch offene Fenster, und manche Leute da drin wußten nicht mal, wer Lila Harrison war.

In der Nacht lag Hermie im Bett und quälte sich mit seinen Sorgen und fragte sich, ob er jemals mit seinem Leben zurechtkommen würde. Er sagte sich, daß alle Menschen eine Reifezeit durchmachten und anschließend besser dran waren. Er fragte sich nur, wie lange diese Zeit bei *ihm* dauern würde. Bei seinen derzeitigen Fortschritten mußte er gut und gern mit zwanzig Jahren rechnen. Reifezeit. Er hatte sich eigentlich noch nie darüber Gedanken gemacht, hauptsächlich deshalb, weil sein Gesicht nie durch Pickel entstellt worden war wie das anderer Jungen. Er sah den Grund darin, daß er die Pickel im Gehirn hatte. Er redete sich ein, daß er sich wegen der Sache mit Aggie nicht als Schafskopf zu fühlen brauche, da er nicht die geringste Absicht hatte, ihr auch nur zufällig wieder zu begegnen. Er war froh, daß er sie und ihre zwei unauffindbaren Brüste los war. Dann mußte er daran denken, daß er tatsächlich von Glück sagen konnte, daß er nicht bis zu ihrem Ellbogen vorgedrungen war. Eine Brustwarze mit einem komischen Knochen drin könnte einen Jungen um Jahre zurückwerfen. Er schlief ein, obwohl das Radio lief, doch die magische Mutter mußte hereingekommen sein und es abgestellt haben, ohne ihn aufzuwecken. Er konnte seine

Mutter gut leiden, trotz der Scheißkoteletts. Auch seinen Vater mochte er und wünschte sich, er könnte mehr Zeit mit ihm verbringen und einige Sexfragen klären. Er wußte, daß er damit nicht zu seiner Schwester kommen konnte, denn die hatte unablässig mit ihren eigenen Nöten zu tun, und außerdem hatte sie ein paar Pickel im Gesicht, die nicht mal Max Factor verbergen konnte. Nein, in Sexdingen war man auf sich selber angewiesen, Kolumbus ohne Landkarte, Hermie in dünner Luft, auf seinen eigenen Vorstellungen durch die einsamen Lüfte segelnd, äußerst behutsam, damit ja sein spitzschnabeliger Feind, die beschissene Seemöwe, nicht seine Träume platzen ließ. Hier 'n Mist. Dort 'n Mist. Überall 'n Mist-Mist. Er schlief in dieser Nacht dreiundachtzigmal ein. Das letzte Mal in den Armen jener wunderbaren Frau, die er Donnerstag besuchen sollte und deren Gesicht in all seinen Gedanken aufgetaucht war, wie der Lichtstrahl eines Leuchtturms, jetzt, und jetzt, und jetzt . . .

13

Der Donnerstag kam schließlich doch, aber er hatte sich verdammt viel Zeit gelassen. Es hätte keinen Sinn, Hermie zu fragen, was er zwischen *Now Voyager* und Donnerstag morgen gemacht habe. Es war ein luftleerer Raum, eine große Null. Freiwilliger Gedächtnisverlust. Oder doch unfreiwillig? Oder spielte das überhaupt eine Rolle? Wen kümmerte das schon? Er stand vor dem Spiegel im Bad und kämmte sich. In Zeiten starker Belastung dachte er an Penny Singleton, denn irgendwie war sie sowohl ein vertrauter Freund als auch eine fiktive Geliebte. Seine Wünsche waren ihr nichts Unbekanntes, denn er hatte sich ihr oft anvertraut. Und so manchen feuchten Kuß hatte er ihr aufs fotografierte Antlitz gedrückt und mehr als einmal den Hochglanz von einem signierten Porträt abgenutzt. Bei dem Versuch, seinen Scheitel so gerade wie möglich zu ziehen, hatte er sich die Haare so sehr naßgemacht, daß er es für das beste hielt, gleich nochmals zu duschen, und das tat er dann auch, denn vor lauter Erwartung und Vorfreude war er gewaltig ins Schwitzen geraten. In der Dusche sang er seinen Lieblingsschlager, mit viel Gefühl, so wie nur er das konnte.

Und weil's so schön war, fing er gleich noch mal von vorn an. Eben vor dem großen Finale klopfte es an die Tür. Seine Schwester. Pfeif auf sie.

Der Scheitel war unter den gegebenen Umständen optimal, denn seine Schwester klopfte immer noch an die Tür, und das Bad war so voller Dampf, daß die Zeit nicht ausreichte, den Spiegel abzuwischen und einen neuen Scheitel zu ziehen, bevor der Dampf zurückkehrte und es ihm unmöglich machte, sein Werk zu betrachten. Er steckte einen Finger in die Dose mit Deodorant, die seiner Schwester gehörte, und schmierte sich das Zeug unter die Arme. Dann versuchte er es von den Händen abzuwaschen, was fast unmöglich war, und massierte sich das Gesicht mit ein paar Tropfen Rasierwasser, das seinem Vater gehörte, wahrscheinlich französisch, ganz brauchbar. Er machte das Fenster auf, um den Dampf abziehen zu lassen, und wischte den Spiegel ab, um sich in ganzer Größe betrachten zu können. Er machte einen Schritt zurück und probte ein paar poetische Sätze, die er sich für diesen Vormittag zurechtgelegt hatte. »Einen schönen guten Morgen, und steht der Kaffee bereit?« – »Und wo sind nun die gewichtigen Gegenstände?« – »Aber nein, nein, nein. Ich würde dafür nie Geld annehmen.« – »Ach, wie Ihnen das Lachen zu Gesichte steht.« Vor allem diese letzte Aussage würde sich nicht ohne weiteres nahtlos in die Unterhaltung einfügen lassen, da würde er sich sehr anstrengen müssen. Aber sie war so typisch für ihn, paßte so genau zu dem Bild, das sie, das wußte er ganz genau, von ihm hatte. Er versuchte es noch einmal: »Wie Ihnen das Lachen zu Gesichte steht.« Noch während er es sagte, drehte er schnell den Kopf zur Seite, um einen Blick von seinem Profil zu erhaschen, bevor es merkte, daß es beobachtet wurde. Es gelang ihm nicht. Er würde wahrscheinlich durch sein ganzes Leben gehen müssen, ohne zu wissen, wie er von der Seite aussah. Er gab das Bad frei, bevor seine Schwester ihre Mutter zu Hilfe rufen und bitten konnte, ihn rauszuwerfen. Ehe er jedoch das Bad verließ, mußte er sicher sein, daß er es in den nächsten drei Stunden nicht brauchen würde, denn so lange blieb seine Schwester da drin. Das war manchmal nicht leicht für seine Blase. Einmal hatte er sogar in den Ausguß in der Küche pinkeln müssen, doch das erfuhr nie jemand.

Er zog sich an, aber nicht seine besten Kleider, denn das wäre zu offensichtlich gewesen. Es waren jedoch saubere Kleider, und logisch konsequent zog er ein braun kariertes Hemd an, falls er wieder Kaffee verschütten sollte. Er trug Segeltuchschuhe, anstatt barfuß zu gehen, wie das die meisten Inselbewohner taten. Es schien ihm einfach reifer. Abgesehen davon hatte er kein Interesse daran, sich auf dem Weg zur Liebe einen Splitter einzuhandeln. Er trug kurze Hosen, weil er darin beweglicher und geschickter war. Sie waren sauber und von seiner Mutter frisch gebügelt; sie bügelte grundsätzlich alles, was sie im Haus herumliegen sah. Einmal hatte sie seinen Regenmantel aus Wachstuch gebügelt; er war nachher nicht mehr zu gebrauchen. Doch Hermie hatte den Eindruck, daß ihre Dummheit System hatte. Er hatte diesen Regenmantel sechs Jahre lang getragen, und er war zu klein, doch sein Vater sagte, er habe kein Geld für einen neuen. Dadurch, daß sie den Mantel bügelte, beförderte sie ihn mit Dampf und Gestank säuberlich ins Jenseits. Sie sagte zu seinem Vater, es sei ein reiner Unglücksfall, doch er schien Bescheid zu wissen, und er küßte sie, und Hermie bekam einen neuen Mantel. Das Verblüffende an seiner Mutter war: sie stellte es so plump an, wenn sie andere Leute hereinlegen wollte, daß sie immer Erfolg damit hatte.

Er ging auf Zehenspitzen die Treppe hinunter und vermied sorgfältig die knarrende Stufe, weil er mit seiner Mutter kein politisches Streitgespräch darüber anfangen wollte, wohin er ging und ob er gegessen hatte. Und er ging herrlich vorsichtig mit der Fliegentür an der Veranda um. Er war so ruhig, daß er den Himmel hören konnte.

»Hermie? Bist du das?«

»Nein!«

»Wo gehst du hin?«

»Nach London, den König besuchen!«

»Sei bis zwölf zurück. Dein Onkel Charlie kommt zum Essen.«

»Einen alten Hut!« Er war inzwischen außer Hörweite und hatte alles Irdische hinter sich gelassen; er hatte die Worte seiner Mutter bereits vergessen, bevor sie ihn auch nur erreicht hatten.

Der sonnige Tag entfaltete sich vor ihm wie die Seiten eines Bilderbuchs. Jedes Haus, an dem er vorüberging, präsentierte sich ihm frisch angestrichen und hübsch. Judy Garland sang, begleitet von Elmo Tanner, dem blinden Pfeifer, der nur die schönen Dinge im Leben sah, weil das bei blinden Leuten nun einmal so ist, wenn man solchen Bockmist glauben wollte. Die fröhlichen Klänge begleiteten ihn den Rest des Weges zu ihrem Haus auf seiner Plattform aus Sand. Er probte noch einmal seine Sätze, während er auf das Haus zuging. »Der Kaffee ist exquisit, exquisit.« – »Ach, wie das Lachen Ihnen zu Gesichte steht.« – »Nichts ist zu schwer, wenn Liebe im Spiel ist.« – »Ihre Stimme ist wie eine weiche Wolke aus rosa Baumwolle.« – »Lachen steht Ihnen wahrlich gut zu Gesicht.»
Dann war er vor dem Haus und hörte auf, kindisch zu

sein. Er holte den metallenen Handspiegel aus der Gesäßtasche. Er hatte oben in der Mitte ein Loch, so daß man ihn an einen Nagel hängen konnte. Doch dazu hatte er jetzt keine Zeit, und außerdem war nirgends ein Nagel oder ein Baum. Er hielt sich den Spiegel vors Gesicht, um nochmals zu überprüfen, wie er aussah, und sah sich neuntausend Fingerabdrücken gegenüber. Er wischte den Spiegel an seinen Hosen ab und schaute wieder hinein. Was er sah, war ein achtjähriger Junge mit einer hoch aufragenden Locke auf dem Hinterkopf, die eher aussah wie ein abgenutzter Besen. Er stopfte den Spiegel in die Tasche zurück und tat so, als habe er überhaupt nicht hineingeschaut. Es war wichtig für sein Leben, daß er reif und attraktiv aussah, und der Spiegel war ihm keine große Hilfe gewesen. Er ging die paar Stufen hinauf, die zur Veranda führten, öffnete die Fliegentür und ging hinein. Er überlegte sich allen Ernstes, davonzulaufen, denn das wäre weitaus klüger gewesen, als hineinzugehen und sich wie ein kleiner Junge zu präsentieren. Während er noch hin und her überlegte, erklang auf einmal ihre Stimme aus allen Ritzen des Hauses. Es war das reinste Liebeslied.

»Sind Sie das, Hermie?«

»Ich bin es.« Er machte sich Gedanken wegen seiner Ausdrucksweise, und das in einer solchen Situation, aber er wußte einfach nicht recht, ob »ich bin's« nicht besser gewesen wäre als »ich bin es«. Abkürzungen waren nicht gerade seine Stärke, man wußte nie, ob sie nicht zu umgangssprachlich waren.

»Kommen Sie herein. Die Tür ist auf.«

Die Tür war in der Tat auf. Sie hatte nicht gelogen. Gestärkt durch dieses Wissen, ging Hermie hinein. Wieder sah er die Fotografie des gutaussehenden Soldaten, der Hermie anlächelte. Oder lachte er? Ihre Stimme kam auf Schmetterlingsflügeln auf ihn zugeflattert. »Ich bin gleich soweit. Setzen Sie sich doch inzwischen.«

»Das werde ich tun.« Das klang nicht richtig. »Machen«, sagte er daraufhin. Das schien noch schlimmer. Er setzte sich aufs Sofa und versuchte nicht zu schwitzen und dachte dabei an die Worte, die er vor hundert Jahren im Kino zu diesem Thema Benjie gegenüber gesagt hatte. Und trotzdem roch er, wie ihm das gottverdammte Deodorant aus allen Achselhöhlen lief, und er wußte, daß die Wirkung nicht mehr lange anhalten würde. Noch einmal dachte er ans Davonlaufen. Vielleicht würde sie, da sie ihn ja noch nicht gesehen hatte, glauben, es sei ein anderer Junge, der da die Flucht ergriffen hatte. Aber, hatte sie nicht gefragt: »Sind Sie das, Hermie?«? Und hatte er nicht gesagt: »Ich bin es.«? Und hatte nicht damit der ganze Ärger erst richtig angefangen? Ein Magnet ließ ihn aufstehen, denn plötzlich war Musik im Zimmer.

Sie stand da. Nein, sie kam auf ihn zu. Nein, sie schwebte, sie trug ein Tablett mit der Kaffeekanne und den Tassen und betrat das Zimmer wie Ali Baba auf dem Fliegenden Teppich. Er mußte einmal blinzeln, um ihre Füße auf den Boden zurückzuholen, wo sie hingehörten, und das Deodorant unter seinen Armen war so heiß, daß ganze Dampfwolken davon aufstiegen, die ihm den Ausblick auf ihr unglaubliches Gesicht erschwerten. Er stand in hellen Flammen, Alarm, Alarm, wo bleibt die Feuerwehr.

»Ich glaube, diesmal ist er nicht so heiß.« Sie sprach natürlich vom Kaffee.

»Ich habe gehört, es soll bald regnen.« Er sprach natürlich vom Wetter.

Sie überhörte das gnädig und setzte das Tablett sanft ab. »Ja«, sagte sie. Sie sagte das auf die Art, wie Leute »ja« sagten, wenn sie keine Ahnung hatten, wovon ihr Gegenüber redete. »Bitte nehmen Sie doch Platz.« Es ging ihm durch den Sinn, daß er das doch bereits getan hatte, aber wenn es sie glücklich machte – er setzte sich noch einmal. Auf seinen metallenen Spiegel. Er spürte, wie er sich durchbog.

Wäre er zersplittert, hätte Hermie vielleicht einen hohen Orden bekommen, wegen der vielen Splitter im Hintern, erhalten bei der Durchführung eines gefährlichen Auftrags. Aber er spürte, daß der Spiegel nicht zersplittert war. Nur schwer verbogen. Er saß ein paar Zentimeter höher, als er je in seinem Leben gesessen hatte. Sie redete wieder. »Hat Ihnen der Film neulich gefallen?«

»Ja.« Jetzt hatte er es gesagt. Und das war grob. Deshalb redete er weiter, nur um das Eis zu brechen. »Ich mag John Loder.«

»So? Wer war denn John Loder?«

»Der andere.«

»Aha.« Das klang nicht anders als ihr »ja«.

»John Loder ist immer der andere. Wenn es nicht Ralph Bellamy ist. Wenn es nämlich Ralph Bellamy ist . . . ist es nicht John Loder.« Er war wieder mal bestens in Form. »Jedenfalls, so funktioniert das. Wenn es nicht der eine ist, ist es der andere.« Er wußte, daß sie guten Grund dafür hatte, ihn für verrückt zu halten. Er beobachtete sie, wie sie den Kaffee ausschenkte, und wartete nur darauf, daß sie ihm sagte, er solle sich zum Teufel scheren, Geisteskranke hätten in ihrem Haus nichts zu suchen.

»Ich fand Ihre Begleiterin sehr attraktiv.« Sie setzte sich und schlug die Beine übereinander, und der Anblick brachte ihn fast um den Verstand.

»Es ging.« Er hatte wirklich kein Interesse daran, über Aggie zu reden, wenn diese Knie nur zwei Handbreit von seinen weg waren und immer näher kamen.

»Eine feste Freundin?«

»Meine bestimmt nicht.«

»Ach so. Mehr eine Zufallsbekanntschaft.«

»Ja.« Er wollte das Thema Aggie ein für allemal abschließen. »Ich habe jedenfalls nicht vor, sie jemals wiederzusehen.« *Finis*.

»Hat's Streit gegeben?« Sie ging einfach nicht davon ab.

»Sie redet nichts. Wie hätten wir uns da streiten können?«

»Sie wollen doch nicht sagen, daß sie . . . stumm ist?«

»Ich weiß es nicht.« Und das stimmte. Er hatte sie überhaupt nicht reden hören. Womöglich hatte er sich überhaupt mit einer Taubstummen eingelassen. Kein Wunder, daß sie keine Brustwarze hatte. Und was war bei ihr wohl sonst noch alles nicht in Ordnung, von dem er keine Ahnung hatte?

»Ach so«, sagte sie. Bis jetzt hatte sie zweimal »ach so« und einmal »ja« gesagt, und das waren alles Anzeichen dafür, daß sie nicht so recht wußte, was sie von ihm zu halten hatte.

Hermie hielt die Zeit für reif, seinen Charme in die Waagschale zu werfen. Er nippte an seinem Kaffee und ließ sie merken, daß er sich damit beschäftigte, die Temperatur abschätzte wie so'n beschissener Experte. »Mmmmmm«, sagte er. »Der Kaffee ist exquisit.«

Treffer. Sie lächelte über seine poetische Sprachgewalt. »Oh, vielen Dank.«

»Wie lange haben Sie den schon?«

»Um ehrlich zu sein, ich habe ihn eben erst gemacht.«

»Nun, ich will versuchen, nicht zuviel davon zu trinken, dann haben Sie ihn morgen noch.«

»Das ist sehr rücksichtsvoll von Ihnen, aber –«

»Das kommt ja gar nicht in Frage.« Er hatte weder Zukker noch Milch in den Kaffee getan, doch er rührte ihn um, als wolle er Butter daraus machen.

Sie lächelte ihm mit königlicher Huld zu und nippte an ihrem Kaffee. Und sie fing an, irgendwie rhythmisch mit dem oberen Bein zu wippen. Hermie hatte irgendwo gehört, daß Frauen die Beine so übereinanderschlagen und sich durch rhythmische Bewegungen in Stimmung bringen konnten. Drum wurde es ihm ziemlich ungemütlich. Das Deodorant unter seinen Armen brodelte wie ein Hexentrank. Sie stellte die Beine nebeneinander und schlug sie dann wieder übereinander, doch jetzt war das andere obenauf. Phantastisch. Sie konnte es links und rechts. Sie gab sich natürlich so, als sei überhaupt nichts, und redete weiter wie vorher. »Der andere Junge, der bei Ihnen war, Hermie – war er ein Freund von Ihnen?«

Für einen Augenblick glaubte er, es sei ihr Knie, das redete, und er gab dem Knie seine Antwort: »Ja.«

Sie sah, daß er ihr Knie anstarrte, und wurde ein wenig unruhig und stellte die Beine nebeneinander und zog sie bescheiden unter ihren Rock zurück. Wenn sie wirklich in Erregung gekommen war, gelang es ihr jedenfalls glänzend, das für sich zu behalten. »Ist er ein guter Freund? Hermie? Hermie?« Sie ging sogar so weit, mit einem Finger vor seinen Augen zu schnalzen, um ihn wieder zu sich zu bringen.

Er schaute auf, weil die Stimme aus ihrem Mund kam. Mann, sie mußte eine gottverdammte Bauchrednerin sein. Hermies eigene Stimme klang ihm in den Ohren, als komme sie um eine Ecke. Er blickte sich um, aber da war niemand. Es mußte seine eigene Stimme gewesen sein, die sagte: »Ja. Er ist ein Bekannter aus dem Militär.«

»Ach ja.« Sie war beeindruckt. Sie mochte Soldaten. Ganz klar. Wozu sonst Petes Fotografie?

»Ja, er geht demnächst zur Marineinfanterie. Sein Bruder ist Oberst im Kampfeinsatz. Im Pazifik.« Lügen, Lügen.

»Was Sie nicht sagen.«

»Er kommt aus einer ganzen Familie von Militärs.« Zahnärzte.

»Ihnen beiden scheint sehr vieles gemeinsam zu sein.«

»Ich glaube, das stimmt.« Er schaute ihr beim Kaffeetrinken zu. Ihre Lippen waren feucht und mußten sich öffnen, um den Kaffee aufzunehmen. Die Art, wie ihre Lippen auseinandergingen und den Kaffee durchließen und sich dann zusammenzogen und schlossen, wenn sie soviel getrunken hatte, wie sie konnte – Hermie hatte selten etwas gesehen, das so sexy gewesen wäre.

»Ich hoffe, es war Ihnen nicht zu lästig, hierherkommen zu müssen.«

»Das geht schon in Ordnung.« Ich komm' hierher, will um dich werben, mein Herz ist in Scherben, ich glaub' ich muß sterben. Ein Gedicht, von Hermie. Himmel Herrgott, wenn sie nicht bald aufhörte, an ihrer Kaffeetasse zu lutschen, dann konnte er nicht garantieren, daß er sich nicht einfach auf sie stürzen würde.

Sie stand auf. Dadurch verschwanden ihre Knie – keinen Augenblick zu früh. Sie hatte ja keine Ahnung, wie nahe daran sie gewesen war, gewaltsam verführt zu werden, von einem Gast. Sie mußte ihn wohl doch für einen komischen Kauz halten, denn plötzlich kam sie zur Sache. »Hermie, ich glaube nicht, daß Sie sehr lange zu dieser Arbeit brauchen werden.«

»Macht nichts. Mein Onkel Charlie kommt zum Mittagessen.« Das ergab etwa soviel Sinn wie alles andere, was er bisher gesagt hatte.

Sie ging in den anderen Raum, und irgendwie war er aufgestanden und folgte ihrem Hinterteil. Es bewegte sich hin und her und war voller Musik. Harmonikas und Choräle und ein paar Geigen. Er wäre diesem Hinterteil überallhin gefolgt. Nach Waterloo. Nach Brasilien. Vorläufig folgte er ihr in ihr Schlafzimmer. »Es geht hauptsächlich um diese Schachteln.« Das Hinterteil redete. Dann wirbelte es aus seinem Blickfeld, und ihr Gesicht sagte den Rest. »Kleider. Sie müssen auf den Dachboden.«

»Und wo sind nun die gewichtigen Gegenstände?« Er war ganz benommen. Sie standen nur einen Schritt von ihrem Bett entfernt, einem mit einer lustig gemusterten Tagesdecke reizend bedeckten Bett. Ein sanfter Wind aus Java, und sie würden zusammen auf dem Bett landen. Java?

Hören Sie mich, Java? Sie schien sehr verwirrt, vielleicht wegen irgendwas, das er eben gesagt hatte. Und sie zeigte auf die zehn Kartons aus Wellpappe, die nicht mal ein Blinder hätte übersehen können. »Da stehen sie. Hermie? Fehlt Ihnen irgendwas?«

»Aha, ich sehe sie. Da sind sie ja.« Er nahm sich zusammen, weil es sonst niemand für ihn tat.

Sie lächelte und warf mit einer Kopfbewegung die Haare zurück, und ein wunderschönes rosarotes Ohr guckte heraus. Am liebsten hätte er hineingebissen. »Aber ich bin sehr unhöflich. Vielleicht möchten Sie erst Ihren Kaffee austrinken.«

»Ich habe genug. Sie können den Rest zurückschütten.« Das Ohr war wieder in den Haaren verschwunden. Es trieb Versteckspiele mit seinem Herzen.

»Nun ja –«, aber sie war gewitzt genug, ihm nicht zu widersprechen. An der Wand lehnte eine Leiter aus Holz, und sie ging mit ihren langen geschmeidigen Schritten darauf zu. Wie ein Tiger. Er wollte sich in den Käfig werfen und sich von ihr verschlingen lassen. Aber er wußte, daß das gar nicht in Frage kam.

»Erlauben Sie«, sagte er. Und er packte die Leiter und stieß die Frau dabei beinahe um und aufs Bett, im Grunde genommen keine schlechte Idee, wenn er nur etwas mehr Mumm hätte. Flink, wie ein erfahrener Leiteröffner, öffnete er die Leiter und stellte sie genau unter die Platte in der Decke.

»Wie möchten Sie's machen?«

Hermie schüttelte die Zweideutigkeit der Frage ab, denn im Herzen seines Herzens wußte er, daß nur eine Bedeutung beabsichtigt war, weshalb also sollte er eine wunderschöne Freundschaft aufs Spiel setzen?

Er untersuchte die Decke ausgiebig, mit einem langen »Mmmmmmmmmm«, bis er seine Sinne wieder in der Gewalt hatte, dann stieg er die Leiter hoch, bis sein Kopf beinahe die Platte berührte. Er griff nach oben und drückte gegen die Platte, und sie gab spielend nach und schwebte auf seinen zehn Fingerspitzen in der Luft. Er kippte sie leicht zur Seite und schob sie seitlich weg, bis sie ganz verschwunden war. Dann stieg er noch ein paar Sprossen höher hinauf und spähte über den Rand der Öffnung.

»Was ist denn da oben zu sehen?« rief sie von unten.

»Staub.«

»Darf ich mal sehen?«

»Aber sicher.« Hermie stieg herunter, und sie stieg hinauf. Dabei hielt sie ihm automatisch ihre Hand hin, damit er sie beim Hochsteigen stützen konnte. Es war das erste Mal, daß sie sich berührten. Ihre zarte Hand lag in der seinen, und wo er einmal Knöchel gehabt hatte, hatte er jetzt Glocken. Ihre Hand war kleiner als seine, so klein, daß daneben auch noch die andere Platz gehabt hätte. Sicherlich hatte sie auch festgestellt, was für eine große Handfläche er hatte. Sicherlich war ihr klar, daß sie da kein kleines Kind bei sich im Schlafzimmer hatte. Nicht mit einer so großen Hand. Es war eine enorm große Hand. Sie hätte sie ohne weiteres für die Hand eines großen Baseballspielers halten können. Hermie fühlte sich ungeheuer wohl in seiner Haut, während er sie auf der Leiter beobachtete. Ihre wohlgeformten Beine auf Zehenspitzen, wie Werke eines Bildhauers, waren gerade genug angespannt, daß die fein ausgebildeten Wadenmuskeln zum Vorschein kamen. Doch das war noch nicht alles; aus seinem günstigen Blickwinkel konnte Hermie noch mehr sehen. Viel, viel mehr. Er konnte Schenkel sehen. Er hatte ihre Schenkel zwar auch schon am Strand gesehen, doch noch nie so direkt aus dem Süden. Um in den Genuß zweier erstklassiger Schenkel zu kommen, mußte man einen Standpunkt wählen, von dem aus man sie in ihrer ganzen Länge übersehen konnte. Es kam alles auf den Blickwinkel an, und er hatte im Augenblick einen Blickwinkel, den nicht mal ein

Regenwurm mit Feldstecher hätte übertreffen können. Er spähte noch weiter, strengte sich noch mehr an, über die sagenhaften Schenkel hinaus. Noch höher. Und er erblickte – Höschen. Vermutlich aus Reyon, wegen des Kriegs, aber nichtsdestoweniger Höschen. Rosa Höschen mit irgendwelchen gestickten Verzierungen, deren verborgene Bedeutungen jeden Kryptographen verrückt gemacht hätten. Und dann das Hinterteil in den Höschen – Das Hinterteil, Oscy! Auch da war alles wunderbar angespannt. In der ganzen Menschheitsgeschichte hat es kein besseres, auch nur annähernd so fesselndes Paar angespannter Hinterbacken gegeben. Es war ein Fall für Hermies Röntgenaugen. Er schickte die ersten abtastenden Strahlen hinauf, nur um mal zu testen, wie die Sache aussah, und tatsächlich, die Höschen schmolzen und schmolzen.

»Ach, da ist ja viel Platz hier oben. Das sollte uns keine Schwierigkeiten machen.«

Hermie richtete sich auf. Es war, als könne sie sehen, was er da trieb. Komischer Ort für ein Auge, was Lestrade? Jawohl, Holmes. Seine Röntgenaugen erloschen sofort, denn ihre Stimme hatte den Stecker aus der Steckdose gerissen. Und das Höschen bedeckte wieder die Hinterbakken über den Schenkeln, und Hermie wurde alsbald von Schuldgefühlen gepackt, weil er sich solch schmutzigen Gedanken über jemanden hingegeben hatte, für den er solch hohe Achtung empfand, auch wenn er freudig sein Leben hingegeben hätte, um dafür hinter ihr auf die Leiter zu steigen und sie auf der Stelle zu nehmen, zwei Meter hoch in der Luft. Er starrte auf die gebräunten Glieder direkt vor ihm, nur ein paar Zentimeter von seinem wirren Kopf entfernt, und mächtige Empfindungen der Liebe überfluteten ihn, und er ließ seinen Gefühlen freien Lauf, indem er den geliebten Beinen zärtlich zuflüsterte: »Wie Ihnen das Lachen zu Gesichte steht.«

Die Frau kam herunter, Venus von der Leiter steigend, mit dem Hintern voraus, und wieder gab sie ihm die Hand, um sich abzustützen. Sie hätte leicht sagen können: »Oh, welch große Hand.« Statt dessen sagte sie: »Ich glaube, es ist am besten, wenn ich Ihnen die Schachteln einzeln nach oben gebe, meinen Sie nicht? Hermie? Hermie?«

»Ja? Ja?«

»Ich werde Ihnen die Schachteln nach oben geben, okay?« – »Okay.« Er stieg die Leiter hinauf, bis sein Oberkörper in der Öffnung verschwunden war; falls sein Herz explodierte, würde wenigstens nur der Dachboden was davon abkriegen. Seine Hände griffen nach unten, obwohl er nichts sehen konnte. Und schon bald bekam er eine Schachtel zu fassen. Sie war nicht schwer. Er zog die Schachtel ganz zu sich herauf und stellte sie auf dem Dachboden ab, wobei er sorgfältig jegliches Geräusch vermied, damit sie ja nicht auf die Idee kam, sie sei zu schwer für ihn.

Als die Schachtel heraufkam, war ihre Stimme drin. »Wie kommen Sie zurecht?«

»Gut.« Er schob die Schachtel mühelos von sich weg. Es ging alles ganz leicht, und die Schachteln kamen eine nach der anderen zu ihm herauf, manche sprechend, andere stumm. Doch hier oben auf dem Dachboden überfiel ihn eine Vorstellung von ihr, die sowohl Schrecken wie Ehrfurcht in ihm erregte. Und der Gedanke warf ihn, in der Tat, fast von der Leiter. Die Frau war unter ihm, unsichtbar. Niemand konnte sehen, was sie trieb. Niemand. Sie war ganz allein. Es hätte wenig Sinn gehabt, hätte sie versucht, Hermies Hosenbeine hinaufzuschauen, denn sie hätte bestenfalls ein oder zwei Knie gesehen. Und deshalb gab sie sich vernünftigerweise gar nicht erst mit solchem Unsinn ab. Statt dessen gab sie angesichts der günstigen Lage ihrer großen Leidenschaft nach und liebkoste und streichelte sein Bein, das linke, weil es näher am Herzen war und deshalb empfindsamer. Sie liebkoste es, rieb es, fuhr mit ihren herrlichen Lippen an ihm auf und ab und, ogottogott, biß sogar leicht hinein. Selbst das Heftpflaster an diesem Bein bekam ein paar Liebesbisse ab. Hermie zitterte bei der Vorstellung ihrer Berührungen, ihrer Lippen, ihres Mundes, ihrer Zähne – scharf, beißend, nagend, leckend.

»Hermie? Ist alles in Ordnung?« Die Stimme wurde zu ihm heraufgetragen, besorgt, alarmiert. Sie kam außerdem als schreckliche Unterbrechung, denn er hätte schwören können, daß sie eben noch an seinem Heftpflaster gelutscht hatte.

»Hermie? Ihre Beine zittern ja. Hermie?«

Er kam wieder zu sich. Der Traum verflog, und die Liebesbisse hörten auf. Und er war ein ganz normaler Junge auf einer Leiter, dem die Hose zu eng war, sonst gar nichts. Seine Stimme klang heiser und holprig. »Ich glaube, der eine Holm ist wackelig.« – »Soll ich ihn halten?«

Schon wieder zweideutige Sprüche. Was sie wohl meinte? War es verkrampft von ihm, sich nicht darauf einzulassen? Der Traum kehrte so schnell zurück, wie er verflogen war. Diesmal noch heftiger, gefühlvoller, eindringlicher. Ihre Hand streichelte seinen linken Schenkel. Er konnte spüren, wie ihr Gesicht näher kam, wie ihr warmer Atem ihn mit Küssen bedeckte. Sollte sie ihn halten? Er formulierte seine Antwort sehr sorgfältig, so daß es ganz ihr überlassen blieb, ob sie rangehen oder kneifen wollte.

»Wenn Sie wollen.«

Wenn sie wollte? Mann, und ob sie wollte!

»So«, sagte sie, »ich halt' ihn jetzt. Ist's so gut?«

»Ziemlich gut.« Ziemlich gut? Phantastisch wäre das passendere Wort gewesen. Er spürte, wie ihm heiß und kalt wurde. Er sah sich bereits in ihren Armen liegen.

»Soll ich fester zupacken?« Sollte sie fester zupacken? Sollte sie noch fester drücken, hätte sie fragen sollen.

»Hermie? Sie zittern ja richtig. Hermie?« Er wollte nichts davon wissen. Er wollte nur Ruhe. Keine Unterhaltungen auf der Empore. Haltet jetzt euren Mund, Leute.

»Hermie, was ist denn los?« Was los war? Daß sie dauernd redete und alles ruinierte, das war los.

»Hermie?« Wach auf, du Träumer. Komm endlich wieder zu dir.

»Hermie, bitte antworten Sie mir.« Die Toten reden nicht, junge Frau. Sparen Sie sich den Atem.

»Kommen Sie herunter, Hermie. Die Schachteln sind jetzt alle droben, Sie können also herunterkommen. Hermie?« Ich komm' ja schon, ich komm' ja schon. Laßt mich in Ruhe. Ich komm' ja schon.

Er stieg herunter, nachdem er die Platte wieder an ihren Platz gedrückt hatte. Er sah, daß sie ganz weiße Knöchel hatte, weil sie so lange versucht hatte, die Leiter ruhig zu halten. Wahrscheinlich war er fünf Stunden auf dem Dachboden gewesen, plus/minus ein Jahr. Wenn er nicht auf so dramatische Art in die Wirklichkeit zurückgeholt worden wäre, stünde er immer noch auf der Leiter.

Sie sah ihn sehr merkwürdig an. »Hermie, was war denn los? Ich dachte, Sie fallen noch herunter.«

»Ich glaube, Ihre Leiter ist nicht sehr gut.« Ein schlechter Arbeiter schiebt die Schuld auf das Werkzeug.

»Aber ich habe sie doch so ruhig gehalten. Und trotzdem haben Ihre Beine gezittert.«

»Vielleicht hat sich meine alte Malaria wieder bemerkbar gemacht.« – »Was?«

»Ich sagte, mit den Schachteln wird's wahrscheinlich kein' Ärger mehr geben.« Zum Kuckuck mit den beschissenen Abkürzungen.

Sie starrte ihn noch einen Moment an, fixierte ihn mit diesen zwei Augäpfeln, im Himmel gemacht zum Betrachten von Narren. Dann ließ sie das Thema fallen und griff nach ihrer Handtasche.

»Ich glaube, diesmal müssen Sie mich aber bezahlen lassen.«

»Das kommt ja gar nicht in Frage.«

Trotzdem drückte sie einen Dollarschein in seine erbärmlich kleine Handfläche. »Ich hätte diese Schachteln nie allein nach oben bringen können.«

Er nahm den Dollar und legte ihn, da er keinen Tisch in der Nähe sah, einfach auf das Bett. Kaum hatte er das getan, als ihm auch schon klarwurde, daß das genau die Art und Weise war, in der ein Mann eine Hure behandelte. Man legte einfach den Betrag, den man sich leisten wollte, aufs Bett, und wenn sie keine Einwände hatte, lief die Sache, und man konnte anfangen. Doch in diesem besonderen Fall – was für eine Beleidigung! Ein Dollar. Ein armseliger Dollar! Wenn er wenigstens sein Herz hätte dazulegen können.

Nach ihrem Gesichtsausdruck zu schließen, hatte sie keine Ahnung, was es normalerweise bedeutete, wenn jemand Geld aufs Bett legte. Sie lächelte. »Bitte, Hermie. Ich habe keine andere Möglichkeit, Ihnen meine Dankbarkeit zu zeigen.«

Er hätte da schon ein paar Vorschläge gehabt, doch seine Antwort war ganz liebenswürdig und aufrichtig. »Das ist schon in Ordnung so. Ich mag Sie.«

»Das ist sehr lieb von Ihnen, Hermie. Ich mag Sie auch.«

»Ich meine – ich mag sonst fast niemand.« Wenn die Unterhaltung in diesem Sinne weiterging, würde ihr Hermie in Kürze einen Heiratsantrag machen. Warum eigentlich nicht, sagte er sich, wieviel älter als er konnte sie schon sein? Sechs, vielleicht sieben Jahre. Er konnte ja die Schule an den Nagel hängen und in der Fabrik arbeiten, bis er alt genug war, als Offiziersanwärter zur Armee zu gehen. Ein Offizier würde ihr gefallen. Pete war nur Feldwebel. Oder noch besser, als Kampfflieger bei der Navy konnte man Fregattenkapitän werden, noch bevor man dreiundzwanzig Jahre alt war. Wenn der Krieg noch ein Weilchen dauerte, konnte er es glatt bis zum Admiral und Fliegeras bringen. Dann konnten sie die Fäden ihres Lebens dort wieder aufnehmen, wo sie sie hatten liegenlassen. Ein kleines Haus in der Nähe der Militärakademie. Mit einem weißen Lattenzaun und einer Kanone auf dem Rasen und einem säuberlich gestapelten Haufen Kanonenkugeln und einer amerikanischen Flagge. Er könnte jüngeren Burschen das Fliegen beibringen. Oder er könnte als Kunstflieger den Kontinent unterhalten, mit seiner kecken Lindbergh-Fliegermütze unter Brücken und durch Tunnels fliegen. Er sah, daß sie ihm langsam näher kam. Er konnte sie riechen und spüren. Die süßen Lippen, reif wie Pflaumen, waren gespitzt und kamen auf ihn zugeflogen. Er wappnete sich und bereitete seine eigenen Lippen für die Landung vor. Doch in der allerletzten Sekunde brach sie den Sturzflug ab, und der Kuß traf ihn auf der Stirn, so haarscharf zwischen den Augen, daß er vorübergehend seine Sehschärfe einbüßte und ganz gefährlich ins Trudeln geriet. Doch die Weichheit ihrer Lippen, so warm und feucht auf seiner Stirn, riß ihn aus dem trudelnden Sturz, denn er wollte leben, es gab so vieles, für das zu leben sich lohnte. Wie er es nach draußen und zum Strand hinunter schaffte, das würde ihm ewig ein Rätsel bleiben.

Er mußte ihr Haus über die vierzehn Stufen, die zum Strand gingen, verlassen haben, denn dorthin führte ihn sein Weg, allein, und er versuchte die Stückchen irgendwie zusammenzufügen, damit sich ein Sinn ergab. Er hatte keine Ahnung, wie lange er schon unterwegs war, immer noch umgeben von ihrer Musik und ihrem Duft, als er den Schatten auf sich zukommen sah – direkt aus der Sonne. Die Seemöwe. Ihre Silhouette bewegte sich schnell, ihre

Flügel im tödlichen steilen Gleitflug ausgebreitet. Er wich mit einem schnellen Schritt zur Seite aus, doch die Bombe traf ihn trotzdem, mitten auf der Brust, und ließ ihn tatsächlich ein paar Schritte rückwärts taumeln. Zehn Zentimeter weiter rechts, und das Geschoß hätte sein Herz durchbohrt. Statt dessen zerplatzte sie auf seiner Brust, eine gewaltige Ladung Möwendreck, so daß es aussah, als habe er die dreckige aufgehende Sonne Japans auf dem Hemd. Das Ganze war in ein paar Sekunden vorbei. Dann war der Vogel fort, kreischend und vom Triumph beflügelt. Hermie schüttelte die Faust hinter ihm her. Doch der Schaden war angerichtet, sein Hemd im Eimer. Er verrieb eine Menge Sand auf seiner Brust, doch es machte alles nur noch schlimmer, der Dreck wurde fest wie Beton. Was Hermie am meisten irritierte, war, daß ihm immer gesagt worden war, Vögel könnten im Flug nicht kacken, sie müßten sich zuerst setzen. Eine weitere Legende seiner Jugend war in Stücke gegangen, der Weihnachtsmann und der Osterhase bekamen Gesellschaft. Hermie fragte sich, ob das nicht alles irgendeine merkwürdige Art Seelenwanderung war. Vielleicht war es Johnny Stella, der zurückkam, um sich zu rächen. Johnny Stella, der ihn zu einem Zweikampf auf dem Schulhof nachmittags um drei Uhr herausgefordert hatte und dann einen phantastischen Glücksschlag Hermies hatte einstecken müssen, der ihn zwei seiner besten Zähne gekostet hatte. Johnny Stella, der später von einem Bus überfahren wurde, während er mit dem Fahrrad die Straße überquerte. Hermie schrie zum leeren Himmel hinauf, denn die Möwe war längst verschwunden. »Ich weiß, wer du bist, Johnny Stella! Versuch's bloß noch mal, Bürschchen, und du wirst bereuen, daß du nicht als Joe Louis zurückgekommen bist!«

Hermie stieß mit Oscy zusammen; Oscy hatte sein Fernglas um den Hals, das er jetzt in die Hände nahm und auf den Himmel richtete, um ihn wie ein Späher abzusuchen. Als er nichts erkennen konnte, senkte er das Fernglas und lächelte Hermie an. »Schreist du mal wieder die Wolken an, Hermie?« Benjie stand neben Oscy, und der Blödmann lächelte ebenfalls.

Hermie hatte keine Lust, sich mit den beiden abzugeben. »Klar, ich schrei' immer die Wolken an. Das wendet Unheil ab.« Er versuchte sich davonzumachen. Sie gingen ihm auf die Nerven. War sein Herz nicht schon genügend strapaziert worden? Erst durch Liebe, dann durch Kacke.

Doch Oscy blockierte seinen Weg, ein sehr gefährliches Unterfangen in Anbetracht des angespannten und verwirrten Gemütszustandes, in dem sich Hermie befand.

»Du warst sehr lange da drin, Hermie.«

Benjie blickte auf seine Ingersoll. »Zwanzig Minuten.« Dann lächelte er über Hermies Hemd. »Was hat sie denn dir draufgeschmiert?«

In seiner Wut vergaß Hermie, daß er Benjies kleines Gehirn mit einer seiner riesigen Hände hätte zerquetschen können. »Benjie, du bist hier völlig überflüssig.« Dann, ohne jede Warnung, wurde Hermie von heftigen Schwindelgefühlen überfallen. Es wurde ihm so übel, daß er sich hinsetzen mußte. Sein Kopf war taub, verrückt, krank. Es war entweder Liebe oder Cholera, hoffentlich Cholera, denn die war heilbar.

Oscy kniete sich neben ihm nieder, ganz besorgt. »Hermie? Bist du krank?« – »Ich weiß nicht.«

»Fühlst du dich nicht wohl?« Oscy war nervös. Er hatte Hermie noch nie in diesem Zustand gesehen.

Hermie rieb sich die Schläfen. »Ich glaube, mir ist schlecht, Oscy.«

»Vielleicht solltest du dich hinsetzen.«

Hermie schaute ihn an, eingeschnappt. »Ich sitze doch schon! Herrgott, Oscy!«

Oscy war verwirrt. »Dann solltest du dich vielleicht hinlegen.«

»Vielleicht solltest du das Maul halten!« Hermie zog die Knie an. Das sollte ja angeblich helfen. Zieh die Knie an und laß den Kopf hängen, und wie von Zauberhand vergeht der Brechreiz. Mußtest du allerdings in dieser Stellung doch kotzen, warst du eine Woche lang der unbeliebteste Mann im Umkleideraum. Er untersuchte sein linkes Bein. Dieses merkwürdige Kitzeln. »Ich glaube – Oscy? Ich glaube, sie hat mich ins Bein gebissen. Siehst du dort unten vielleicht Lippenstift? Meine Sehkraft ist geschwächt.«

Oscy kniete sich hin und untersuchte eingehend das verdächtige Bein.

»Bloß ein bißchen verkrustetes Blut.«

Hermie legte den Finger auf eine der Stellen. »An die kann ich mich aber nicht erinnern.«

Oscy war sehr bestimmt. »Doch. Die hast du gestern schon gehabt. Und das Pflaster hast du auch schon gehabt. Da bin ich ganz sicher.«

»Woher willst du so sicher sein?«

»Ich mach' eben die Augen auf.«

»Und du siehst alle Krusten und Pflaster?«

»Klar. Ich bin halt ein bißchen komisch, okay?«

»Na ja – siehst du nicht vielleicht neue Krusten? Oder neue Pflaster? Laß dir Zeit.«

Oscy untersuchte das Bein ganz genau, befingerte die Kruste und hob sie sogar ein wenig an. »Nein. Ich glaub' nicht, daß es mit dem Verkrusten so schnell geht. Und dieses Pflaster – das ist ein paar Tage alt.«

»Woher willst du das wissen?«

»Weil ein Datum aufgestempelt ist! Leck mich, Hermie! Wieso soll ich denn deine alten Krusten untersuchen, verdammt noch mal! Ich bin doch kein Doktor!«

Hermies Übelkeit ließ nach; aber er war immer noch ein bißchen benommen, und sein Knie prickelte immer noch. »Gottogott – meinst du, ich habe Kinderlähmung?«

Oscy klang besorgt.

»Hast du Schmerzen im Genick?«

»Im Genick? Nein.«

»Dann hast du auch keine Kinderlähmung. Die fängt nämlich mit einem steifen Hals an.«

»Was hat es dann zu bedeuten, wenn du ein Prickeln im Bein spürst?«

»*Erwachsenen*lähmung.« Das war Benjies fachmännische Meinung.

Oscy wurde todernst. Eine der besten Methoden, in dieser Gesellschaft todernst zu werden, war, Benjie zu ignorieren. Oscy ignorierte Benjie. »Versuch mal, dich zu erinnern, was geschehen ist. Von Anfang an.« Oscy von Scotland Yard. Detektiv Oscy.

»Nun«, sagte Hermie und versuchte den Zeitablauf zu rekonstruieren, »es war so – wir tranken Kaffee.«

»Wann hat sie dir das Hemd verschmiert?« Das war Benjie. Er sagte es und machte einen Satz zurück, um sicherzugehen, daß er außerhalb Hermies Reichweite war. Aber er hatte nicht mit Oscy gerechnet, der ihm einen Schlag versetzte, daß er auf dem Arsch landete.

»Benjie, wir sind dabei, dieser Sache auf den Grund zu gehen, halt also 's Maul.«

»Leck mich, Oscy.« Benjie blieb dort liegen, wo er gelandet war. Es war nicht nur sicherer, sondern auch bequemer. Außerdem konnte er auf seiner Uhr stoppen, wie lange er dalag.

Oscy konzentrierte sich wieder auf Hermie. »Weiter, Hermie. Was kam dann?«

»Nun, nach dem Kaffee stellte ich die Schachteln auf den Dachboden, und während ich auf der Leiter stand –« Die Zeit blieb stehen, als Hermie alles noch einmal nacherlebte. Wie sie ihn in ihre Arme nahm und ihn liebkoste. Die Ekstase und irre Leidenschaft bei alledem. Als er sich überlegte, wer sein Publikum war, entschied er sich, die ganze Episode wegzulassen. »Und als ich runterkam – hat sie mich geküßt.« Soviel wußte er ja mit Sicherheit. Was das andere anging, so hatte er keine konkreten Beweise.

»Sie hat dich geküßt?« Oscys Unterkiefer hing schräg nach unten, wie eine verwundete Zugbrücke.

»Allerdings. Hier.« Hermie zeigte auf die Stelle zwischen seinen Augen. »Ist da vielleicht Lippenstift?«

Oscy beugte sich vor und nahm Hermies Kopf zwischen seine Hände und drehte ihn ins Sonnenlicht. Hätte er noch fünf Zentimeter weitergedreht, hätte Oscy den Kopf als Briefbeschwerer mit nach Hause nehmen können. Seine Augen weiteten sich, als er das verschmierte Rot zwischen Hermies Augen entdeckte. Es war ganz ohne Zweifel – »Lippenstift.« Er schnüffelte an dem blutroten Fleck. »Mit Sicherheit Lippenstift. Wahrscheinlich Erdbeer oder sonstwas in der roten Familie.«

Hermie zerrte seinen Kopf aus Oscys Schraubstock. »Ich mag es, wenn *sie* mich küßt, Oscy. Nicht *du*!«

Benjie beugte sich vor und gab sein persönliches Urteil ab, nachdem er die dargebotene Stirn untersucht hatte. »Ein Schnakenstich. Nein – es ist Blut. Sie ist ein beschissener Vampir.« Er machte wieder einen Satz zurück. Aus Hermies *und* Oscys Reichweite. Er lächelte. Pearl Harbor läßt sich nicht zweimal im Schlaf überraschen.

Oscy stand über Hermie und sah höchst zufrieden aus.

»Hermie, ich glaube wirklich, du bist im Geschäft. Ganz bestimmt.«

Hermie hörte nicht recht zu. Er befaßte sich wieder mit seinem Bein. »Das sieht tatsächlich aus wie ein frisches Pflaster. Ich bin sicher, daß sie ein neues Pflaster draufgemacht hat. Komisch.« Das Pflaster schien eine Art Neonlicht auszustrahlen. Die Liebe hatte es zum Leuchten gebracht. Oder Bakterien mit Taschenlampen.

Oscy wandte sich mit einem ganz amtlichen Ton an Benjie. »Benjie – wir müssen sofort das Buch noch einmal haben.«

Benjie wich langsam zurück, so wie immer, bevor er um sein Leben zu rennen anfing. »So? Du glaubst wohl, du brauchst nur zu befehlen. Ihr habt es das letzte Mal vollgesabbert. Und ich bekomm' nachher Ärger, wenn einige Seiten verdorben sind.«

Oscy ging im gleichen Tempo vorwärts, in dem Benjie zurückwich. »Mein Fernglas für dein schmutziges Buch. Du kannst damit feindliche Flugzeuge identifizieren, das macht unheimlich Spaß. Du kannst ein Held werden.«

Benjie stellte fest, daß der Abstand zwischen ihnen kleiner wurde, und er klang immer versöhnlicher. »Hör bloß auf, Oscy, über diese Insel fliegt nichts als Vögel.«

»Vielleicht sind es feindliche Vögel.«

»Aus dem Handel wird nichts.«

Benjie hatte keine Chance. Oscy erwischte ihn nicht nur, sondern mit einer einzigen flinken Bewegung hatte er auch schon den Lederriemen um Benjies Hals und drehte langsam daran wie an einer Aderpresse. »Es ist ein faires Geschäft. Ja, ich laß' dir das Fernglas sogar zwei Tage, und ich brauche das Buch nur einen lumpigen Nachmittag lang. Und außerdem, wenn dir mein Angebot nicht gefällt, schlag' ich dir die Nase blutig. Nun, wie ist's?« Benjie war nicht in der Lage, weiterzufeilschen. Er war kaum in der Lage, auch nur zu sprechen, denn sein Gesicht lief purpurrot an, und seine Augen traten aus den Höhlen, als sei er ein Ochsenfrosch. Oscy lockerte die Aderpresse ein klein wenig, und Benjie sank keuchend auf die Knie, wo Oscy daranging, ihn zum Ritter zu schlagen. »Im Namen der Vereinigten Staaten von Amerika überreiche ich Ihnen dieses Fernglas. Weidmanns Heil.«

»Leck mich doch, Oscy.« Es war nicht einmal ein Seufzer, die Worte kamen geflüstert, unter einem Felsen her, irgendwo weit weg auf dem Festland.

Oscy lächelte und zerrte an dem Lederriemen, und Benjie kam auf die Beine, wie ein Hund an der Leine. »Auf geht's, Hermie«, rief Oscy. »Benjie war so freundlich, uns sein schmutziges Buch anzubieten.«

»Leck mich, Oscy – auuuuu!«

Hermie stand auf und folgte seinen zwei Freunden zu Benjies Haus. Aber selbst beim Gehen schaute er auf sein Heftpflaster hinunter, das immer noch glühte. Es sah einfach nicht so aus wie die Pflaster, die er normalerweise benützte. Es mußte ein anderes sein, eine ausgefallene Marke.

14

Sie waren in dem mit Grasbüscheln bewachsenen Hof hinter Benjies niedrigem Haus, nur Hermie und Oscy. Oscy ging auf und ab, erregt wie ein werdender Vater vor der Tür des Entbindungssaals. Hermie ließ einfach alles mit sich geschehen; er war froh, daß sein Schicksal nicht mehr in seinen eigenen Händen lag. Es war bei solchen Gelegenheiten in Hermies Leben, daß sich Oscy immer als große Hilfe erwies. Oscy war ganz groß im Treffen von Entscheidungen. Es war Oscy, der entschieden hatte, daß sie die zwei Meter überspringen konnten, die die Dächer zweier Mietshäuser voneinander trennten. Es war Oscy, der gesagt hatte, sie könnten ungestreift auf dem Bauch zwischen den Vorder- und Hinterrädern des fahrenden Macy-Lastwagens durchrutschen. Und es war Oscy, der gesagt hatte, Hermie könne mit Johnny Stella fertig werden, wenn er nur, aus psychologischen Gründen, den ersten Schlag anbringe. Hermie blickte zum Himmel und hielt nach eben jenem Johnny Stella Ausschau, doch er war nicht mehr zu sehen. Wahrscheinlich unterwegs, um irgendwo nassen Zement für seine nächste Ladung zu fressen. Hermie fuhr sich mit der Hand über das Hemd. Es war so fest geworden, daß es sich anfühlte wie versteinerte

Runzeln. Oscy hörte auf, hin- und herzugehen. Benjies Hintertür ging auf. Ganz . . . ganz . . . langsam.

Benjie kam heraus und schaffte das schier Unmögliche mit übermenschlicher Behutsamkeit. Es war ja allgemein bekannt, daß hinter jeder Haustür eine Mutter auf der Lauer lag. Benjie hatte etwas bei sich. Einen Gegenstand. Er war in einen grünen Bademantel mit indischen Mustern eingewickelt. Und das Bündel war mit dem zum Bademantel gehörenden, mit Fransen besetzten Gürtel zusammengeknotet. Oscy nahm das Bündel an sich und legte es auf den Boden. Es bereitete ihm große Schwierigkeiten, den Gürtel aufzuknoten, denn Benjie hatte jeden bei den Pfadfindern erlernten Knoten angewandt. »Mann Gottes, warum hast du so viele Knoten reingemacht, du Schwachkopf!«

»Ich wollte auf Nummer Sicher gehen. Ich weiß nicht.« Benjie machte sich große Sorgen über die Gefahr, die möglicherweise von der Tür her drohte. »Kannst du nicht ein bißchen schneller machen?«

»Nein, ich kann nicht schneller machen, du Trottel. Wir werden deinetwegen vielleicht den ganzen Tag hiersitzen.« Oscy werkelte an den grünen Samt-Spaghetti herum, die aussahen wie ein Haufen lebendiger Würmer.

»Wenn meine Mutter –«

»Hermie, hast du ein Messer in der Tasche?«

Benjie erstarrte. »Wenn du den Gürtel durchschneidest, Oscy, hol' ich die Polente, wegen Einbruchdiebstahl. Ich brauche den Gürtel, um meinen Bademantel zusammenzuhalten.«

»Was versteckst du denn darunter, einen Bauchnabel?« Oscy arbeitete fieberhaft an der Auflösung des Gordischen Knotens.

»Leck mich, Oscy.«

»Ach, halt doch's Maul.« Oscy hatte endlich die Knoten gelöst und schlug den Bademantel auseinander. Zum Vorschein kam das Gesundheitslexikon. Oscy zog sein Frotteehemd aus und legte es ausgebreitet auf den Boden. Der Austausch vollzog sich in Sekundenschnelle. Im Nu wechselte das Buch vom Bademantel auf das Hemd. Hastig knotete Oscy die Ärmel seines Frotteehemdes um das Buch. Dann hob er das ganze Bündel auf und bedeutete Hermie, ihm zu folgen.

Hermie trottete hinter Oscy her und drehte sich nur einmal nach Benjie um, der auf der obersten Stufe hinter dem Haus saß und Oscys Fernglas auf sie richtete. Und dann hatte Hermie eine Vision Benjies, die ihn bis ans Ende seiner Tage begleiten würde. Es war Benjie, im Morgengrauen. Am Strand. Er suchte den Himmel nach feindlichen Vögeln ab. Und immer wenn ein Vogel vorbeiflog, machte Benjie einen Eintrag in seinem Notizblock. »5 Uhr 15: Ein Vogel ... 5 Uhr 27: Noch ein Vogel ... 5 Uhr 41: Noch ein bescheidener Vogel ... 5 Uhr 48: Leck mich am Arsch, Oscy.«

Hermie ging hinter Oscy her und beobachtete, wie vorsichtig Oscy das Frotteehemd trug, als habe er das Haupt Johannes des Täufers darin. Es war beschlossen worden, daß der ehemalige Hühnerstall der Arbeit, die zu tun war, nicht angemessen war. Er war nicht sturmfrei genug. Sie hatten sich statt dessen für Hermies Zimmer entschieden. Instinktiv wehrte sich Hermie dagegen, in seinem Zimmer zu tun, was immer es auch war, das Oscy vorhatte. Aber Oscy hatte entschieden, Hermie müsse, da ja die ganze Aktion schließlich ihm zugute kommen würde, das größte Risiko tragen, entdeckt zu werden.

Als sie zum Haus kamen, ging Hermie voraus, da er den Weg und die im Haus lauernden Gefahren besser kannte. Er wählte die Hintertür, wie alle Türen auf der Insel eine quietschende Tür mit Fliegengitter. Doch Hermie legte eine gewisse Meisterschaft im Umgang mit der Hintertür an den Tag. Er ölte sie zum Beispiel in regelmäßigen Abständen, um das Quietschen auf ein Minimum zu beschränken. Und so war die Hintertür immer sein Ausgang, wenn Leute auf der vorderen Veranda waren, mit denen er nicht reden wollte, zum Beispiel seine Familie.

Mit Hangen und Bangen und auf kleinen Katzenpfoten ging Hermie durch die Fliegentür, und hinter ihm schweigend Oscy und Johannes der Täufer. Nun galt es, die Hintertreppe zu überwinden. Hermie ging wieder voraus und wies Oscy auf die eine quietschende Stufe hin. Sie schafften es, lautlos wie Cheyenne-Indianer. Auf dem Treppenabsatz schlugen sie die neue Richtung ein und schlichen sich auf Hermies Zimmer zu. Langsam bewegte Hermie den Türgriff, so gut geölt wie die Hintertür, ja noch besser, denn etwas Öl tropfte in seine Handfläche. Egal. Kein großer Schaden. Er machte die Tür auf. Still. Reibungslos. Kein Problem. Großer Erfolg. Bravo.

»Ich habe eben erst saubergemacht.«

Oscy und Hermie tauschten einen Blick aus. Es war die Stimme der Phantom-Mutter. Sie war irgendwo im Haus. Vielleicht in einem Bild an der Wand. Ein Wesen mit tausend Augen und tausend Ohren. Ein Wesen, das wie ein Gespenst schwerelos durch seine Domäne schwebte. Das mit einem frostigen Satz alles sagen konnte. »Ich habe eben erst saubergemacht.« Fünf kleine Worte, die nicht weniger hießen als: »Ich weiß, daß du hier bist. Mach das Haus nicht schmutzig. Setzt euch nicht auf die Betten. Wenn das Oscy ist, den du mitgebracht hast, dann achte darauf, daß er sich mit seinem Frotteehemd nirgends anlehnt. Nimm nichts aus dem Kühlschrank, denn alles ist abgezählt und gekennzeichnet, und in ein paar Stunden essen wir sowieso, und wenn du jetzt naschst und dir den Appetit verdirbst, bleibst du heute abend zu Hause, sieh dich also vor.«

In einer Anwandlung höchsten Trotzes schlug Hermie die Tür so gewalttätig zu, daß Penny Singleton zitterte.

Oscy blickte zur Tür. »Kannst du abschließen?« Hermie schloß ab, doch das reichte Oscy noch nicht, und so nahm er einen Stuhl und stellte ihn unter den Türgriff. Dann ging Oscy zum Bett und –

»Nicht aufs Bett setzen, Oscy.« – »Wieso nicht?«

»Meine Mutter kommt dahinter.«

»Ich wollte mich ja gar nicht draufsetzen. Gott im Himmel.« Er warf sein dreckiges Frotteehemd aufs Bett, und Hermie zuckte zusammen, weil seine Mutter früher oder später die Witterung aufnehmen würde. Oscy löste den Knoten und zog die Ärmel zur Seite, und da war das Buch und sah in jeder Hinsicht aus wie die erste Bibel. Oscy hob es auf, als sei es eine gefährliche Bombe. Er schaute sich nach einem Platz um, wo er es hinlegen konnte.

»Dort drüben.« Hermie zeigte auf den kleinen Tisch, der ihm während des Sommers als Schreibtisch diente.

Oscy legte das Buch auf den Tisch, wie ein Chirurg, und nannte seinem Assistenten die Hilfsmittel, die er benötigte. »Papier. Bleistift.« Hermie nickte. Er hatte alles da. »Kohlepapier.« Oscy fügte hinzu: »Sonst muß ich alles zweimal tun.«

»Was willst du denn tun?«

Oscy gab keine Antwort. Er streckte nur die Hand aus. Hermie füllte sie mit Papier und Bleistift und dem letzten Stück Kohlepapier, das auf der ganzen Welt aufzutreiben war. Aus dem Kohlepapier konnte man bestenfalls noch ein Echo herausholen. Oscy nahm es und hielt es gegen das Licht. Es schien kräftig durch. »Das wird schon gehen.« Dann zog Oscy einen Stuhl an den Tisch heran, steckte das Kohlepapier zwischen zwei Stück Papier und ging mit dem Bleistift in der Hand durch den Index des Buches, bis er gefunden hatte, was er suchte. »Aha.«

Hermie ließ sich auf sein Bett plumpsen und starrte zur Decke. »Was hast du eigentlich im Sinn, Oscy?«

»Nur dein Bestes.« Und wieder sagte er: »Aaaaha.«

»Wieso denn aaaaha?« fragte Hermie, tödlich gelangweilt.

»Der Geschlechtsakt und seine Durchführung. Die zwölf Stufen. Systematisch dargelegt. Seite sechshundertvierundsechzig bis achtundsechzig.« Er lächelte Hermie zu. »Da haben wir's. Es ist alles da. Da war einer vernünftig genug, alles aufzuschreiben.«

Hermie wälzte sich auf die Seite, stützte sich auf einen Ellbogen und blinzelte zu Oscy hinüber, als habe er Schwierigkeiten, ihn im Nebel auszumachen. »Wovon redest du überhaupt, Oscy?«

Oscy hatte bereits die gewünschten Seiten gefunden und hatte angefangen seine Notizen zu machen. »Entspann dich, Hermie. Ich geb' dir schon Bescheid, wenn ich dich brauche.«

Hermie drehte sich wieder auf den Rücken. Es war nicht mehr in seinen Händen, sein weiteres Schicksal. Oscy hatte die Sache übernommen. Welche Erleichterung, diese Verantwortung los zu sein. Er holte die Zeitschrift von seinem Nachttisch. *Liberty*. Manchmal waren ganz gute Dinge drin. Er blätterte sie durch und schaute die Anzeigen an. *Oldsmobile* behauptete, es liefere »den Stachel für Amerikas fliegende Brummer«. Der Konservenkonzern Armour and Company präsentierte Hermie »die besternährten Soldaten der Welt. Bei der U.S.-Armee, der Marine und der Marine-Infanterie.« Gelegentlich hörte Hermie Oscy stöhnen oder einfach pfeifen. Schließlich legte Hermie die Zeitschrift so über sein Gesicht, daß der Mund eines schönen Mädchens auf seinen Mund zu liegen kam. Er döste ein Weilchen und wachte dann wieder auf, weil sein Atem das flatternde Papier auf seinen Lippen so laut knistern ließ. Er entfernte das nasse Gesicht des Mädchens von seinem eigenen und sah wieder zu Oscy hinüber, um festzustellen, was er trieb. Er rief ihn vorsichtig beim Namen, um ihn nicht zu stören. »Oscy . . .«

»Halt's Maul, Hermie. Ich bin fast fertig.« Er wischte sich das verschwitzte Gesicht mit dem Frotteehemd ab.

»Was zum Teufel machst du da eigentlich?«

»Zwei Exemplare. Eins für mich. Eins für dich. Du mußt es überallhin mitnehmen. Dann kannst du im Zweifelsfall darin nachsehen. Und was lernen.«

»Oscy, entschuldige, aber was soll ich lernen?«

»Den Geschlechtsakt in zwölf Stufen. Was glaubst du denn, daß ich hier mache, verdammt noch mal! Meine Verehrerpost beantworten?«

»Den Geschlechts ... was?«

Oscy war sehr gönnerhaft. »Hermie, weil du nicht gut mit diesem Buch unterm Arm zu deiner Dame gehen kannst, schreibe ich eine Zusammenfassung. Schritt um Schritt. Wenn du dich genau daran hältst, kann dir nichts passieren.«

Hermie schwang die Beine über den Bettrand. Ganz allmählich dämmerte ihm, was er seit vielen, vielen Jahren geahnt hatte. »Oscy, du bist verrückt.«

»Klar. So verrückt wie'n Fuchs.« Er hörte keinen Moment auf, sich seine Notizen zu machen. Und er hörte nie auf zu lächeln. »Hermie, du steigst mit dieser Dame ins Bett, oder ich erfahre den Grund, warum du's nicht tust.«

Hermie hörte das genau, konnte es aber nicht akzeptieren. Er versuchte sogar zu lachen, weil der Gedanke so lachhaft war. »Oscy, ich kann mit der Dame nicht ins Bett steigen. Ha-ha-ha.«

»Wenn du mit dem Herzen dabei bist, kannst du's.« Er blickte nicht mal auf, schrieb immer weiter. Einen ganzen Roman, wie es schien.

»Oscy, es geht nicht.« Er hörte sich wieder lachen, wußte aber, daß es nicht lustig war.

Oscy hörte auf zu schreiben und schaute Hermie ungläubig an. »Willst du denn nicht?«

»Doch, klar will ich, aber – ha-ha-ha.«

»Dann tust du's auch. Du brauchst bloß meinen Rat zu befolgen.«

Er schrieb wieder.

Hermie wurde sofort nachdenklich. Eigentlich war die Idee gar nicht so schlecht. Wenn man einmal die Tatsache beiseite ließ, daß es völlig unmöglich war, war die Idee gar nicht schlecht. Ja, je mehr er darüber nachdachte, desto weniger völlig unmöglich wurde es. Es wäre *schön*, mit ihr ins Bett zu gehen. Sehr schön. Schön auch für sie, denn er würde sehr zärtlich vorgehen. Außerdem würde er alles richtig machen, dank Oscy, der alles auf dem Papier festhielt, wenn nur das Papier nicht spontan verbrannte. Im Bewußtsein, daß Oscy narrensichere Verhaltensregeln zusammenstellte, wuchs Hermies Zuversicht gewaltig. Es war ja schließlich nicht so, daß sie ihn nicht leiden konnte. Hatte sie ihn nicht erst heute morgen geküßt? Hatte sie nicht sein Bein liebkost und sogar hineingebissen und ein Pflaster erneuert? Wenn all das kein Ausdruck ihres Interesses und ihrer Zuneigung war, dann war ja wohl was faul im Staate Dänemark, oder? Hermie schaute Oscy zu. Der treue, selbstlose Oscy, der sich so selten irrte. So erfinderisch und tapfer. Wer Oscy auf seiner Seite hatte, mußte gewinnen. Hermie glaubte nicht nur, daß er mit ihr ins Bett konnte, er glaubte auch, daß es ganz von ihm abhing, wo und wann es sich abspielen sollte. In ihrem oder in seinem Haus? In ihrem. Nur – diese Aufnahme von Pete mußte vorher verschwinden. Hermie stellte sich vor, wie sie unter ihm lag, ihre Augen leidenschaftlich glänzend, und ihm nichts schuldig blieb, ganz im Gegenteil, war er doch ein solcher Gentleman, wie er sich da auf seine Ellbogen stützte. Er stellte sich vor, wie sie ihre gelbbraunen Beine um ihn schlang und ihn an sich preßte, genau wie auf dem Bild in dem Buch. Er stellte sich das alles vor, und das Bild Sheenas aus dem Dschungel ging ihm durch den Kopf, und ihm wurde klar, daß er nichts anderes war als ein schmutziger, schüchterner kleiner Junge, der kein Recht hatte, sich solche bösen Ideen oder Pläne auszudenken. Es war alles derb. Furchtbar derb. Nicht, weil er etwa nicht mit ihr ins Bett wollte, sondern weil – »Oscy, ich respektiere sie. Ich will nicht einfach . . . ins Bett mit ihr.« Seine Stimme war kläglich und sehr jung. Gar nicht wie die Stimme eines Fünfzehnjährigen.

Oscy legte, ohne aufzublicken, den Bleistift weg, wie so ein weiser Opa. Dann drehte er sich um und schaute zu Hermie auf, so wie Thomas Edison all die angeschaut haben mußte, die an ihm zweifelten. »Hermie, es gibt da einen Punkt, den du anscheinend einfach nicht verstehst. Es geht völlig in Ordnung, eine Dame zu respektieren. Nichts dagegen einzuwenden. Und sehr demokratisch. Aber sie wird dich nicht respektieren, wenn du nicht versuchst, sie ins Bett zu bekommen.«

»Das ist schwer zu glauben.«

»Stimmt aber. Ich weiß es von meinem Bruder. So sind nun Damen einmal. Sie wollen, daß du's versuchst, auch wenn sie dich dann nicht lassen, weil sie, obwohl sie dich nicht lassen, wollen, daß du's versuchst. Und deshalb mußt du.«

»Ich glaube, das versteh' ich.« Doch Hermie würde nie und nimmer eine solch verschobene und entstellte Logik verstehen, in tausend Jahren nicht. Und er begann an Oscy zu zweifeln. Oscy. Törichter Oscy. War er nicht der Kerl, der gesagt hatte, man würde sie nie erwischen, wenn sie im Kino von der Empore herunter Murmeln spuckten? Prompt hatten sie drei Wochen Hausverbot bekommen. Und hatte sich Oscy nicht geirrt, als er Rollo Herzog sagte, der reiche Wacky Foster würde es nicht mal merken, wenn ihm sein Rennrad fehlte? Rollo wurde verhaftet. Und war es nicht Oscy gewesen, der gesagt hatte, sie könnten in Gelbands Laden alle Spielkarten risikolos klauen? Gelband hatte sie beide windelweich geprügelt. Nein, man durfte nicht auf Oscy hören, wenn einem sein zukünftiges Leben noch etwas wert war. Wer auf Oscy hörte, mußte mit Gefängnis oder mit dem Tod rechnen, oder mit beidem.

Oscy stand auf und kam zu Hermie herüber und gab ihm sein Exemplar des Dokuments. »Hier, Hermie. Wenn du bis zwölf zählen kannst, dann kriegst du sie auch ins Bett. Ich gebe dir das Original und behalte den miesen Durchschlag für mich. Fang an, die Punkte auswendig zu lernen.« Hermie beobachtete, wie Oscy zu seinem Stuhl zurückkehrte und anfing, das Zeug auswendig zu lernen.

Hermie schaute auf das Papier in seiner Hand. Eine Seite. Oscy hatte den Geschlechtsakt in zwölf Punkten aufgeschrieben, als handle es sich um die Zehn Gebote. »Oscy –«

»Ruhe jetzt, Hermie. Ich lerne.«

»Oscy –«

»Hermie, halt's Maul!«

Hermie blieb ruhig, so lange er konnte, und befaßte sich mit dem Papier und den komischen Wörtern, die Oscy bestimmt falsch buchstabiert hatte. Dann durchbrach er die Sendestille.

»Oscy, das ist verrückt.«

»Was denn?« Oscy starrte ihn feindselig an.

»Punkt Drei.«

»Was soll daran verrückt sein?« Seine Finger trommelten auf dem Tisch, drauf und dran, sich zu einer Faust zu ballen. »Ich hab' noch nicht mal das Wort gehört.«

»Das ist lateinisch.« Oscy war gereizt. »Die Leute am Anfang waren doch Lateiner.« Er nahm wieder seine Lektüre auf. »Herrgott.«

»Ich weiß nicht mal, wie man das ausspricht.«

Oscy knallte das Papier auf den Tisch. Es machte kein Geräusch. Es war seine Faust, die den Tisch zu spalten schien. »Man spricht es nicht aus! Man tut es einfach!«

»So? Mann, ich weiß nicht mal, wo es ist!« Hermie schätzte es nicht, wenn er angeschrien wurde, vor allem von einem jungen Schwachsinnigen wie Oscy. »Und was zum Teufel soll denn das sein, unter Nummer Vier!«

Oscy schaute auf seiner Liste nach, um der Sache auf den Grund zu gehen. »Das ist auch lateinisch!« Er blickte zu Hermie hinüber und gab ihm irgendwie zu verstehen, er solle doch nicht so schwerfällig sein. »Es ist alles in Latein, Hermie. Herrgott noch mal!«

Hermie schaltete ganz allmählich auf stur. »Tatsächlich? Na ja, ich werde sie vielleicht fragen müssen, wo einige dieser Dinge sind!«

Oscy warf einen Blick zur Decke und hoffte auf göttlichen Beistand und redete mit der Geduld eines Heiligen. »Sie sind alle etwa an derselben Stelle. Suchet, so werdet ihr finden.« Er schaute Hermie an und versuchte zu lächeln. »Und überhaupt sollte sie dir dabei helfen.«

Hermie war wirklich schwierig. »Hat sie womöglich auch eine Liste dieser beschissenen zwölf Punkte?«

Oscy war immer noch geduldig. »Das braucht die nicht. Deshalb wird sie dir ja helfen.«

»Ich kann nur hoffen, daß du recht hast; ich werd' nämlich ihre Hilfe brauchen.« Es jetzt so vor sich zu sehen, schwarz auf weiß und arithmetisch dargelegt, war ein schwerer Dämpfer für Hermies Zuversicht. In Mathematik war er gut, aber Latein war noch nie seine Stärke gewesen. Alles, was er von Latein wußte, war, daß Gallien in drei Teile zerfällt. Und auch das wußte er nur, weil er so gut in Mathematik war.

Oscy redete und klopfte dabei pedantisch auf das Papier. »Punkt Sechs, Hermie. Sehr wichtig.«

Hermie blickte auf seine Liste. Punkt Sechs, ganz gleich wie Oscy es buchstabierte, war Vorspiel. »Vorspiel«, sagte Hermie, als sei das eine längst bekannte Sache, etwa so wie die Unabhängigkeitserklärung.

»Richtig«, sagte Oscy. »Das Wort ist uns schon mal begegnet.«

Hermie war aufsässig. »Ich weiß immer noch nicht, was ich zu tun habe. Was soll ich denn sagen – ›Guten Tag, Gnädigste, wie wär's mit ein bißchen Vorspiel?‹«

»Wie oft muß ich noch wiederholen, daß du kein Wort zu sagen brauchst.«

»So? Punkt Zwei hier sagt einwandfrei, daß wir Konversation machen sollen.«

»Sehr gut, Hermie. Scharf beobachtet. Aber das ist Punkt Zwei. Wenn du zu Punkt Sechs kommst, wirst du feststellen, daß nicht mehr geredet wird. Nur noch gestöhnt und geseufzt. Du mußt stöhnen und seufzen.«

»Sie wird glauben, ich sei krank.«

»Sie wird dann auch stöhnen und seufzen.«

»Das wird ja 'n ganz schöner Lärm.«

»Mach das Radio an.«

»Und wenn sie kein Radio hat?«

»Dann mach eben kein Radio an.« Oscys Wut war nicht mehr länger zu bremsen. »Himmel, Arsch und Zwirn, Hermie! Ich will dieses Zeugs auswendig lernen, und du läßt mich nicht!«

Das brachte Hermie aus dem Konzept. Er hatte bis dahin gar nicht beachtet, daß Oscy eine Kopie für sich selbst angefertigt hatte. »Wieso, zum Teufel, lernst denn *du* das auswendig?«

»Miriam.« – »Miriam?«

»Ganz richtig. Miriam. Kommt dir der Name bekannt vor? Schließlich habe *ich* auch meine Rechte.«

»Willst du denn mit Miriam ins Bett?«

»Klar geh' ich mit Miriam ins Bett! Ich hab' zufällig mit angehört, wie sich ein paar Rettungsschwimmer über sie unterhielten, und nach allem, was ich gehört habe, ist sie wirklich eine Wucht, wenn sie erst mal in Fahrt ist.«

»Woher willst du wissen, daß es dieselbe Miriam ist?«

»Es ist dieselbe Miriam. Probier doch nicht dauernd, mich unsicher zu machen.«

»Miriam ist ein ziemlich gewöhnlicher Name.«

»Sicher, aber diese Brüste sind nicht so gewöhnlich. Solche Hügel laufen dir nicht jeden Tag über den Weg, die haben sich über dieselbe Miriam unterhalten. *Meine* Miriam.«

»Du bist dir deiner Sache wohl recht sicher, was?«

»Allerdings. Ich habe eben Selbstvertrauen, Hermie. Ein Jammer, daß *dir* das fehlt. Wenn du Selbstvertrauen hättest, bräuchte ich dich nicht wie einen Dackel an der Leine zu führen.«

»Ich hab' 'ne Menge Selbstvertrauen, Oscy. Mehr brauch' ich nicht. Ich bin nur zufällig ein bißchen realistischer als du.« Sein Zorn wuchs, seine Stimme wurde lauter. Falls die Phantom-Mutter in der Nähe umherschwebte, konnte es Ärger geben. Doch Hermie konnte sich nicht bremsen. »Und wie kommst du überhaupt dazu, verdammt noch mal, mich einen Dackel zu nennen?«

»Kläff-kläff.«

»Ich will dir mal was sagen, Oscy. Wenn ich mich an diese zwölf Punkte halte, dann bekommt sie womöglich ein Baby. Und ich kann mir in diesem Stadium meines Lebens kein Baby leisten. Also wird nichts aus der ganzen Sache. Und außerdem – leck mich.«

Oscy starrte ihn an. Nicht wütend, nur ganz und gar verwirrt. »Du bist dermaßen doof.«

»Sieh dich bloß vor. Du bist in meinem Haus.«

»So doof, es ist kaum zu fassen.«

»Vielleicht bin ich doof, aber jedenfalls hab' ich kein Interesse, Vater zu werden. Man kann einen Fehler nicht mit einem anderen Fehler ausbügeln. Drum leck mich.« Hermie suchte beharrlich Streit. Er schaute sich nach verfügbaren Waffen um. Am besten eignete sich ein stumpfer Gegenstand, das Gesundheitslexikon.

Oscy demonstrierte löbliche Zurückhaltung. Er war, grob gerechnet, achtunddreißigmal dazu provoziert worden, Hermie k.o. zu schlagen, aber er hielt immer noch an sich. »Man sichert sich vorher ab, Hermie. Man verwendet einen Gummi. Schon mal von einem Gummi gehört? Von Empfängnisverhütung? Von einem Kondom?«

Hermie würdigte ihn keiner Antwort, denn natürlich wußte er, was ein Gummi war. Er stand auf, knüllte seinen Zettel mit den Zwölf Punkten zusammen und ließ ihn auf den Boden fallen, ein Ausdruck seines totalen Desinteresses. Die Herausforderung war eklatant. Der Ball rollte dramatisch über Oscys Spielfeld.

Oscy stand auf und kam herüber. Hermie hatte die Fäuste geballt. Er hatte genügend juristische Kenntnisse, um zu wissen, daß er Oscy ungestraft töten konnte; schließlich hatte er Hausfriedensbruch begangen. Oscy stand da und schaute Hermie an. Fünf Stunden und sechsunddreißig Minuten stand er einfach so da. Dann bückte er sich und hob den zerknüllten Zettel auf. Hermie hätte mit Leichtigkeit einen feinen Judoschlag in Oscys Genick anbringen können. Doch das wäre ein Japsentrick gewesen, und was immer man auch sonst von Oscy halten mochte, er war immer noch ein authentischer Amerikaner. Oscy richtete sich auf, lächelte Hermie zu und ging zum Tisch zurück, wo er sich daranmachte, den Zettel wieder glattzustreichen.

»Dein Glück, Hermie«, sagte er lächelnd, »daß das hier die Urschrift ist. Wäre es der Durchschlag, wäre er jetzt hoffnungslos verschmiert, und du hättest dich um dein eigenes Glück gebracht.«

»Leck mich, Oscy.« Hermie fühlte sich stark, unschlagbar. Er wollte seine übermenschliche Kraft an Oscys Nase demonstrieren, wo er schon einmal ein Zeugnis seines mächtigen Mumms hinterlassen hatte. Was immer erforderlich war, Oscy zu provozieren, er würde es tun. Zum

Beispiel durch Wiederholung. »Leck mich, Oscy. Doppelt und dreifach.«

Oscy seufzte, ohne Hermie dabei auch nur anzusehen, und strich weiterhin den Zettel glatt. »Es ist auf die Dauer ermüdend, Hermie, diese Worte immer wieder von einem sogenannten Freund zu hören. Das würde ich von Benjie erwarten. Nicht von dir.«

Er griff tief in seine Hosentasche und zog einen ledernen Geldbeutel heraus, dessen sämtliche vier Ecken umgebogen waren. Er öffnete den Geldbeutel. »Ob du es glaubst oder nicht, Hermie, aber ich habe bereits meinen Gummi.« Seine Finger krochen ins Geheimfach des Geldbeutels. »Als mein Bruder seinen Wehrdienst antrat, hat er ihn mir vermacht.« Und er fischte ein kleines, in eine Metallfolie gewickeltes Päckchen heraus, das zwar schon bessere Tage gesehen hatte, aber immer noch versiegelt war.

»Seither hab' ich das bei mir. Es ist nämlich zufällig mein Talisman.«

Hermie besah sich das Päckchen in Oscys Handfläche. Es reflektierte das Licht und strahlte noch mehr als das Heftpflaster an Hermies Bein. Er hatte in seinem ganzen Leben noch keinen Gegenstand gesehen, der so sexy gewesen wäre. Und in dieser Metallfolie sah es aus wie ein wertvolles Juwel. Hermie wollte es. Es war ihm wichtiger als ein Rennrad oder ein neuer Baseball-Handschuh. Und plötzlich konnte er begreifen, daß Menschen über Leichen gehen, nur um seltene und schöne Dinge zu besitzen.

Oscy sah die Reaktion in Hermies Augen, und er wußte, daß er ihn am Haken hatte. Absichtlich bewegte er seine Hand ein wenig, damit noch ein paar Sonnenstrahlen von der Folie eingefangen wurden und Hermie in Hypnose versetzten, keineswegs eine schwierige Aufgabe, da Hermie normalerweise sowieso halb hypnotisiert durchs Leben ging. »Da ist es drin, Hermie. Alles, was du brauchst.« Er flüsterte wie irgendein Hindu aus dem Fernen Osten.

»Dein Zettel mit den Verhaltensregeln – und das. Du küßt die Dame ein paarmal, ziehst dich mit einer höflichen Entschuldigung einen Moment zurück und kommst dann wieder, mit dem Inhalt dieses Päckchens über deinem Pimmel, und das Rennen ist gelaufen. Da kann keine Frau widerstehen.« Er ließ noch mehr Sonnenlicht auf das Päckchen fallen. Hermies Augen wurden immer größer. Seine Gefühle gingen mit ihm durch. Es war ihm unbehaglicher denn je.

»Was sagst du nun, Hermie? Was sagst du nun?«

»Wieviel willst du dafür?«

Oscy war schockiert. »Es stammt von meinem Bruder! Es ist ein verdammtes Erbstück unserer Familie! Du mußt dir dein eigenes besorgen, du Trottel, du großer! Du mußt es kaufen!«

Hermies Sinne waren umnebelt. Er fühlte sich leicht benommen. Seine Stimme klang dumpf. »Wie viele Lebensmittelmarken?«

»Lebensmittelmarken?« Oscy war verdutzt. »Was willst du denn damit anstellen – sie essen?«

»Sind sie denn nicht rationiert?«

»Himmel, Arsch und Wolkenbruch! Warum sollten sie denn rationiert sein?«

»Ich weiß nicht. Ich dachte nur – gehen die nicht alle an die Soldaten?«

»Nein! Sie müssen auch für die Zivilbevölkerung welche übriglassen; sonst würden überall Babys aus dem Boden schießen wie Pilze! Herrgott noch mal, weißt du denn gar nichts, Hermie!«

»Aber – sie sind aus Gummi, und –«

»Du bist unmöglich, Hermie! Unmöglich! Was mach' ich bloß mit dir?« Er ging zum Fenster und wollte hinausspringen. Statt dessen blickte er einfach hinaus, bis er das Gefühl hatte, er habe sich wieder in der Gewalt. Dann drehte er sich um und wandte sich erneut Hermie zu. Er lächelte matt. »Hermie, du gehst in eine Drogerie und kaufst sie. Okay? Ist das denn so schwer zu verstehen? Hmmmmmmm?«

Hermie war gekränkt. Er hatte eine gewisse Ignoranz in diesen Dingen verraten. Oscy hatte ihn heimtückisch in die Falle gelockt. Um seine Unwissenheit zu überspielen, gab er sich sogleich zerknirscht. »Das Risiko ist mir zu groß. Schließlich bin ich noch minderjährig. Außerdem, zu deiner Information, ich meine, falls dir das nicht bekannt sein sollte – Frauen kaufen in Drogerien ein.«

»Wo willst du sie denn kaufen, in einem Sportartikelgeschäft?« Es gab eine Grenze, wieviel von Hermies Dummheit Oscy schlucken konnte. Diese Grenze war vor mehr als zehn Minuten erreicht und überschritten worden.

Hermie unterlag in der Debatte, und zwar im Eiltempo. Außerdem wurde das kleine Silberpäckchen allmählich für sein Wohlbefinden ungeheuer wichtig, wichtiger als sämtliche vitaminreichen Haferflocken dieser Welt. Er entschied sich, einen anderen Weg einzuschlagen und Oscy bei seinem Kameradschaftssinn zu packen. »Wenn du wirklich ein guter Freund wärst, Oscy, würdest du's mir leihen.«

»Was?« Vielleicht bildete er sich nur ein, Hermie habe diese Frage gestellt.

»Ich muß aber leider feststellen, daß du in Wirklichkeit nicht dieser gute Freund bist.«

»Was?«

Hermie legte gerechten Zorn an den Tag, und überhaupt hatte er allmählich eine Stinkwut im Bauch. »Scheiße, Mann, Oscy, glaubst du denn, ich würde es behalten? Du kriegst es doch zurück!«

Oscy konnte nicht gleich antworten. Er taumelte, als sei er angeschossen worden. Dann hielt er sich den Bauch und klappte zusammen und fiel aufs Bett, mit dem Gesicht zur Decke und nach Luft ringend. Als sich der Anfall gelegt hatte, redete er wie ein endgültig Besiegter. »Hermie, so langsam frage ich mich, ob du nicht vielleicht ein Homo bist.«

»Sehr witzig, Oscy. Besten Dank.« Er trat kräftig gegen den Bettpfosten, denn er wußte, daß sich die Erschütterung bis zu Oscys Kopf fortpflanzen würde; nur schade, daß dadurch keine Explosion ausgelöst wurde, die ihm den Hintern zerfetzt hätte.

Oscy wälzte sich schnell vom Bett und attackierte Hermie mit Worten, wobei er die Arme wie Windmühlenflügel in der Luft kreisen ließ. »Du Trottel! Ein Gummi wird einmal benutzt, und nur einmal! Und nur von einer Person. Nicht mal die besten Freunde können sich einen Gummi teilen!«

Hermie machte einen Schritt auf Oscy zu. »Ich mag es nicht, wenn du mich anschreist. Ich warne dich zum letztenmal. Ein guter Rat von Freund zu Freund.«

Oscy bemühte sich, Hermies Widerstand, seine Widerspenstigkeit und allgemeine Dickköpfigkeit zu verstehen. »Ich tu' das alles für *dich*, Hermie. Ich tu' es aus reiner Freundschaft, weil *ich* Bescheid weiß, im Gegensatz zu *dir*.«

»Bescheid worüber?«

»Daß deine Zeit gekommen ist.«

»Nichts als Bockmist.«

»Es stimmt. Deine Zeit ist gekommen. Dein Pimmel weiß es, aber dein doofes Gesicht hat sich Benjie angepaßt.«

»So? Tatsächlich? Schlag dir's aus dem Kopf, Oscy. Es wird sich überhaupt nichts abspielen.«

»Es wird sich doch was abspielen.« Oscy sagte das, als besitze er vertrauliche, streng geheime Informationen, von denen Hermie keine Ahnung hatte.

»Was soll das heißen?«

»Das heißt, daß bereits alles in die Wege geleitet ist.«

»Was denn, zum Kuckuck?«

Oscy versuchte, es als unabänderliche Tatsache hinzustellen, für alle Ewigkeit in Stein gemeißelt. Hermie sollte es als ganz und gar unwiderruflich akzeptieren, so wie antike Geschichte. »Das Kartoffelrösten am Strand. Morgen abend. Ich und Miriam.« Er machte eine kleine Pause, um sich zu vergewissern, daß Hermie ihm folgte. Er folgte ihm. Dann fügte Oscy den Gnadenstoß hinzu. »Und du und Aggie.« Hermie wollte etwas sagen, doch die Stimme, die er hörte, war immer noch Oscys. »Versuch gar nicht erst, dich herauszureden, es ist nämlich alles abgemacht.« Er kam herüber und legte Hermie einen Arm um die Schultern. »Es ist Schicksal, Hermie, ich schau' dir schon lange zu. Weiß Gott wie lange du nun schon von dieser Dame träumst. Du bist soweit. Aber noch nicht für *sie*. Für einen Hauptkampf bist du noch nicht reif. Du mußt mit einem Vorkampf beginnen. Deshalb habe ich heute morgen, während du da drin geküßt worden bist, am Strand nach Miriam gesucht und alles mit ihr ausgemacht. Miriam sagte, sie werde Aggie Bescheid sagen, das gehe in Ordnung. Okay? Okay, Kleiner?«

Hermie hörte sich Oscys Monolog mit beherrschter Wut an. Als er endlich eine Chance hatte, etwas zu sagen, war aus seiner Wut eher so etwas wie Verzweiflung geworden. »Aggie? Du großer Gott. Ich interessiere mich nicht für Aggie. Die ganze Zeit hab' ich geglaubt, du redest von ... *ihr*. Du weißt doch – von *ihr*!«

Oscy zuckte hilflos mit den Achseln. »Wie gesagt, Hermie, zuerst der Vorkampf. Und ich hab' dir nichts anderes anzubieten als Aggie.« Er nahm Hermies Exemplar der Zwölf Stufen zum Sieg und stopfte es ihm in die Tasche. »Hier sind deine Anweisungen. Es gibt kein Zurück mehr.«

Hermie war wie betäubt. »Du spinnst.«

»Klar. Ich spinne. Ich bin verrückt. Verrückt!« Er lachte

wie ein Irrer. »A-ha-ha-ha-ha!« Dann schaltete er wieder auf normal. »Hermie, ich verlange nicht von dir, daß du ganz durch bis zu Punkt Zwölf kommst, weil ich nicht an Wunder glaube. Wenn du bis Punkt Zwei kommst, bin ich hochbefriedigt. Ich verlange von dir nur, daß du den Versuch machst.«

»Daraus wird nichts. Wegen Aggie riskiere ich nichts. Sie ist ja eine Mißgeburt. Ich weiß nicht mal, ob sie reden kann!« – »Sie kann reden.«

»Woher willst denn *du* das wissen?«

»Ich habe Miriam gefragt. Ich glaube nicht, daß Miriam lügen würde. Sie versicherte mir, daß Aggie der Sprache mächtig ist.«

»Du hast dir also auch darüber Gedanken gemacht, stimmt's?«

»Ich gebe zu, mir ist aufgefallen, daß sie nicht viel geredet hat. Hermie, bitte. Glaub mir. Eines Tages, und zwar bald, wirst du mir dankbar sein. Einstweilen, morgen abend – *ich* bring' die Kartoffeln. Und *du* bringst einen Gummi.«

Wie widersteht man einer Dampfwalze? Mit Heulen und Schreien? Holt man die Polizei oder seine Mutter? Nein. Man weicht aus. Was tut man aber, wenn einem die Dampfwalze überallhin folgt? Um jede Kurve, auf jeden Baum? Als Hermie in dieser Nacht im Bett lag, kurvte eine Dampfwalze namens Oscy durch seine Träume. Und doch, so schlimm war es eigentlich gar nicht. Nach dem Vorkampf würde ihm das Recht zustehen, den grünäugigen Champion herauszufordern. Mitten in der Nacht schaltete Hermie seine Nachttischlampe ein und begann ernsthaft zu trainieren, indem er seine »Aufzeichnungen« auswendig lernte. Was machte es schon, daß das meiste Lateinisch war? Wenn er sich anstrengte, konnte er es bis zum Meister bringen. Nicht nur im Latein. *Veni, vidi, vici.* Jaaaaaaa, Sheena!

15

Hermie und Oscy, die jungen Teufel, bummelten am nächsten Morgen zur Drogerie und waren dabei voll heiterer Zuversicht im Hinblick auf ihren Plan; sie brauchten nur einen Artikel aus gummiertem Irrsinn, um Hermie auf angemessene Art in die allerletzten großen Geheimnisse der Welt einzuweihen. Oscy trug das übliche Frotteehemd, denn er sollte draußen warten, nachdem er verkündet hatte, er sei nicht bereit, den schwierigen Einkauf zu tätigen, da er für die abendliche Unternehmung bereits ausgerüstet sei. Hermie dagegen, dem es nicht gelungen war, Oscy zu dem gefährlichen Kondomkauf zu bewegen, zog Kleider an, die ihn vielleicht wie durch ein Wunder älter erscheinen ließen. Er war daher nicht nur der einzige Mann auf der Insel, der eine Krawatte trug; er trug außerdem die längste Krawatte, die jemals auf der Insel aufgetaucht war, weil sie nämlich seinem Vater gehörte, und wenn er sie auch in noch so viele doppelte Windsorknoten schlang, so reichte sie immer noch bis zehn Zentimeter unter seine Gürtelschnalle. Es war außerdem eine sehr grelle Krawatte, rote und grüne Blätter auf einem blaßgelben Hintergrund – ein farbenblinder Gegner hatte sie seinem Vater zu Weihnachten geschenkt. Aus diesen Gründen stopfte er sich beide Krawattenenden in die Hose und zog das Jackett so sehr auf der Brust zusammen, daß man schon hätte zusehen müssen, wie sich Hermie an diesem Vormittag anzog, um zu wissen, daß er eine Krawatte trug.

Es war alles genauestens abgesprochen. Oscy bezog direkt vor der Ladentür Stellung, wo er ganz beiläufig seine Mundharmonika herauszog und so herzzerfetzend darauf spielte, daß in den Häusern ringsum die Milch sauer wurde. Man hätte sich fragen können, wozu Oscy als Wachtposten aufgestellt wurde, wo es doch an dem Tag gar nicht darum ging, etwas zu klauen. Aber es war der ausdrückliche Wunsch Hermies gewesen, der Angst hatte, die Allwissende Allgegenwärtige Mutter könne in die Drogerie kommen, und er wollte sich von ihr nicht ertappen lassen, wie er Gummis kaufte, o nein, nie und nimmer. Hermie holte tief Luft, die ihn bis zu den Zehen hinunter ausfüllte; dann betrat er, mit einem Nicken in Oscys Richtung, ganz nonchalant die Drogerie, und das war gar nicht einfach, da die Glocke an der Ladentür wie Big Ben sein Eintreten verkündete. Hermie fuhr bei dem Bimbam zusammen und fing an zu schwitzen wie ein Brauereigaul. Lästigen Körpergeruch brauchte er allerdings nicht zu befürchten, denn er hatte sich in solchen Mengen Deodorant unter die Arme geschmiert, daß ihm diese beim Gehen dauernd nach hinten rutschten und ihn wie einen Wettschwimmer beim Start aussehen ließen. Unfähig, seine rutschenden Arme unter Kontrolle zu bringen, steckte er beide Hände in die Taschen und überflog den Laden wie ein alter Hase, wenn man ihm auch das schlechte Gewissen von weitem ansah.

Der Ladentisch war am anderen Ende des Raums, und hinter dem Ladentisch stand Mr. Sanders, ein bärbeißiger Neuengländer, dürr und drahtig und abweisend, kurz mit all den Eigenschaften, die man von ihm erwarten konnte. Er bediente gerade eine Dame, und eine zweite wanderte mehr oder weniger ziellos im Laden umher und nahm hier und dort etwas von den Regalen. Abgesehen von den beiden Damen war Hermie allein. Er drückte sich herum und schien sich eingehend mit dem Inhalt der Regale zu befassen. Sein Blick fiel auf die Heftpflaster. Er wußte ziemlich gut über Heftpflaster Bescheid, denn in einem normalen Sommer verbrauchte er bis zu drei- oder vierhundert davon.

Er sah, wie die Dame am Ladentisch bei Mr. Sanders bezahlte und ging. Die Glocke an der Tür meldete ihren Weggang, und solange die Tür offen war, wurden die Töne aus Oscys erbärmlicher Mundharmonika hereingeweht. Das hieß, daß Oscy immer noch auf seinem Posten war. Guter Mann, dieser Oscy. Die Tür ging wieder zu. Die Glocke bimmelte. Die Mundharmonika verstummte mitten in einem Akkord, der auf immer verloren sein würde.

Hermie ging hinüber zur Zahnpasta-Abteilung. Ein Plakat wies darauf hin, daß leere Tuben nicht weggeworfen werden sollten. Die andere Dame, die stumme Bummlerin, war immer noch da und machte keine Anstalten zu gehen. Sie machte Hermie richtig nervös. Zumal jetzt Mr. Sanders auf ihn zukam und sagte: »Was darf's sein?«

»Geben Sie's zuerst ihr. Sie ist schon länger da.« Hermie zeigte auf die Bummlerin, die nur lächelte und weiterbummelte. Vielleicht war sie eine Art Detektivin. Hermie durfte nicht vergessen, Oscy darauf aufmerksam zu machen; die Drogerie eignete sich nicht für Ladendiebstähle. Mr. Sanders ging wieder hinter seinen Ladentisch und stürzte sich auf die Inventur. Drogisten machten dauernd Inventur. Es gehörte zu ihrem täglichen Leben.

Hermie pfiff vor sich hin, um seine Gelassenheit nicht zu verlieren, und schlenderte langsam auf den Eingang zu, wo die irritierenden Klänge aus Oscys Mundharmonika lauter wurden und an ein Hähnchen erinnerten, dem der Hals umgedreht wird. Hermie machte die Tür auf. Die Glocke bimmelte, und Mr. Sanders blickte auf und sah Hermie mit leeren Händen weggehen.

Oscy hörte auf, das Hähnchen zu würgen, als er bemerkte, daß Hermie neben ihm stand, die Seeluft in großen Zügen einatmete und sich beiläufig erkundigte: »Hier draußen alles in Ordnung?«

»Mhmm«, sagte Oscy und fragte sich, was zum Teufel eigentlich los war.

»Gut«, sagte Hermie. Und er studierte den Himmel. Er machte immer Gesichter aus den Wolken, wenn er Zeit hatte.

»Hast du sie?« Oscy durchschaute das Hinhaltemanöver sofort. – »Nein. Noch nicht.«

»Dann kauf sie doch endlich.«

»Da ist eine Dame drin.«

»Ach so.« Oscy schien zu verstehen. Die Glocke bimmelte, als die Tür aufging, und die Bummlerin kam heraus, auf dem Weg nach Hause. Die Tür schloß sich hinter ihr, und die Glocke ertönte wieder, nur diesmal gedämpfter. »War's die?« fragte Oscy. – »Mhmm.«

Oscy gab ihm einen Schubser. »Na, dann auf, Hermie. Himmel Arsch.«

Hermie betrat die Drogerie zum zweitenmal, die Glocke dröhnte in seinen Ohren und sagte ihm, daß es kein Zurück gab, zumal Mr. Sanders, und zwar nicht nur neugierig, auf ihn zukam. »Ja bitte?«

»Ich bin's« – Hermie lächelte – »derselbe wie vorher. Hab' nur mal kurz Luft geschnappt.« Er schwätzte wie ein Idiot. »Gute Luft da draußen. Eine ganze Menge sehr guter Seeluft. Diese ganze Insel hat gute Luft. Ganz ohne Zweifel.«

Mr. Sanders ahnte etwas, als er diesen plappernden kleinen Idioten vor sich sah, der an diesem warmen Morgen sein Jackett so fest zugezogen hatte. »Was suchst du denn? Vielleicht kann ich dir helfen?« Nur daß er nicht so aussah, als wolle er helfen. Er sah eher so aus, als wolle er ihn auf der Stelle verhaften.

»Ach, ich erkenn' es bestimmt wieder, wenn ich's sehe.« In hundert Jahren nicht. Gummis wurden unter Verschluß gehalten. In einem Hinterzimmer. Oder im Keller. Oder in einer Gruft. Oder in einer Höhle, die bei Flut unzugänglich war.

»Vielleicht, wenn du mir sagen würdest –«

Hermie mußte sich etwas einfallen lassen – und zwar schnell. »Ach, jetzt ist es mir wieder eingefallen.«

»Ah ja?« Und er wartete auf Hermies Anliegen. Es sah

jedoch nicht so aus, als werde er noch sehr viel länger warten, und so ergriff Hermie die Flucht nach vorne.

»Eine Portion Erdbeereis.«

Irgend etwas an dem Jungen war verdächtig, dachte Mr. Sanders. Eines stand fest: er durfte ihn nicht allein lassen, nicht unbeaufsichtigt. »Na schön«, sagte er. »Komm mit.« Er ging hinter die kleine Erfrischungsbar, nicht ohne sich zu vergewissern, daß ihm Hermie dichtauf folgte. Hermie setzte sich auf einen der Hocker, und Mr. Sanders stand ihm gegenüber, auf der anderen Seite der Theke. »Eine Kugel oder zwei?« Er hatte die Eiskelle in der Hand. Sie sah aus wie ein Mikrofon. Hermie wünschte nur, der Scheißkerl würde aufhören, ihn zu bedrängen und endlich mit dem Zeug herausrücken.

»Am besten gleich'n doppeltes.« Er versuchte den harten Augen des alten Yankees auszuweichen. Kein Wunder, bei solchen Burschen, daß die Engländer ein paarmal Prügel bezogen und eine ganze beschissene Teeladung dieser britischen Ostindienkompanie in den Bostoner Hafen gekippt wurde.

Mr. Sanders bastelte die doppelte Portion und schob sie Hermie zu. »Okay. Dann krieg' ich zwölf Cents.« Es klang wie ein drohendes Knurren. Was hatte sich Hermie da bloß für einen Gegner ausgesucht. Am liebsten hätte er sich schleunigst aus dem Staub gemacht, doch zuviel stand auf dem Spiel. Es lag zwar noch in weiter Ferne, aber immerhin: der grünäugige Champion wartete auf ihn. Er machte sich klar, daß er den Stier bei den gottverdammten Hörnern packen mußte. Er beugte sich also über die Theke, blickte den Yankee auf dem Umweg über sein Spiegelbild in der Marmortheke an und sagte: »Was ich – also, da ist noch was, was ich brauche.«

Die Theke fauchte, spiegelverkehrt: »Ah ja?« und Hermie wich zurück, feige, und sagte: »Geriebene Schokolade.«

Der Yankee fuhr mit dem Eis einmal durch die Chromschale mit geriebener Schokolade. Dann gab er es an Hermie zurück, der bei sich ausrechnete, daß er auch noch geriebene Nüsse und eine Kirsche verlangen konnte, das stand ihm jederzeit zu. »Sonst noch was?« schnaubte der Drogist.

Noch einmal nahm Hermie seinen Mut zusammen, ein letzter Griff nach den Sternen, während er die Eistüte in seiner winzigen Hand balancierte. »Ich will nicht stören, aber –« Er schleckte an seinem Eis. Gut. Erdbeer. Keine Überraschung, da er ja schließlich Erdbeer verlangt hatte. Trotzdem, ein erstklassiges Erdbeereis, mit kleinen Fruchtstückchen und schmackhaften Kernchen.

»Raus jetzt mit der Sprache, Junge!« Das war gebellt. Ohne Zweifel mit aufeinandergebissenen Zähnen gebellt. Gar nicht leicht. »Wie wär's mit einer Serviette?« Hermie überraschte sich selbst damit, wie schnell er ausweichen konnte. Es war ein echtes Talent. Aber seine Manövrierfähigkeit erschöpfte sich rapide.

Die Papierserviette kam auf ihn zugeflogen; ein Glück, daß es kein Schachtdeckel war. »Und was noch?« Das war Sarkasmus.

»Vielleicht ein paar Gummis?« Das war schnell. Hermie war sich nicht mal sicher, daß er es gesagt hatte. Vielleicht war es Oscy neben ihm.

»Wie bitte?« Der Yankee hatte einen überraschten Ausdruck im Gesicht. Der alte Gauner war aus dem Gleichgewicht. Hermie wußte, er hatte die Lücke, die er brauchte. Er drückte hinein wie Henry Armstrong. Ich muß den Scheißkerl gleich noch mal treffen. Aber mit Haltung und Distanz. Mann, es mußte unbedingt mit Haltung und Distanz sein, wie sollte es sonst weitergehn? »Meines Wissens führen Sie so was.«

»Führe ich was?« Aha. Ausweichmanöver von der Gegenseite.

»Na, kommen Sie. Sie wissen schon.« Diese Haltung! Diese Distanz, verdammt noch mal! Er schleckte wieder an seinem Eis. Dieses Erdbeereis!

»Meinst du Kondome?«

»Richtig.« Der Hund kapierte schnell.

»Du willst welche kaufen?«

»Richtig.«

»Wofür?«

Wofür? Der Kerl hatte wohl einen Piepmatz im Gehirn. Hermie lächelte ihm schwach zu, als seien er und der alte Knacker Schulkameraden. »Na kommen Sie, Sie wissen schon, wofür.« Seine Hand war inzwischen so heiß, daß ihm die Erdbeerschose übers Handgelenk lief. Er verbarg sein Gesicht hinter der Eistüte; es kam jetzt darauf an, seinem Gegner nicht ins Gesicht zu schauen.

Der Yankee nahm sich einen Augenblick Zeit, um die Lage zu taxieren. Dann ging er zum andern Ende der Marmortheke und hinüber in die Abteilung für kosmetische und pharmazeutische Artikel, wo die heiße Ware gelagert war. Damenbinden. Pillen. Gummis. Er winkte Hermie zu sich. Hermie rutschte von dem Hocker herunter und kam sich vor wie ein Gangster, der sich anschickt, Bestechungsgelder zu kassieren. Er schlurfte hinüber, ohne besondere Hast. Alles lief glatt. Oscy stand draußen Posten. Und *er* war dabei, seinen Kauf zu tätigen. Der Yankee schaute ihm direkt in die Augen, ohne jeden Gesichtsausdruck. »Welche Marke?«

Welche Marke? Das war Hermie neu. »Marke?«

»Marke und Machart.« Mr. Sanders gab sich sehr sachlich.

Hermie fragte sich, ob sich der alte Furzer nicht vielleicht über ihn lustig machte. Eine diplomatische Antwort war erforderlich. »Ach – das Übliche.« Das müßte hinkommen. Und jetzt wieder etwas Eiskrem.

Die Hände des Drogisten verschwanden unterm Ladentisch. Dann tauchten sie wieder auf. Sie verschwanden zwei, drei, viermal. Und bald sah Hermie eine Ansammlung verschieden großer und verschieden farbiger Päckchen vor sich, aus denen seine Mutter einen verdammten Teppich hätte weben können. Die Gummis hätten für das ganze Marine Corps gereicht. »Es gibt da viele verschiedene Sorten, wie du weißt.« Der alte Mann sagte das ganz beiläufig, als wisse das jedes Kind.

Hermie geriet aus dem Gleichgewicht. Einen Augenblick lang war ihm, als schaue ihm seine Mutter über die Schulter. Er drehte sich nach ihr um, aber sie war schon weg. Das war ihre Spezialität. Er wandte sich wieder dem Drogisten zu. »Müssen Sie denn alle hier aufbauen?«

Mr. Sanders' Gesicht war immer noch ausdruckslos. »Welches sind denn deine üblichen?« Hermie stand unmittelbar vor der Maginot-Linie. Vor ihm lag eine Ansammlung verführerischer kleiner Päckchen, alle säuberlich versiegelt und verpackt und strotzend vor rohem Sex. Und hinter ihm lag seine unberührte Jugend. Er war eben aufgefordert worden, unter den britischen Kronjuwelen auszuwählen. Da er in diesen Dingen so wenig Erfahrung hatte, beschloß er, sich an seine Lieblingsfarbe zu halten. »Die blauen.« Er begann sich darüber Gedanken zu machen, ob die Farbe auf der Außenseite der Päckchen mit der Farbe der Gummis selbst übereinstimmte. Er wollte Aggie auf keinen Fall dadurch erschrecken, daß er sie mit einem riesigen blauen Pimmel konfrontierte. Doch andererseits, rot war vielleicht noch schlimmer, von grün ganz zu schweigen. Und ein Schottenmuster könnte ein junges Mädchen in Schreikrämpfe ausbrechen lassen und sie glatt in die Flucht schlagen. Er wollte, er hätte sich für die fleischfarbenen entschieden, doch es war zu spät. Die Würfel waren gefallen. Ein paar Tropfen geschmolzenen Erdbeereises plumpsten ihm auf die Schuhe. Alles an ihm schmolz.

Mr. Sanders schob Hermie die blauen Päckchen hin, als handle es sich um Chips in einem Pokerspiel. »Wie viele möchtest du?«

Noch eine Frage, um ihn aus dem Konzept zu bringen. Wie viele? Nun denn. Versuchen wir's mal mit: »Sagen wir drei Dutzend.«

Der Drogist lächelte beinahe, aber nicht ganz. Er spielte mit Hermie wie mit einer Forelle im Netz in einem seichten Bach. »Große Pläne für heute nacht?«

»Nur das Übliche.« Damit war er bisher gut gefahren, warum also nicht ein weiteres Mal?

Der Drogist legte all die anderen Päckchen unter den Ladentisch zurück und zog einen ganzen Karton mit blauen heraus. Blau verkaufte sich offensichtlich gut in dieser Gegend. Der Drogist zählte eine schier endlose Zahl davon heraus, und Hermie fragte sich, wie viele Marineinfanteristen wohl ohne auskommen mußten, nur weil er in seiner Geilheit so egoistisch war. »Das macht zwölf Dollar.«

Zwölf Dollar, nur um Aggie zu bumsen, schien ganz schön teuer. Vielleicht wurde er hereingelegt. Diese alten Yankee-Gauner hatten ihren Spaß daran, Großstädter hereinzulegen. Hermie hielt es für besser, sich ein wenig zu wehren, sonst würde er für den Rest des Sommers diesen Laden ausfegen, nur um seine verdammten Schulden abzuzahlen. »Zwölf Dollar?« Herrgott, er brachte ja kaum einen Ton heraus.

»Und zwölf Cents. Für das Eis.«

»Aha. Und wenn ich nur ein Dutzend nehme?«

»Vier Dollar.«

»Und wie viele krieg' ich für einen Dollar?«

»Drei.«

»Dann nehm' ich zwei.«

»In einer Packung sind drei.«

»Kann ich für das Eis ein andermal bezahlen?«

Mr. Sanders wurde sehr streng. Aber gleichzeitig ganz

väterlich. »Jetzt hör mal gut zu, Junge. Spaß muß sein, aber wie alt bist du eigentlich?«

»Sechzehn.«

»Wie alt?«

»Sechzehn. Wir sind alle ziemlich klein in meiner Familie.«

Der Drogist musterte Hermie, ließ ihn ruhig zappeln. Er sah, wie das Eis über Hermies Handgelenk lief. Dann klopfte er mit dem Finger auf eine blaue Packung. »Was machst du denn damit?«

»Sie sind für meinen Bruder. Der ist älter. Aber er ist nicht viel größer.« Er redete wieder Stuß. »Keiner von uns ist besonders groß. Es gibt sogar ein paar Zwerge in unserer Familie.« Er sagte sich, daß er so nicht weitermachen durfte, wollte er sich nicht seinen eigenen Strick knüpfen. Er schleckte in Kreisbewegungen an seinem Eis, denn das verdammte Zeug verließ das sinkende Schiff.

»Warum kann dein Bruder nicht selber herkommen? Ist er vielleicht so klein, daß er nicht bis zum Ladentisch reicht?« Mr. Sanders lachte über seinen eigenen saublöden Yankee-Humor.

»Es geht ihm in letzter Zeit nicht besonders gut.« Hermie setzte seinen Blindflug fort, aber er war immer noch nicht hinausgeworfen worden. Außerdem hatte er das Gefühl, dem Drogisten mache die ganze Sache allmählich Spaß.

»Wozu braucht er sie dann?« fragte der Drogist.

»Er sagt, mit ihnen werde er schneller gesund.« Hermie spielte die Rolle des dummen kleinen Jungen. Er schien damit Erfolg zu haben.

»Will er sie denn essen?« Der alte Knacker hielt sich wirklich für einen Komiker der Spitzenklasse. Hermie zerbrach sich inzwischen den Kopf, wo er diese Frage schon mal gehört hatte.

»Ich hab' keine Ahnung, was er damit tun will. Er redet

mit mir nicht über solche Dinge.« Hermie sagte sich, es sei wohl am besten, sich völlig dumm zu stellen, zumal alle anderen Methoden versagt hatten.

Der alte Mann amüsierte sich königlich. Zwei Zähne fehlten in seinem Gebiß. Zwei waren aus Gold. Die übrigen waren braun. Bis auf einen, und das war ein Reißzahn. »Weißt du überhaupt, wozu die verwendet werden?«

»Sie sind fürs Militär, das ist alles, was ich davon weiß. Mein Bruder ist Ranger. Einer der kleinsten Ranger, aber er benützt trotzdem eine ganze Menge davon.« Hermie bemühte sich, wie Benjie auszusehen. Wenn es ihm gelang, wie Benjie auszusehen, mußte ihm der ganze Coup gelingen.

»Na, was meinst du denn, wofür werden sie benützt?«

»Nun, ich weiß nur, wozu ich sie benützen würde.«

»Ach ja?« Das hatte ihn verblüfft.

»Klar. Ich würde sie mit Wasser füllen und von einem Dach runterwerfen.« Er hatte gehört, daß viele Kinder so was machten. Von einem sechsgeschossigen Haus herunter spritzten sie ganz schön. »Ich könnte mir denken, daß die Ranger sie mit Nitro füllen und auf feindliche Panzer werfen. Mein Bruder hat mal so was erzählt. Ich glaube, er kann sie mit Effet werfen.« Hermie wußte, daß er das doofste Gesicht machte, das man sich denken kann. Es war ihm gelungen, wie Benjie auszusehen. Er konnte es kaum erwarten, das Oscy vorzuführen.

Mr. Sanders mußte über den kleinen Idioten lächeln. »Nun, ich wollte bloß sichergehen, daß du weißt, wofür man sie braucht.«

Hermie gefiel sich so sehr in der Rolle des dummen Jungen, daß er es sich nicht verkneifen konnte, noch ein Stückchen weiter zu gehen. Mit großen Augen sagte er: »Werden sie tatsächlich dazu benützt? Ich hab' schon geglaubt, mein Bruder macht sich vielleicht über mich lustig.«

Mr. Sanders fand eine neutrale braune Tüte. »Nun ja, verschiedene Leute füllen sie mit verschiedenen Dingen.« Er gluckste. Er hatte sich immer für einen Witzbold gehalten; jetzt wußte er, daß das stimmte. Er konnte es kaum erwarten, seinen Stammtischbrüdern von dem doofen Brooklyn-Jungen und den Gummis zu erzählen. Das würde ein Hallo geben, bei Gott.

»Das muß schon eine Wucht sein, wenn die in zwanzigtausend Fuß Höhe aus einer B-17 geworfen werden, was?« Hermie wollte dafür sorgen, daß der alte Heini mit den krummen Zähnen am Stammtisch auch wirklich was zu erzählen hatte.

Der alte Mann lächelte. »Genau genommen, mein Junge, dürfte ich so was an Minderjährige gar nicht verkaufen, aber da du ja im Auftrag eines Angehörigen der Streitkräfte hier bist, will ich nicht kleinlich sein.« Er betätigte die Registrierkasse. »Sagen wir, einen Dollar für alles, okay?«

»Ist gut.« Hermie gab ihm den Dollar, und das war seine gesamte Barschaft; er hatte eigentlich damit gerechnet, einen Teil davon zurückzubekommen. Doch dann war er froh, daß er es hinter sich hatte und daß es ihm mit ein bißchen Glück gelungen war, den gerissenen alten Drogisten zu überlisten. Mit den Gummis in der einen und den Eisüberresten in der anderen Hand ging er also zum Ausgang, eine großartige Reklame für das Heranwachsen. Eis und Gummis. – Gerade als er an der Tür war, ging sie auf, und die Glocke bimmelte, und herein kam ausgerechnet Aggie. Oscy war immer noch auf seinem Posten und spielte fürchterlich dissonante Warnungen, doch Hermie hatte sich so sehr auf seinen Zweikampf mit dem Yankee konzentriert, daß er den Alarm überhört hatte. Die Tür ging wieder zu, und von Oscy war nichts mehr zu hören. Aggie lächelte Hermie zu. Und außerdem redete sie. Das war neu an ihr. »Tag, Hermie.«

»Tag, Aggie.« Er umklammerte krampfhaft seine Tüte mit den blauen Gummis. Es wäre nicht gut, wenn sie sie in einem so frühen Zeitpunkt ihres Verhältnisses sehen würde. Er beseitigte die letzten Spuren des Erdbeereises, indem er die leere Waffel verschlang.

»Es hat mir neulich im Kino sehr gut gefallen.«

»Mir auch.«

»Wir sind eigentlich gar nicht dazu gekommen, uns richtig über den Film zu unterhalten, nicht wahr?«

»Nein, eigentlich nicht. Wie geht's denn unserem Arm?« Er hielt es für besser, danach zu fragen. Damit sie wenigstens wußte, daß er die ganze Zeit bewußt ihren Arm gestreichelt hatte.

»Ganz gut, danke.«

»Ich tu' das oft. Ich will nicht so aufdringlich sein, und deshalb . . . streichle ich einen Arm. Dann weiß ein Mädchen, daß ich sie mag, und sie braucht keine Angst zu haben, daß ich zudringlich werde.«

»Sicher. Arme sind in Ordnung.« Sie zuckte mit den Achseln. Was zum Kuckuck hätte sie zu solchen sexuellen Theorien schon sagen sollen?

»Klar. Arme sind gar nicht schlecht.« Die geistreichen Bemerkungen gingen ihm aus. »Nun – dann auf Wiedersehen.« Er lächelte wie ein Armleuchter.

»Es war sehr nett von dir, mich zu dem Kartoffelfeuer heute abend einzuladen. Ich freue mich schon darauf.«

»Ich auch.« Er konnte brennenden Gummi in seiner Tüte riechen. Gleich würde Rauch rauskommen, dann die Feuerwehr, dann seine Verhaftung. Und der alte Sanders könnte gleich mit ihm ins Kittchen kommen. Hermie lächelte. »Na, dann, Oscy wartet draußen. Er bringt die Kartoffeln.«

»Und was bringst *du* mit?«

»Bis heute abend also.«

Er ging aus der Tür, während es rings um ihn bimmelte,

und lief an Oscy vorbei, der sofort im Gleichschritt neben ihm war und seine Mundharmonika an seiner Handfläche ausklopfte. Im Nu hatte er eine Menge Speichel in der Hand, die er dann an seinem berühmten Frotteehemd abwischte. »Hast du sie?«

»Mhmm. Sie sind blau.« Er raschelte mit der Tüte, als wolle er damit die Farbe demonstrieren.

»Blau?«

»Mhmm. Ich bin ziemlich sicher.«

»Blau ist okay.« Was zum Teufel wußte Oscy schon? »Hast du sie in der Tüte?«

»Mhmm.« Er raschelte wieder mit der Tasche. Um der Sache Gewicht zu geben.

»Wie viele hast du gekauft?«

»In einer Packung sind bekanntlich drei.«

»Ich weiß.« Von wegen, du Angeber. Er sah sehr erregt aus. »Wie viele Packungen hast du gekauft?«

»Ich hab' mir gesagt, eine muß reichen.« Angeber.

»Klar.« Idiot.

»Aggie ist in der Drogerie.«

»Ich weiß.«

»Glaubst du, sie kauft auch welche?«

»Ich glaub' nicht, daß Frauen sie benützen. Es ist Männersache.«

»Sieht so aus, als müßten wir für alles sorgen.«

»Wie fühlst du dich, Hermie?«

»Okay.«

»Glaubst du, du kannst's packen?«

»Ich glaub' schon. Und du?«

»Klar.« Oscy spielte wieder auf seiner Mundharmonika, und die zwei Jungen gingen hinunter zum Lebensmittelgeschäft, um etliche Kilo Kartoffeln zu kaufen.

16

Den Rest des Tages verbrachte Hermie mit ernsthaftem Training. Er lernte die Zwölf Magischen Stufen gründlich auswendig. Er konnte sie noch besser aufsagen als den allmorgendlichen Fahneneid in der Schule. Es schien ihm aber trotzdem besser, die »Aufzeichnungen« mitzunehmen, falls er vorübergehend das Gedächtnis verlieren sollte. In der Abgeschlossenheit seines Zimmers machte er Liegestütze, um seine Muskeln in Form zu bringen. Ohne Anstrengung schaffte er fünfzig Liegestütze, und er hätte noch lange weitermachen können, wenn er nicht dauernd Aggie gesehen hätte, die mit geschlossenen Augen unter ihm lag und seine Liegestütze zählte. Es war nicht gerade eine romantische Unterhaltung. Wer wollte schon ein Mädchen haben, das »Sechundvierzig, siebenundvierzig, achtundvierzig . . .« sagte. Er musterte die Filmstars an seinen Wänden und versuchte sich einzureden, Aggie bringe die gleiche Grundausrüstung mit wie diese Stars. Doch genausogut hätte man sagen können, ein Sperling sei eine P 47, denn beide hätten Flügel. Er nahm sich vor, im Notfall so zu tun, als habe er nicht Aggie, sondern Penny Singleton vor sich, das war schließlich nicht verboten. Aggie hatte jedoch dunkle Haare, und das war eine große Zumutung an seine Vorstellungskraft, weil Penny Singleton solch blondes Flachshaar hatte. Und so beschloß er, Aggie durch Dorothy Lamour zu ersetzen; sie war zwar viel attraktiver, könnte aber vielleicht bei entsprechender Dunkelheit, und wenn sie Liegestütze zählte, die Rolle übernehmen. Derlei blöde Vorstellungen machten Hermie ganz schwach, und das konnte er sich auf keinen Fall leisten. Außerdem kam es ihm in den Sinn, daß, wenn er sich vorstellte, Aggie sei Dorothy Lamour, Aggie sich möglicherweise rächen konnte, indem sie sich vorstellte, *er* sei Freddie Bartholomew, und der Gedanke, Freddie Bartholomew sei mit Dorothy Lamour im Bett, schien ihm irgendwie fehl am Platz. Bartholomew war zwar immerhin gegen die achtzehn, aber er war einem doch eher als Darsteller von Jungenrollen in Erinnerung. Er konnte natürlich mit Aggie eine Vereinbarung treffen, wonach sie selbst bestimmen durfte, welche Frau sie sein wollte, und er, welcher Mann er sein wollte, vorbehaltlich gegenseitiger Zustimmung.

Hermie schlug sich schleunigst all diese Gedanken aus dem Kopf, denn sie verwirrten ihn nur. Er schaltete das Radio ein, und zum Donner, es war tatsächlich schon wieder der Singvogel aus dem beschissenen Süden mit *God bless America*. Er hörte nicht lange zu, aus Angst, er könnte Kate Smith nicht mehr aus dem Kopf kriegen und deshalb anstelle Aggies oder Dorothy Lamours Kate Smith bekommen; ein Sack Kartoffeln wäre genauso gut gewesen. Und was war, wenn sie oben liegen wollte, was manche Frauen, so hatte er gehört, bevorzugen? Sie würden die Ebbe abwarten müssen, um seine Überreste zu finden. Warum konnte Penny Singleton nicht *God bless America* singen? Er betrachtete sich ihre Fotografie, die er so säuberlich signiert hatte. »Für Hermie, voll grenzenloser Zuneigung und großer Sehnsucht. Penny ›Sexkätzchen‹ Singleton.« – »In ewiger Liebe, Pete.« Und das Gesicht der Frau schwebte vor seinen Augen und lächelte jenes unverwüstliche Lächeln. *Sie* war es, die er wollte. Warum ließ er sich überhaupt auf Aggie ein? Warum mußte er sich mit einem blöden Ersatz abgeben, anstatt die Frau zu lieben, die er sich am meisten wünschte? Warum? Warum entschied sich seine Mutter, an diesem Abend Hähnchen aufzutischen? Hatte ein Verurteilter nicht das Recht auf ein Steak, bevor er zur Exekution schritt? Und würde der Verurteilte das Recht haben, die Augenbinde anzubehalten, während er Aggie nahm? Und mußte seine Schwester im Flur stehen und fortwährend schreien, er verbrauche das ganze heiße Wasser? Hatte man nicht ein Recht auf alles heiße Wasser, wenn man sich anschickte, zu einem Mädchen zu gehen, die – wenn sie auch nichts Bemerkenswertes an sich hatte – immerhin so aussah, als bade sie regelmäßig? Und warum mußte Oscy ausgerechnet Kartoffeln kaufen? Er haßte Kartoffeln so sehr, wie er Koteletts haßte. Er haßte Aggie und Oscy. Er haßte Mr. Sanders, weil er ihm die Gummis verkauft hatte. Er haßte den idiotischen Scheitel auf seinem Kopf, den er einfach nicht besser hinkriegte. Er haßte den Pullover, den er für heute abend ausgesucht hatte. Er haßte den Krach, den die Fliegentür verursachte, und die Tatsache, daß es ein so angenehmer Abend war. Er haßte das Geräusch des Meeres, als er ihm näher kam. Er haßte sich selbst, weil er es zugelassen hatte, daß ihn Oscy in diese verflixte Lage brachte. Und er ging den Strand entlang, als gehe es zu seiner eigenen Exekution. Und er wußte, daß es das verfluchte Wort war, das ihn verrückt machte. Das Warten, Warten ...

17

Es ging auf elf Uhr zu, ohne daß auch nur einer von ihnen etwas dazu beigetragen hätte. Das Feuer brannte prächtig und knisterte in der berauschenden Sommernacht. Das Holz war von Hermie großartig aufgeschichtet worden; er war in einem früheren Leben zweifellos ein großer Jäger und Waldmensch gewesen und der erste Mensch, der »Scheiße« an eine Höhlenwand schrieb, denn das beschrieb ziemlich genau seinen derzeitigen Gemütszustand. Das Rauschen der Brandung war als rhythmisches Flüstern zu hören, das herankam und dann wieder lachend verschwand. Und ein paar großzügig verteilte Sterne machten die ganze Szene für einen widerwilligen Romeo zu schmerzlich, als daß er sie hätte meistern können. Hermie hatte inzwischen gut und gern zwei Dutzend Kartoffeln konsumiert. Oscy und Miriam hatten sich vor einer Stunde abgesetzt und waren mit ihrer Wolldecke kichernd in der Dunkelheit verschwunden; Gott allein wußte, was sie trieben. Dadurch war natürlich Hermie allein mit Aggie, der Sphinx. Sie trug einen weiten Pullover, den sie offensichtlich von Kate Smith geerbt hatte. Außerdem hatte er Ärmel. Es war nicht zu übersehen, daß sie von den Schultern bis zum Handgelenk reichten. Sie hatte sich sorgfältig gegen alle Navigationsfehler abgesichert, die Hermies Hand unterlaufen könnten. Und sie hatte auch jegliche nackte Haut vermieden, falls Hermie tatsächlich ein Spezialist im Streicheln von Armen war. Hermies Hand würde sich lediglich mit einem U-Boot-Kragen um den Hals auseinanderzusetzen haben, der groß genug war, daß ein Elefant durchkommen konnte. Oder seine Hand konnte, je nach Wunsch, von unten unter den Pullover kriechen, durch einen ausgeleierten Bund, der auch einen Dinosaurier durchgelassen hätte. Hermie wußte, daß irgendwo unter dem losen Kleidungsstück schweigend zwei Brüste hingen, und sie waren sehr wahrscheinlich komplett – mit Nippel und allem. Was Aktionen unter der Gürtellinie anging, so hatte Hermie da eigentlich keine Pläne, er war ja schließlich Realist. Aggie trug Jeans, so wie jedermann in diesem Sommer. Und ihr Gürtel sah wie ein gewaltiges Bollwerk aus. Hermie war sich nicht sicher, daß nicht ein Schloß eingebaut war. Und ein Siegel. Und ein Alarmsystem. Wenn er auch die Zwölf Heißen Stufen auswendig gelernt hatte, so war sich Hermie doch ziemlich sicher, daß ihn Aggie wohl an die Brüste lassen würde, aber bestimmt nicht weiter. Nur sehr wenige junge Männer auf der Insel kamen jemals weiter, obwohl sie, wenn man sie erzählen hörte, öfter bumsten als die geilen alten Römer. Doch trotz allem, Hermie wußte, daß ein richtiger Mann wenigstens einen schüchternen Versuch machen sollte, unter der Gürtellinie aktiv zu werden. Er schloß es also nicht von vornherein aus. Er wollte mal abwarten, wie sich die Dinge entwickelten. Und dann vom Blatt spielen.

»Das ist ein sehr schönes Feuer.« Das war Aggie. Sie war auf seiner Decke und machte Konversation. Es war gut, ihre Stimme zu hören, denn das hieß, daß sie nicht wieder in ihre Taubstummheit verfallen war.

»Ich kann noch mehr Holz auflegen, wenn du möchtest.«

Er hatte die ganze Zeit schon Holz reingeworfen, als sei er Heizer auf einem Ozeandampfer. Das Feuer war so heiß, daß sie einen Bären darin hätten braten können.

»Es ist ein bißchen kühl«, sagte Aggie und schwang irgendwie die Arme um sich selbst. Eine direktere Aufforderung zu handeln würde Hermie in seinem ganzen Leben nicht mehr bekommen. Er blickte zu ihr hinüber. Selbst im Schein des Feuers konnte er sehen, wie ihre Augen in heißer Leidenschaft erglühten. Und während er sie beobachtete, sah er, daß sich ihre Beine irgendwie bewegten. Und daß ihre Knie, die eben noch aneinandergepreßt waren, jetzt einige Zentimeter auseinander waren und sich der Abstand rapide vergrößerte. Ihr Körper, der eben noch aufrecht gesessen hatte, lehnte sich langsam zurück, immer weiter, bis sie, zack, flach auf dem Rücken lag und zum Himmel hinaufschaute, und dabei ließ sie ein Knie angewinkelt stehen, um wenigstens noch ein bißchen Zurückhaltung zu zeigen, doch der ganze Rest war in südländischer Wollust entflammt. Sie war sein. Ganz sein. Er brauchte sich nur über sie zu beugen. Und so beugte er sich über sie und hing über ihr, links und rechts von ihr auf einen Arm gestützt, in seiner weltberühmten Liegestützhaltung – und sie streckte langsam ihr angewinkeltes Knie, bis fast nichts mehr zwischen ihnen war. Worte waren überflüssig, aber sie fielen trotzdem. Von Hermie. Und er würde nie verstehen, weshalb.

»Ziemlich schwierig, an einem Sandstrand Brennholz zu finden.«

Sie blickte zu ihm auf. »Ah ja?« Frauen sagten immer »ah ja« zu ihm. Was zum Teufel bedeutete das? Ihre Arme lagen bewegungslos neben ihr, und ihre Brüste waren auf seine Nase gerichtet. Wären sie mit der entsprechenden Munition geladen, wäre er einem tödlichen Kreuzfeuer ausgesetzt. Wollte er versuchen, beide gleichzeitig unter Beobachtung zu halten, so würde er sein ganzes weiteres Leben schielend umherlaufen müssen.

»Mhmm«, sagte er. »Um ehrlich zu sein, ich habe einen ganzen Zaun geklaut, nur für dieses Feuer.« Seine Arme fingen an zu zittern. Seine Zehen ebenso, denn er war auch auf sie gestützt. Er hing über ihr in der Luft, gestützt auf zehn kleine Finger und zehn winzige Zehen.

»Tatsächlich?« Sie rührte sich. Ihr anderes Knie, das ausgeruhte, kam langsam hoch, um den Abstand zwischen den beiden Körpern zu messen. Es stieß Hermie sanft an der einen Stelle an, an der sich ohne sein Dazutun ein gewisser Überhang gebildet hatte.

»Soll ich dir noch eine köstliche Kartoffel braten?« Das war wieder seine Stimme, doch wegen des ungewohnten Drucks gegen seinen Körper klang sie ein paar Oktaven höher als sonst.

Sie ließ sich Zeit mit ihrer Antwort. Und währenddessen schob sie ihr Knie immer höher und daher etwas tiefer in seinen am weitesten vorragenden Körperteil. Sie wollte ihm damit wohl etwas sagen, aber Hermie wich immer weiter zurück. Demnächst würde er vom Boden abheben. »Meinst du nicht«, sagte sie und beschrieb mit ihrem Knie unglaubliche Korkenzieherbewegungen, »wir haben genug Kartoffeln gegessen?«

»Von köstlichen Kartoffeln bekommt man nie genug.« Und er stieß sich mit letzter Kraft ab, und sein Körper zog sich von ihrem neugierigen Knie zurück und landete wie durch ein Wunder in sitzender Stellung neben den Kartoffeln. Er schwitzte fürchterlich und machte sich aus lauter Angst fast die Hosen voll. Er hatte nicht damit gerechnet, daß er so reagieren würde. Furcht. Persönlicher Terror. Sexuelle Panik. Und die Zwölf Dämlichen Punkte hatten auch nichts zu bieten, was in einer solchen Situation geholfen hätte. Er wußte nur, daß er ihr nicht mehr gegenübertreten konnte, weil er offensichtlich nur ein halber Mann war. Was, zum Teufel, war denn nur los mit ihm? Welche merkwürdige Krankheit hatte ihn ruiniert? Wie konnte das bloß passieren, daß er bei diesem blöden Mädchen Feuer fing und dann unfähig war, etwas mit ihr anzufangen, und das, obwohl sie sich so für ihn hingelegt hatte, daß er selbst mit Helm, Tornister und geschultertem Gewehr ungestreift in ihr Inneres hätte marschieren können?

Doch Aggie wußte inzwischen auch einiges, und was ihr nicht ihr weiblicher Instinkt eingab, erfuhr sie von ihrem Knie, das sich eben zurückgemeldet hatte. An Hermie oder seiner Anatomie war nichts auszusetzen. Er war nur nervös. Und sie hatte sich so weit vorgewagt wie nur möglich und dabei ein fast unverschämtes weibliches Interesse an den Tag gelegt. Abgesehen davon hätte sie, um das ehrlich zuzugeben, einen aggressiven Hermie rasch von sich gestoßen und hilferufend die Flucht ergriffen. Und deshalb war es für sie eine vorübergehende Erleichterung, zu wissen, daß ihre Moral höchstwahrscheinlich nicht auf die Probe gestellt werden würde. Sie fühlte sich sehr wohl in ihrer Haut und entschloß sich, nicht allzu dreist zu sein, nur gerade dreist genug, um Hermie wissen zu lassen, daß sie ihn mochte und daß, wenn es ihm gelang, seine Kräfte wieder zu sammeln, immer noch ein paar Leckerbissen auf ihn warteten. Ein paar Liebkosungen. Ein paar Handvoll. Doch das war alles. »Wie ruhig das heute ist.« Sie blickte zum Himmel. »Heißt das, daß es morgen regnet?«

Hermie war sehr dankbar, als er feststellen konnte, daß sie weder wütend noch kränkend war. »Ich glaube, die Nacht ist zu klar. Die ganzen Sterne, weißt du.«

»Ja, du hast recht. Du weißt viel übers Wetter, nicht wahr?«

»Na ja, ich weiß, wenn's regnet.« Er hatte das nicht als Witz gemeint, aber da sie so herzhaft lachte, schien es ihm besser, ihr nachzuhelfen. Deshalb lachte er und briet noch eine Kartoffel und schmückte seine letzte Bemerkung aus. »Es gibt gewisse Arten von Wolken. Nimbus. Die bedeuten Regen. Das ist Meteorologie; wir müssen uns in der Schule in den Vorkursen zur Pilotenausbildung damit befassen, denn man kann besser fliegen, wenn man weiß, ob es regnen wird; das gilt natürlich auch fürs Schneien.«

»Ja«, sagte sie. Sie konnte »ja« sagen, und sie konnte »ah ja« sagen, und Hermie dachte sich, das war wohl die Art und Weise, wie Frauen eine Lücke überbrücken, wenn sie scharf werden.

Hermie wandte sich ihr zu und hielt ihr den Stecken mit der aufgespießten Kartoffel hin. »Bitte.«

Sie setzte sich auf, weil das so plötzlich kam. Und sie machte den Mund auf und ließ die ganze Kartoffel auf einmal drin verschwinden und zog langsam den Kopf zurück, so daß nur noch der nackte Stecken zu sehen war. Und Hermie wurde ganz erregt; er wußte nur nicht, warum. Sie rollte die Kartoffel in ihrem Mund herum, und auf einmal erkannte Hermie die Ähnlichkeit. Sie wollte etwas sagen, doch ihr Mund war zu voll.

Hermie blickte auf seine Hand hinunter, und zwar auf seine listige. Sie bewegte sich. Sie war unfreiwillig in Gang gesetzt worden und machte sich jetzt selbständig. Er blickte zu Aggie hinüber, und sie lag wieder flach auf dem Rücken, unfähig etwas zu sagen, weil sie den Mund so vollgestopft hatte. Er spürte, wie sein Körper auf sie zuglitt, und er beobachtete, wie seine Hand auf ihre Hüfte zuschwebte und unter dem weiten Pullover verschwand. Die Hand war kalt, und der flache Bauch war warm, und das Mädchen machte: »Eiiii.« Und die Hand, erschreckt, zog sich zurück und versteckte sich in Hermies Hosentasche. Hermies Mund wollte wenigstens einen Teil des peinlichen und schrecklichen Augenblicks retten. »Wie hat die köstliche Kartoffel geschmeckt?«

Aggie konnte nichts sagen, weil ihr Mund zu voll war. Und sie konnte nur schlecht hören, weil es so in ihren Schläfen pochte. Und so richtete sie sich auf ihren Ellbogen auf und lächelte. Sie war vielleicht eine der größten Lächelnden dieser Welt. In der Tat ein seltsamer Vogel. Der warmbäuchige Dauerlächler. Such *den* mal in deinem Vogelbuch.

Hermie kehrte zum Feuer zurück und fühlte sich merkwürdig wohl. Er hatte den ersten Schritt gemacht. Er hatte auch die letzten Zweifel ausgeräumt, daß er ein Homo sein könnte. Doch, was noch wichtiger war, *sie* hatte der Sache ein Ende gemacht. Er hatte ganz und gar nichts dagegen, denn er zitterte wie Espenlaub, und hätte sie geduldet, daß er weitermachte, wäre er möglicherweise in Ohnmacht gefallen, wenn er etwa auf einen Nabel gestoßen wäre, vor allem wenn es ein nach außen gewölbter gewesen wäre, der ungewöhnlichste aller Nabel. Er briet und aß noch vier Kartoffeln, bevor Aggie etwas sagte. Aggie wußte, daß alles zu Ende war, noch bevor es richtig angefangen hatte. Sie wußte, daß Hermie keinen neuen Versuch starten würde, da machte sie sich nichts vor. Sie hatte »eiiii« gemacht, und damit war die Sache erledigt. Es blieb nichts mehr zu tun, als sich nach den anderen Leuten auf der Welt zu erkundigen. Sie tat das zerknirscht und mit einer gewissen Kälte: »Sollten wir nicht ein paar Kartoffeln für Miriam und Oscy aufheben?«

Hermie starrte in die Nacht, wie ein Hühnerhund. »Wir werden sie vielleicht nie wiedersehen.«

»Sie scheinen sehr gut miteinander auszukommen.« Das konnte durchaus sarkastisch gemeint sein. Hermie war nicht sicher.

»Ja. Sie verstehen sich gut.« Die Erfahrung, daß der Rest von ihm nicht so männlich aggressiv war wie seine Hand, schmerzte Hermie. Er wußte, daß Aggie trotz des »eiiii« gehofft hatte, er würde weitermachen. Er wußte, daß das »eiiii« nur eine Reaktion auf den Temperaturunterschied war. Klar, jeder Bauch würde »eiiii« machen, wenn ihn plötzlich eine kalte Hand anfaßte. Er verfluchte sich, weil er nicht dafür gesorgt hatte, daß seine Hand warm war, bevor er sie ins Zielgebiet »Brust« schickte. Eins hatte er jedenfalls gelernt, man griff nie mit einer kalten Pfote nach einer warmen Brust. Es sei denn, man wollte sich von vornherein eine Abfuhr holen. Und dann dachte er darüber eine Weile nach. Vielleicht hatte er, im Unterbewußtsein, absichtlich eine kalte Hand losgeschickt, weil er wußte, sie würde »eiiii« machen und damit die Sache beenden, und er konnte sich dann vom Gefecht zurückziehen, im lausigen Glauben, an ihm liege es überhaupt nicht. Er hatte immer stärker das Gefühl, ein Homo zu sein. Warum beschäftigte er sich immer so ausgiebig mit seinen Haaren? Warum waren einige seiner Hemden so grell bunt, daß sein Vater glaubte, sie gehörten seiner Schwester? Warum kam ihm Aggie eben noch so gut und im nächsten Augenblick so widerlich vor? Warum hatte er Oscy Miriam-mit-den-großen-Brüsten überlassen, ohne auch nur im geringsten seine Ansprüche anzumelden? Wie nahe war er selbst an jenem Abend im Kino daran gewesen, einfach die Flucht zu ergreifen? Er pflückte die Blütenblätter seines Verstandes. Homo. Kein Homo. Homo. Kein Homo.

Er hörte ein Geräusch, nicht sehr weit entfernt, und es kam näher. Ein Keuchen und Schnaufen. Ein Tappen auf dem Sand, kaum wahrnehmbar fürs bloße Ohr, es sei denn, man war der Sohn des größten Ohrenpaars dieser Welt, der

Horchenden Mutter. Hermie spähte in die Finsternis, kniff die Augen so sehr zusammen, daß seine Zähne zwischen seinen angespannten Lippen auftauchten.

Aus der Dunkelheit kam Oscy angetrabt. Seine Hemdzipfel flogen wie Hexen um Mitternacht, und sein offener Gürtel klatschte ihm gegen den Bauch wie ein Fensterladen in stürmischer Nacht. Und im Laufen versuchte er, sich den Hosenschlitz zuzuknöpfen, damit ihm die Hose nicht rutschte und ihn stolpern ließ. Er blieb etwa zehn Meter vom Feuer entfernt stehen, dessen helles Licht offensichtlich sein Sehvermögen erheblich beeinträchtigte, so daß er um sich blickte wie ein Blinder. »Pssssst? Hermie?«

Hermie, durch und durch Gentleman, wandte sich an Aggie: »Würdest du mich einen Augenblick entschuldigen, bitte?«

Aggie sagte: »Sicher«, doch sie wußte nicht, was sie davon halten sollte.

Hermie war ganz Kavalier. »Vielen Dank.« Er stand da und lächelte ihr zu, als danke er ihr für den letzten Tanz, und ging dann zu Oscy hinüber, der in der einen Hand die Aufzeichnungen hielt und sie las und mit der anderen Hand seine Hose festhielt. »Hallo, Oscy.« Völlig beherrscht, über den Dingen stehend.

Oscy war verstört. Er schaute Hermie nicht mal an. Er streckte nur die Hand aus. »Laß deinen Zettel sehen. Mein verdammter Durchschlag ist ganz vom Schweiß verschmiert. Los, los. Gib schon her!« Hermie holte sein Exemplar des Dokuments heraus, das er zusammengefaltet in seiner Hosentasche aufbewahrte. Oscy schnappte es und faltete es ungeduldig auseinander. Dann hielt er es ans Licht und studierte es sorgfältig. »Aha. Genau wie ich dachte.«

»Bei welchem Punkt bist du?«

»Sechs.«

»Sechs? Sechs ist Vorspiel!« Hermie war platt. »Schon bei sechs?«

»Klar. Aber diese verrückte Miriam – die ist bei neun!«

Hermie machte einen Schritt zurück, eine Geste ehrfürchtiger Überwältigung. »Das ist doch ein Witz?«

»Das ist kein Witz. Sie bringt mir die ganze Reihenfolge durcheinander.« Er studierte die Aufzeichnungen mit der Konzentration eines Forschers. »Aha. Aha. Aha. Herrgott.« Dann warf er den Zettel wieder Hermie zu. »Wie klappt's bei dir und Aggie?«

»Nun ja, ich –«

»Keine Zeit zum Schwätzen, Hermie.« Und er drehte sich um und lief in die Nacht zurück und zog immer wieder seine Hosen hoch, so daß er aussah wie der Nachzügler in einem Sackhupf-Wettbewerb.

Hermie schlenderte zu Aggie zurück, die nichts gehört hatte, die aber auch nicht gerade blind war. »Das war Oscy«, sagte sie. Mann, war die scharfsinnig.

Hermie setzte sich auf die Decke und stopfte den Zettel in seine Tasche zurück. »Wie wär's mit einer Kartoffel?«

»Was ist das für ein Zettel?«

»Der da?«

»Ja.«

»Ah ja. Es ist eine Landkarte.« Er stopfte ihn in die Tasche, ohne sich die Mühe zu machen, ihn zusammenzufalten. Er fühlte sich in seiner Tasche an wie ein Golfball.

»Die Karte von einem vergrabenen Schatz?« fragte Aggie. So langsam wurde doch deutlich, was für ein Einfaltspinsel sie war.

»Mhmm«, sagte Hermie. »Von einem vergrabenen Schatz.« Und auch *er* glaubte langsam, daß es das tatsächlich war.

»Darf ich's sehen?«

»Iß doch noch eine Kartoffel.«

»Ach, ich –« Mehr konnte sie nicht sagen, weil eine total

verbrannte Kartoffel schnell auf sie zukam. Sie zerfiel in ihren Fingern, aber es gelang ihr trotzdem zu lächeln. Hermie konnte allmählich ihr gottverdammtes Lächeln nicht mehr ausstehn. Und er begann sich zu fragen, warum er sich jemals mit ihr eingelassen hatte.

Er aß noch ein paar Kartoffeln, zum Teil fast roh, nur mal zur Abwechslung. Er würde sich wahrscheinlich die Gicht holen, aber was machte das schon. Es gab schlimmere Arten zu sterben. Er ignorierte Aggie, nicht grob, sondern dadurch, daß er dauernd beschäftigt war. Er las allerhand Zeug auf, das in der Nähe lag, und warf alles ins Feuer, bis die Flammen so hoch schlugen, daß in ihrem Schein die ganze deutsche Luftwaffe hätte landen können. Seine Tätigkeit bescherte ihm allerlei neue Erkenntnisse, zum Beispiel, daß Colaflaschen nicht brennen und daß Meerespflanzen bestenfalls eine Menge Rauch hergeben. Hermie wußte, daß er alles verkehrt gemacht hatte und daß er eigentlich mit *Miriam* zusammen sein sollte. Miriam war ein blonder Vulkan. Aggie war eher eine Nonne. Er überlegte sich, wie er Oscy dazu überreden konnte, beim nächsten Kartoffelfeuer die Mädchen zu tauschen, bei dem es im übrigen ohne Kartoffeln – oder andernfalls ohne Hermie – gehen mußte. Aber was zum Teufel konnte er Oscy bieten, um den Tausch schmackhaft zu machen, abgesehen von Aggie? Nichts fiel ihm ein. Er blickte zu Aggie hinüber, und da lag sie, erneut flach auf dem Rücken, dieses eine blöde Knie zum Himmel gerichtet, das sich hin- und herbewegte, als sei es eine Art Kompaß. Diese Aggie konnte sich in Sekundenschnelle auf den Rücken fallen lassen. Es war, als habe sie ein Scharnier am Hintern. In ihren viel zu großen Kleidern sah sie aus wie ein Haufen schmutziger Wäsche. Er wollte, er könnte einfach hingehen und sie ohne all das höfliche Geplapper einfach nehmen. Dieses höfliche Geplapper war es, was ihn verrückt machte. »Punkt Zwei: Mache Konversation.« Ach was, ich pfeif' auf Punkt Zwei. Oscy war bereits beim Vorspiel, und Miriam weiß Gott wo. Mann, was würde er nicht drum geben, es mal bei Miriam zu probieren. Aber Oscy hatte sie. Außerdem kam Oscy eben wieder aufs Feuer zugelaufen. Er blieb ganz aufgelöst stehen und sah aus, als habe er gerade einen Zehnrundenkampf mit einer Küchenmaschine hinter sich. Mit einer Hand versuchte er sich das Haar glattzustreichen und mit der anderen die rutschenden Hosen festzuhalten. »Hermie? Hermie?«

Hermie fragte Aggie mit Haltung und Distanz: »Würdest du mich nochmals entschuldigen?«

Das Scharnier an Aggies Hintern brachte sie in eine sitzende Stellung. Es gefiel ihr nicht so sehr, wie Oscy aussah, aber sie sagte trotzdem: »Ja.«

»Du bist sehr zuvorkommend«, sagte Hermie und ging zu Oscy hinüber, der neben dem Feuer stand. »Sag mal, Oscy –«

»Gib mir 'n Gummi.« Oscy hielt die Hand hin.

»Was?«

»Einen Gummi! Einen Gummi! Los doch, Hermie!« Es klang verzweifelt.

»Wo hast du denn dein Erbstück?«

»Nicht mehr zu gebrauchen. Die halten nicht ewig. Hermie, Herrgott noch mal –« Er gab Hermie einen heftigen Stoß. Daraufhin zog Hermie das Päckchen in der blauen Folie aus der Tasche. Oscy war fürchterlich ungeduldig. »Mach's schon auf! Mach's doch endlich auf!«

Hermie riß die Folie auf. Bis dahin hatte er gehofft, *er* würde es sein, der den ersten Gummi brauchte, aber die Zeiten waren vorbei. Sein Blick fiel auf drei kleine Gummis, die sich zusammengerollt aneinanderschmiegten wie neugeborene Kätzchen, das Stück zu dreiunddreißig ein Drittel Cents. Oscys Hand fuhr drauf los und schnappte sich eines aus dem Wurf. Dann lief er damit davon. Hermie, sehr verstimmt über dieses Benehmen, rief wütend hinter dem hysterischen Sprinter her: »Du könntest wenigstens danke schön sagen!«

Die Stimme, die ihm antwortete, gehörte Miriam. »Danke schön, Hermie.« Und dann entferntes Lachen, Oscy und Miriam.

Hermie kochte vor Wut. Er faltete die Folie zusammen und steckte sie in seine Tasche zurück. Er ging wieder zu Aggie. Ihr Scharnier ließ sie immer noch aufrecht sitzen. Er bemühte sich, sie nicht anzusehen, weil er sie so sehr haßte, denn sie machte ihm das Leben so schwer, während Oscy und ihre blonde Freundin Miriam Punkt Zwölf im Sturmangriff nahmen.

»Warum hat Miriam danke schön gesagt?« Die Frage zeigte nur, wie schwachsinnig Aggie wirklich war.

»Weil sie eine Dame ist!«

»Ich verstehe.«

Hermie fuhr auf sie los wie der Mungo auf die Schlange: »Verstehe was!« Herrgott, wie er sie dafür haßte, daß sie ihren Busen für so was Besonderes hielt und ihn nicht mal ein bißchen rumfingern ließ. Für wen zum Teufel hielt sie sich eigentlich?

Sie schien über seine Frage überrascht. »Verstehe was?«

Hermie stand kurz vor der Explosion. Zum erstenmal bemerkte er die Makel in ihrem kindischen Gesicht und die paar krummen Zähne in ihrem halb offenen Mund. Was zum Teufel wollte er mit einem Mädchen mit krummen Zähnen? Wenn er krumme Zähne sehen wollte, konnte er seine eigenen bewundern. »Du hast gesagt, du hättest verstanden! Was hast du verstanden?«

»Nun ja, eigentlich – nichts.«

»Dann sag nicht ›ich verstehe‹, wenn du nichts verstehst, klar?«

»Okay. Meine Güte.« Sie fragte sich, was sie wohl getan hatte, das ihn so wütend machte.

»Eßt mehr Kartoffeln, Leute!« Er fuhr ihr mit einer Kartoffel direkt ins Gesicht, und sie öffnete gerade noch rechtzeitig den Mund, um sie nicht auf die Nase zu bekommen. Hermie beobachtete, wie sich die Kartoffel in ihrem Mund bewegte. Es war nicht annähernd so erregend wie jenes andere Mal. Was zum Teufel sollte daran schon so erregend sein, wenn ein Mädchen mit schlechtem Teint eine Kartoffel aß? Er mußte verrückt gewesen sein.

Er beschloß, sie da sitzen zu lassen, sollte sie sich die Sache doch mal überlegen. Außerdem beschloß er, das Feuer nicht mehr zu schüren. Soll es doch ausgehen, und mit ihm die ganze Menschheit. Für wen schürte er es denn überhaupt? Für Oscy? Oscy war der Scheißkerl, der ihm sein Mädchen, seinen Gummi und seine Selbstachtung gestohlen hatte. Für Aggie? Ihre erbärmlichen Brüste waren offensichtlich so kalt, daß sie nicht mal in kochendem Öl brutzeln würden. Wieso zum Teufel sollte er also Aggie warmhalten? Und außerdem hatte er ja ein so gewaltiges Feuer gebaut, daß es noch ein Jahr lang weiterbrennen würde, und dann wäre immer noch genügend da, um Johanna von Orleans darin zu braten. Er warf einen kurzen Blick zu Aggie hinüber. Ihr Scharnier war wieder in Aktion getreten, und sie saß jetzt aufrecht und völlig erstarrt da. Zum erstenmal machte sie sich nicht die Mühe zu lächeln. Zum Teufel mit ihr. Sie hatte ohnehin genug gelächelt, um Laurel und Hardy in alle Ewigkeit mit Stoff zu versorgen. Es war nicht mehr zu übersehen, daß ihre Beziehung zu Ende ging. Es würde ihm leichtfallen, sie einfach zu vergessen. Und wenn er sich in zukünftigen Jahren tatsächlich an sie erinnerte oder sie sich ins Gedächtnis zurückrief, dann war es als taubstummes Mädchen, das krumme Zähne, einen schlechten Teint und keine Brustwarzen hatte.

Ein heftiges Keuchen ließ Hermie in die Richtung schauen, aus der Oscy bereits zweimal aufgetaucht war.

Dies war das dritte Mal. Nur daß er jetzt nicht mehr in bestem Zustand war. Er schleppte sich bis zum Feuer und blieb stehen und wartete geduldig auf seinen Tod. Er versuchte Hermie zu sich zu rufen. Doch heraus kam bestenfalls ein Röcheln. »H-h-h-h, hchchchchch.«

Hermie schaute wieder zu Aggie hinüber, um sich eine kurze Abwesenheit genehmigen zu lassen. Doch bevor er noch seine Bitte in Worte fassen konnte, machte ihm Aggie mit einer Handbewegung deutlich, daß sie nichts dagegen habe, wenn er gehe. Und nach der Deutlichkeit der Geste zu urteilen, hatte sie auch nichts dagegen, wenn er nie wiederkam.

Hermie verstand, und er ging zu Oscy hinüber, ganz darauf eingestellt, ihn wegen seiner Rücksichtslosigkeit und seiner egoistischen Schäbigkeit niederzuschlagen. Doch als er dann bei seinem heruntergekommenen Kumpel war, überkamen ihn andere Gefühle, eine Art Mitleid und Sehnsucht und das Bedürfnis, Oscy aufzumuntern, so daß er nur zu ihm sagen konnte: »Brauchst du noch einen Gummi?«

»Ich brauch' eine Verschnaufpause.« Oscy sah ganz so aus, als habe er es nicht ganz geschafft, unter dem fahrenden Macy-Lastwagen durchzurutschen. Sein Atem kam unregelmäßig und beruhigte sich nur ganz langsam. Doch man konnte über Oscy alles mögliche sagen, ein Drückeberger war er nicht, und deshalb fügte er hinzu: »Ich brauch' auch noch 'nen Gummi.«

Automatisch holte Hermie das Päckchen heraus und machte es auf. Oscy nahm einen der Gummis, und Hermie sagte: »Das macht sechsundsechzig Cents, Oscy.« Oscy kapierte nicht, und Hermie erklärte: »Zwei Gummis, sechsundsechzig Cents. Ich bin schließlich nicht die Wohlfahrt.«

Oscy war so geschwächt, daß er nur nicken und sagen konnte: »Schon gut.« Dann schien er zusammenzusacken.

Seine Knie wurden irgendwie auseinandergedrückt, als habe er einen schweren Gegenstand auf den Schultern, zum Beispiel die Weltkugel.

Hermie bekam es mit der Angst zu tun. »Oscy? Herrgott, Mann, alles in Ordnung?«

Oscy richtete sich mühsam wieder auf. »Wie?«

»Ist bei dir alles in Ordnung?«

»Doch sicher. Ich bin wohl kurz – eingenickt.«

»Eingenickt! Wie kannst du bloß einnicken, verdammt und zugenäht!«

»Ich bin schrecklich müde, Hermie.« Und er schüttelte den Kopf, um das bißchen Verstand, das ihm noch geblieben war, klarzubekommen.

»Bist du bis zu Punkt Zwölf gekommen?«

Oscys Stimme klang so leise, daß man das Gefühl hatte, sie werde von Sandkörnchen gefiltert. Doch gleichzeitig klang sie stolz, unendlich stolz. »Zwölf? Hermie . . . wir sind so weit über Zwölf hinweg –«

Ein Gong ertönte in Hermies Kopf. Er schlug zwölf. »Aber – das Buch geht doch nur bis Zwölf. Was kommt nach Zwölf?« Bong, bong, bong, bong . . .

Oscy blickte Hermie an, und seine Augen schienen zu tanzen. Obwohl er müde und vermutlich tödlich verwundet war, ließ sich das Zwinkern in seinen blaßblauen Augen nicht übersehen. »Dreizehn.« Und dann ging er davon und schwenkte fröhlich den neuen Gummi in der Hand. Er blieb noch einmal stehen und drehte sich um und sagte: »Vierzehn.« Dann ging er weiter, blieb aber gleich wieder stehen und drehte sich wieder um. »Fünfzehn. Hermie, du machst dir gar keine Vorstellung.« Er ging weiter, wurde allmählich von der Nacht verschluckt, bis auf seine Stimme, die aus einem weit entfernten Megaphon zu kommen schien. »Sechzehn. Siebzehn.« Seine Stimme wurde immer leiser. »Achtzehn.« Und weg war er, einfach so, ausgezählt. Bong, bong, bong, bong . . .

Hermie stand da wie versteinert, die Arme in die Seiten gestemmt. Oscy hatte nicht nur den Fluß überschritten, sondern hinter sich die Brücke abgebrochen. Oscy war auf dem Weg dazu, ein Mann zu werden. Sicher, Oscy nahm einen gelegentlich auf den Arm, doch mit Hermie machte er das nicht. Und schon gar nicht in einer so ernsten Angelegenheit. Nein, Oscy hatte Miriam zweifellos gründlich hergenommen. Und der Mordskerl hatte noch immer nicht genug. Welche Ausdauer. Ein Fall für die Sportnachrichten im Radio.

Aggie stand neben ihm. Aufrecht. Sie hatte nicht vergessen, wie man auf beiden Beinen steht. »Ich glaube, Miriam und ich sollten nach Hause gehn.«

»Wie?« Hermie brauchte einen Augenblick, um die Lage richtig einzuschätzen. Jawohl. Er konnte Oscy jetzt helfen, wenn er schnellstens dafür sorgte, daß Aggie dorthin ging, wo der Pfeffer wächst. »Ach so. Selbstverständlich. Komm. Ich bring' dich heim.« Er nahm ihren Arm, den, den er einmal so liebevoll gestreichelt hatte. Er bedeutete ihm überhaupt nichts. Einfach ein Ding, an dem man sich festhalten konnte, um sie hier fortzuschaffen, damit Oscy nicht von Neugierigen gestört würde.

Aggie riß sich los, ruhig, aber bestimmt. »Ich glaube, ich sollte Miriam mitnehmen.«

»Aggie, das glaube ich nicht.« Doch sie war schon an Hermie vorbei und dorthin unterwegs, wo Oscy zuletzt gesehen worden war. Hermie folgte ihr wie ein erbärmlicher kleiner Hund. »Hör zu. Hör zu, Aggie. Ich bring dich heim. Aggie?«

Aggie wollte nichts davon wissen. Sie blieb nicht mal stehen. Sie ging sogar schneller. Ihre Augen füllten sich mit Tränen, und die Haare flogen ihr um den Kopf. Sie war verwundbar und erschreckt und irgendwie hübsch, wie sie so davonrannte. Hermie trabte neben ihr her, ungeschickt, so als wolle er ein Autogramm von ihr. Der Mond, von dem nichts zu sehen gewesen war, als sie noch beim Feuer gesessen hatten, tauchte Aggie in ein sehr dramatisches Licht. Selbst in ihrem großen, weiten Pullover sah sie richtig liebenswert aus. Und ihre Brüste, die lieben Kleinen, hüpften wider alle Erwartung deutlich auf und ab. Hermie streckte die Hand aus und packte sie am Handgelenk und brachte sie gewaltsam zum Stehen. Sie fuhr herum, schaute ihn an, befreite ihre Hand und wollte etwas sagen. »Hermie, ich –« Das war alles, was sie herausbrachte, bevor sie wieder loslief. Hermie stand da, wie angewurzelt, plattfüßig und fünfzehn. Er schaute ihr nach, wie sie das verschwiegene Plätzchen erreichte und abrupt stehenblieb. Er beobachtete, wie sich ihr Rücken versteifte, und er wußte ganz genau, daß sie Oscy und Miriam gefunden hatte.

Hermie sah sich auf die Stelle zugehen, seine Füße wie Schneepflüge, sein Hintern voller Blei. Als er dort ankam, machte Aggie bereits kehrt. Sie schoß an ihm vorbei wie ein Ball, der von einer Wand abprallt, ohne eine Spur seiner Geschwindigkeit einzubüßen. »He, Aggie –« Er hörte auf zu reden, denn er sah den ungläubigen Ausdruck auf ihrem Gesicht, als sie an ihm vorbeisauste. Wie hieß es doch? »Sie sah aus, als sei ihr ein Gespenst begegnet.« Aber selbst das konnte Aggies aus den Fugen geratenen Gesichtsausdruck nicht genügend beschreiben. Hermie hatte noch nie ein solches Gesicht gesehen, höchstens einmal bei seiner Mutter, als sie im Radio hörte, daß ein Flugzeug abgestürzt sei, mit dem Hermies Vater ursprünglich erwartet wurde. Sein Vater telefonierte seither nie wieder zu Hause an, um zu sagen, mit welchem Flug er komme. Er rief nur noch nach seiner Ankunft vom Flughafen an, und die Familie machte sich dann nur noch Sorgen, er könnte bei der Taxifahrt ums Leben kommen. Jedenfalls sah Hermie zu, wie sie davonlief. Es war das letzte, was er von Aggie sah; das allerletzte. Hübsches Mädchen im Laufschritt.

Hermie spürte, wie sein Atem stoßweise kam, als er weiterging, um zu sehen, was Aggie gesehen hatte. Er wußte, was er sehen würde, es würde ihn nicht überraschen. Und so war es auch. Und er blieb fünf Schritte von der Wolldecke entfernt stehen, von Neugier getrieben, von Ungläubigkeit übermannt, von Verzweiflung gepackt.

Der Mond tauchte auf und verschwand, in rascher Folge, so daß sich Hermie vorkam, als schaue er in eine Flimmerkiste auf dem Jahrmarkt. Es war Punkt Zwölf. Unverwechselbar Punkt Zwölf. Punkt Zwölf in seiner ganzen Pracht. Punkt Zwölf zur Musik der rauschenden Brandung. Hermie wandte sich ab und verdrückte sich.

18

Die Sonne am nächsten Morgen war bereits aufgegangen, mußte aber erst noch den kühlen Dunst der vergangenen Nacht wegbrennen. Es war noch nicht mal sieben Uhr, und das einzige Wesen, das sich am Strand entlangbewegte, war Hermie. Er hatte nicht gut geschlafen. Aber damit hatte er auch gar nicht gerechnet, als er ins Bett gegangen war. Er blickte auf seine nackten Zehen hinunter, und sie schienen eine Meile weit entfernt. Er hatte diese Schwerelosigkeit von dem Augenblick an gespürt, als er vor zwei Stunden aus dem Haus gegangen war. Frühestens in einer halben Stunde würde man sein Fehlen bemerken, denn dann würde seine Mutter nachsehen, ob er etwas gegessen hatte. Um sie irrezuführen, hatte er die Milchflasche auf dem Tisch stehen lassen. Sie würde zwar schimpfen, daß die Milch kaputtging, doch sie würde befriedigt feststellen, daß er seine Ration an Vitamin D geschluckt hatte. Und im Endergebnis würde er Zeit gewinnen. Für sich. Fürs Nachdenken.

Das Leben war eine verworrene Angelegenheit. Der

Frühnebel bildete dafür eine perfekte Kulisse. Er konnte keine zwanzig Schritt weit sehen, und das entsprach der Distanz, die er überblicken konnte, wenn er sich den Rest seines Lebens vorzustellen versuchte. Sein Verstand sagte ihm, daß er eine Phase seines Lebens durchmachte, die jeder Mann durchmachen mußte, so wie ein Ritual im Urwald, wo sie ums Lagerfeuer tanzten und einen beschnitten, ob einem das nun paßte oder nicht, und das mit einem stumpfen Messer, um zu sehen, ob man Mut hatte und wie gut man singen konnte. Nach allem, was Hermie wußte, lagen Oscy und Miriam immer noch am Strand, es sei denn, eine Flutwelle hatte die beiden fortgeschwemmt und sie zu einer Gefahr für kleine Schiffe und zu einer Zielscheibe für die Kanonen des Küstenwachdienstes gemacht, denen seit wer weiß wie lange nichts mehr vors Visier gekommen war.

Bevor er aus dem Haus geschlichen war, hatte Hermie, ohne sich viel dabei zu denken, seinen OPACS-Pullover und seine Badehose angezogen, trotz seiner Entscheidung, an diesem Tag nicht zu schwimmen, weil er nicht bei Kräften war. Er schlenderte am Strand entlang, Treibgut auf der Suche nach Strandgut, und sehnte sich danach, mit einem Hai zu kämpfen, ihn an der Schwanzflosse an Land zu zerren und sich dann neben ihm fotografieren zu lassen, wenn er am Ladebaum hing, mit dem Kopf nach unten, der größte Hai, der je von Menschenhand in diesen oder irgendwelchen anderen Gewässern gefangen worden war. Er wollte einen feindlichen Spähtrupp ausfindig machen, vielleicht insgesamt dreißig Mann, die heimlich in Amerika einfielen, dort jedoch auf einen heroischen jungen Mann stießen, der sie ins Meer zurücktrieb, mit einer Strategie, die er an Ort und Stelle entwickeln würde. Er wollte etwas tun. Irgendwas. Weil er spürte, wie ihm sein Leben entglitt. Rings um ihn waren Leute, die beschäftigt waren. Mit Dingen, mit Ereignissen, mit dem Leben. Sie trugen

Kriege aus, machten Filme, liebten, waren erfolgreich und schickten die neuesten Nachrichten aus fernen Ländern. Doch er tat nichts. Außer Kartoffeln essen, Arme streicheln und guten Freunden beim Bumsen zuschauen. Er wollte Oscy nicht sehen und nicht mal mit ihm reden, denn er wußte, sie spielten nicht mehr in derselben Liga. Oscy hatte den Sprung geschafft. Oscy, fünfzehn Jahre alt, hatte gebumst. In Hermies Nachbarschaft wartete man damit in den meisten Fällen, bis man geheiratet hatte. Und wie Hermie gehört hatte, waren dann viele so nervös, daß sie es erst in der zweiten oder dritten Nacht schafften. Hermie wußte, er hätte mit Aggie genau das tun können, was Oscy mit Miriam tat. Er hatte die gleiche Gelegenheit gehabt, die gleiche Nacht, den gleichen Strand, die gleichen Aufzeichnungen, und drei Gummis gegenüber Oscys einem. Warum hatte er es dann nicht getan? Aggie war kein bißchen weniger attraktiv als Miriam, im Gegenteil, höchstens daß sie ein paar Pfund weniger am Busen hatte. Womit er sich auseinandersetzen mußte, das war seine eigene Männlichkeit – oder deren Nichtvorhandensein. Daran kam er einfach nicht vorbei. Aggie hatte den größten Teil des Abends flach auf dem Rücken zugebracht. Er hätte sie sogar mit zwei kalten Händen haben können. Dieses »eiii« von ihr hatte nichts zu bedeuten. Es war vielleicht sogar ein für Frauen typischer Liebeslaut. Er hatte Aggie vor sich, auf dem Rücken, Liebeslaute ausstoßend – und er hatte versagt. Er hatte seine Erregung mit sich nach Hause genommen. Und er, Hermie, mußte die ganze Nacht auf dem Rücken liegen, weil das verdammte Ding ein Gedächtnis hatte wie ein Elefant. Es erinnerte sich an Miriam, so wie sie war, und an Aggie, so wie sie hätte sein sollen. Es war wie ein drittes Auge auf seiner Stirn, das nur Sex sah und ihm deshalb keine Ruhe ließ. Er legte sich abends damit hin und wachte am anderen Morgen damit auf. Er verließ das Haus damit und ging damit den Strand entlang. Es beherrschte sein ganzes Leben, weil es einfach nicht mehr wegging. Und wenn der Sommer vorbei war und er in die Schule zurückkehrte, würde es zweifellos seine Chancen auf einen Stammplatz in der Basketballmannschaft kaputtmachen, denn er würde in jedem Spiel schon nach fünf Minuten den Platz verlassen müssen, weil er die gegnerischen Spieler aus zwei Meter Entfernung umsäbelte, es sei denn, sie waren phantastische Hürdenläufer. Und auch in Biologie würde ihm das verdammte Ding nur im Wege sein, denn er würde im Unterricht neben Winifried McAllister sitzen, irgendwie kam er immer auf den Platz neben ihr, und ihre wäßrigen blauen Augen und ihre frechen weißen Socken hatten ihn schon immer ganz verrückt gemacht, seit jenem Tag, an dem er zum erstenmal das geheiligte gotische Portal der Erasmus Hall durchschritten hatte.

Er versuchte, an etwas anderes zu denken, vielleicht würde es dann zu seiner rechtmäßigen Größe zurückkehren. Er dachte an andere Dinge, Krautköpfe und Könige, Baseballergebnisse und Liedverse. Mittagessen. Schiffe. Autos. Seemöwen. Er suchte den Himmel ab, um zu sehen, ob seine alte Nemesis sich wieder anschickte, einen Bombenteppich zu legen. Nichts war am Himmel, doch jemand war am Horizont. Die Frau. Großartig. Das hatte ihm gerade noch gefehlt, noch mehr Folterqualen. Sie saß auf einer hohen Düne, in der Nähe ihres Hauses. *Ihres* Hauses. Er ging den Strand entlang, auf *ihr* Haus zu. Warum? Warum hatte er das getan? Sein Herz bekam Flügel, und die Antwort flog ihm zu, einfach und fundamental. Sie. Die Frau. Sie. Sie war es, die von seinem Herzen Besitz ergriffen hatte. Nicht Aggie. Nicht Miriam. Nicht Winifried McAllister. Sondern sie. Sie war der Grund, weshalb ihm Aggie so widerlich vorgekommen war. Sein Herz und sein Kopf waren die ganze Zeit anderswo gewesen. Was hatte da Oscy von Vorkämpfen gesagt? Manchmal tauchte ein

Spieler auf, der so gut war, so schnell, daß er direkt von der Uni weg die Chance zu einem Titelkampf bekam.

Hermie blickte zu ihr hinüber, wie sie dasaß, in einen Pullover zusammengekauert, der ein bißchen zu groß war, wahrscheinlich Petes Pullover, und schrieb, wahrscheinlich einen Brief, wahrscheinlich an Pete. Hermie ging auf sie zu, allerdings nicht auf dem direkten Weg; er erklomm die Düne, lange bevor er zu ihrem Haus kam. Er ging dann auf der Düne entlang und kam von hinten auf sie zu, eben als die Sonne durchbrach. Die Sonne! Die Sonne! Was für ein Omen.

Es scheuchte sie auf, daß ihre ganze Umgebung plötzlich in helles Sonnenlicht getaucht war, während sie in einem mächtigen Schatten blieb. Ihr hübscher Kopf fuhr herum, und sie erblickte die imposante Gestalt Hermies. Und es tat ihm gut, sie dermaßen überrascht zu sehen. Ihr Mund blieb offen, in einem unsicheren Lächeln, während sie versuchte, sein Gesicht auszumachen. Und der erwachsene, voll entwickelte Mann in Hermies Brust sagte ihm, daß er einen Vorteil über sie habe. Er fummelte mit den Knöpfen an seinem OPACS-Clubpullover, über dessen linker Brusttasche einmal sein Name gestanden hatte, »Hermie«, in zusammenhängender Schrift. Als sie die Pullover bestellten, stimmte die Mehrheit des OPACS dafür, daß »Hermie« auf Hermies Pullover zu stehen habe, denn das sei schließlich sein Name. Er hatte für »Herm« plädiert, weil es reifer war und weil er den Pullover vermutlich einige Jahre haben würde, warum sollte er sich also auf einen Namen aus seiner Kindheit festlegen? Oscy unterstützte ihn, und Benjie enthielt sich der Stimme, doch die Scheißkerle stimmten trotzdem für »Hermie« an seinem Pullover. Nicht lange nachdem sie die Pullover bekamen, fing Hermie an, das »e« aufzutrennen, und dann das »i«, in der offen eingestandenen Hoffnung, daß es dann bei »Herm« bleiben würde. Doch der ganze Namenszug war an einem

Stück, und nachdem er einmal das Ende aufgetrennt hatte, ließ sich der Rest nicht mehr aufhalten. Nur eine Woche lang war er »Herm«, trotz des Kaugummis, mit dem er die offene Wunde zu heilen versuchte. Drei Tage lang war er »Her«, Fürwort, dritte Person Einzahl weiblich, was eher peinlich war. Dann kamen drei Tage lang »He«, dritte Person Einzahl männlich, zum Ausgleich. Eineinhalb Tage war er »H«, geschlechtsloser Buchstabe, und nicht einmal seine Mutter mit ihrer flinken Nadel konnte den Verfall aufhalten. Nachdem das »H« verschwunden war, war er eine Woche lang gar nichts, bis ihn der Club zu sechzig Cents Schadenersatz verdonnerte, zehn Cents für jeden Buchstaben, denn soviel hatte es gekostet. Er sagte dem Club, sie könnten ihn mal, und das kostete ihn nochmals zehn Cents. Im Herbst kam es dann zum außergerichtlichen Vergleich, denn sie waren auf Hermies Football angewiesen, aber er trug den Pullover nie wieder, wenn jemand von OPACS in der Nähe war, abgesehen von Oscy und Benjie. Weil sie ihn in seinen Rechtsstreitigkeiten unterstützt hatten, trug er von Zeit zu Zeit in ihrer Gegenwart seinen namenlosen Pullover, zumal auch sie mit den Namen über ihren Brusttaschen nicht gerade glücklich waren. Benjie hatte »Ben« beantragt, und Oscy versuchte, »Spike« durchzubringen. Sie verloren. Wie dem auch sei, all das lag weit weg und längst hinter Hermie, während er sich hinter ihr auf die Knie niederließ, genauer gesagt auf ein gefährliches Knie, ein kleines bißchen seitlich von ihr.

»Hallo«, sagte er mit tiefer Stimme. O Mann, wie männlich das klang.

Sie blickte zu der heroischen Silhouette auf, wobei sie ihre Augen mit einer ihrer köstlichen, Lux-gepflegten Hände abschirmte. »Hermie?«

»Stimmt.« Er hatte gehofft, sie könne ihn vielleicht für Pete halten, denn es gab eine Ähnlichkeit. Gleichwohl. Er würde die Sonne im Rücken behalten, solange er konnte, um sie zu verunsichern. Wieder einer jener kleinen Tricks, die er allmählich lernte. Er suchte Fortschritte.

»Könnten Sie nicht nach vorne kommen, Hermie? Es blendet so.«

Mit einer Stimme so tief, daß er *Old Man River* hätte singen können, sagte Hermie: »Haben Sie mich mit jemandem verwechselt?«

»Ach nein, ich wußte, daß Sie es waren.« Die helle Sonne machte ihr immer noch zu schaffen. »Hermie? Könnten Sie nicht nach vorne kommen? Bitte?«

»Sicher.« Ihr Wunsch war ihm Befehl. Außerdem war sie genügend aus der Fassung geraten. Sie sollte ja nicht blind werden. Er ging um sie herum und setzte sich neben sie, aber so, daß er immer noch höher saß als sie. Dieser Vorteil befriedigte ihn sehr. Und je höher er über ihr war, desto tiefer klang seine Stimme.

»Na, wie geht's, wie steht's?«

»Haben Sie sich erkältet?«

»Nein.« Schluß mit dem Blödsinn. Er kehrte zu seiner normalen Stimme zurück. »Wie geht's Ihnen denn immer so? Gut?«

»O ja. Danke.« Dieses Lächeln. Dieses Gesicht. Die Augen. Das Haar. Leck mich, Aggie. »Und *Ihnen*?«

»Ach, so leidlich gut.« Er war sich nicht ganz sicher, was das hieß, aber *sie* würde es schon wissen.

Sie schob diese Haarsträhne aus der Stirn, doch die Meeresbrise blies sie immer wieder zurück. Es war ein hoffnungsloses Unterfangen, aber sie war so erpicht darauf, den großen Kerl zu sehen, mit dem sie sich unterhielt, daß sie sich tapfer gegen die Brise wehrte und dabei sogar eine Niederlage in Kauf nahm. »Ein herrlicher Morgen, nicht wahr?«

»Ja.« Er wollte seine Antwort etwas ausbauen, konnte aber die richtigen Worte nicht finden. Er gab dem langweiligen Thema die Schuld daran, daß er nicht schlagfertiger war. Und dann ging ihm plötzlich ein Licht auf. Er hatte »ja« gesagt, so wie sie bei früheren Gelegenheiten. Das hieß, daß er jetzt im Vorteil war. Gut. Das Rad hatte eine ganze Umdrehung gemacht, jetzt war er dran. Er wandte sein Gesicht dem Meer zu, um ihr die Gelegenheit zu geben, sein Profil zu betrachten. Er hatte es natürlich selber noch nie gesehen, aber er hatte sich sagen lassen, es sei ein feines Profil. Dann fiel ihm ein, daß es seine Mutter war, die ihm das gesagt hatte, und so ließ er das Profil auf sich beruhen und drehte sich wieder nach ihr um.

»Müßte eigentlich ein sehr schöner Tag werden.« Sie war immer noch beim gleichen Thema. Vielleicht wollte sie auf etwas ganz Bestimmtes hinaus. Vielleicht sollte er den Wink befolgen und darauf eingehen.

»Ja. Ich hab' den Sonnenaufgang beobachtet. Es ist ein Erlebnis.« Er sagte das mit Gefühl. Und er bemerkte, wie sie ihn anschaute, als habe eben ein Dichter gesprochen. Und so machte er weiter. »Die Sonne aufgehen sehen ... das ist wirklich ein Erlebnis.« Das kam selbst ihm bekannt vor. Sie bestand aus einem einzigen strahlenden Lächeln. Sogar in diesem blöden übergroßen Pullover sah sie hinreißend erregend aus. Und die langen, kühlen Beine in den flatternden kurzen Hosen, in eleganten Winkeln und Kurven dem Ozean zustrebend – er mußte sich anders hinsetzen, um nicht von der eigenen Badehose stranguliert zu werden. »Tun Sie das oft, Hermie?«

»Tu' ich was oft?« sagte er und glaubte, sie spreche von der ruckartigen Bewegung, mit der er eben seine Genitalien gerettet hatte.

»Den Sonnenaufgang beobachten?«

»Ach so, ja. Oder eigentlich – nein.« Das Thema wurde langsam etwas ungemütlich, und so brachte er die Sprache auf etwas, von dem er mehr wußte. »Wie geht's den Schachteln auf dem Dachboden? Irgendwelche Schwierigkeiten?«

»Oh, nein, keine Schwierigkeiten. Sie sind immer noch droben.« Sie sagte es voller Stolz, wollte Hermie damit ein Kompliment machen, und so verstand er es auch.

»Ich glaube, die liegen ziemlich gut da oben.« Er war sich dessen zwar kaum bewußt, doch er wischte einige Sandkörnchen von seinem Pflaster, damit der Neonglanz besser sichtbar wurde.

Sie beugte sich vor und sah es. »Haben Sie sich weh getan?«

Er ließ sich davon überraschen und wich etwas zurück. »Ach – das.«

Sie blickte direkt darauf. Konnte sie es glühen sehen? Würde sie es wieder küssen? Würde das in ihr schlummernde Tier wieder zupacken? »Es ist mir neulich schon aufgefallen.«

Und wie es dir aufgefallen ist! Du hast es selber draufgeklebt! »Es ist nichts Ernstes.«

»Sollten Sie nicht das Pflaster erneuern?«

Die Zeit war gekommen. Die Zeit zum Angriff. Zeit, zur Sache zu kommen. »Ich möchte es eigentlich so lange wie möglich dranlassen.« War das deutlich genug, o meine Geliebte?

Sie schien zurückzuweichen. »Oh.«

»Sind Sie damit einverstanden?«

»Wenn Sie meinen.« Konnte sie so schnell vergessen haben?

Er würde ihr helfen. »Ich tu' das nicht oft.«

»Aha.«

Er würde ihr noch ein bißchen mehr helfen. »Es ist ein ganz besonderes Pflaster.«

»Ist es mit Arznei behandelt?«

»Es ist verzaubert.« Hätte Hemingway einem Pflaster größere Huldigungen darbringen können?

»Ach so.« Sie wandte sich wieder ihrem Brief zu.

Hermie mußte sich eingestehen, daß die Sache mit dem

Pflaster nicht besonders gut angekommen war. Vielleicht hatte sie ganz einfach vergessen, daß sie das Pflaster eigenhändig draufgemacht hatte, um die Wunden zu bedecken, die ihre Zähne beim Blutsaugen hinterlassen hatten. Vielleicht klebte sie allen Männern, die in ihr Haus kamen, Pflaster an die Beine – Klempnern, Elektrikern, Einbrechern –, vielleicht spielte sie bei allen den sexbesessenen Blutsauger. Vielleicht war sie eine Pflaster-Fanatikerin. Vielleicht flog sie um Mitternacht umher und saugte Männern das Blut ab. Vielleicht sollte er lieber alles vergessen, denn möglicherweise ging alles auf böse Gerüchte zurück. »Schreiben Sie einen Brief?« sagte er. Brillant. Das war so, als hätte er ihr gesagt, er habe eben festgestellt, daß sie atme.

Sie lächelte, ohne aufzusehen. »Ja.« Sie gewöhnte sich an die Art und Weise, wie er redete. Das war auch nötig, denn er machte keine Anstalten, wegzugehen.

»Ich würde Sie ja ins Kino einladen, aber es ist immer noch der gleiche Film. Möchten Sie ihn noch mal sehen?« Er überraschte sich selbst damit, daß er so direkt auf ein Ziel losging. Aber er war sehr mit sich zufrieden. Es war männlich, so offen um eine Verabredung zu bitten. Wie oft hatte er mit angehört, wenn sich seine Schwester nach einem Telefongespräch mit irgendeinem Waschlappen bei seiner Mutter beklagte, daß der Kerl nie deutlich gesagt habe, was er eigentlich wollte, und daß sie vor so einem keine Achtung habe.

»Oh, ich glaube nicht.«

»Ich versteh' Sie gut. Wenn man erst weiß, wie's ausgeht, ist die Spannung weg. Es wird bald ein neuer Film kommen. Vielleicht wollen Sie den sehen.«

»Na ja, ich geh' wirklich nicht oft ins Kino.« Vielleicht hatte sie davon gehört, daß er ein sexbesessener Armstreichler war.

»Es wird ein guter Film. Ich habe die Plakate gesehen.«

Sie schrieb weiter und nickte nur, um ihn wissen zu lassen, daß sie ihn gehört habe, sich aber für das Thema nicht besonders interessiere.

Er wußte nicht so recht, wo sein Mut herkam, aber er war da, und Hermie sprach. »Ich würde Sie sehr gerne mit ins Kino nehmen.« Sie blickte auf und lächelte. Noch eine der großen Lächelnden dieser Welt. Leute mit künstlichen Zähnen lächelten viel, aber er war ziemlich sicher, daß die ihren echt waren. »Ein Film mit Robert Young und Hedy Lamarr. Von Paramount, glaube ich.«

Sie klebte ihren Brief zu. Dünnes Luftpostpapier. Als ihre flinke Zunge den Leim zum Leben erweckte, wurde es ihm heiß zwischen den Beinen. »Oh, Hermie, ich glaube, daraus wird nichts. Trotzdem, danke schön. Es ist sehr lieb von Ihnen, mich einzuladen.«

Er geriet ins Hintertreffen. Er hielt es für besser, zu verläßlicheren Dingen zurückzukehren. »Haben Sie vielleicht noch weitere gewichtige Gegenstände, die bewegt werden müssen?«

»Im Augenblick fallen mir keine ein.« Sie schenkte dem gottverdammten Briefumschlag mehr Beachtung als ihm.

Er kam sich allmählich blöd vor. »Nun, wenn Ihnen welche einfallen, brauchen Sie mir nur Bescheid zu sagen.«

Sie stand auf. »Vielen Dank, Hermie. Sie sind sehr aufmerksam.«

Auch er stand auf. Gut, er war größer als sie. Das gab ihm neuen Mut. Und den würde er bei seinem nächsten Vorstoß auch dringend brauchen. »Sind Sie heute abend zu Hause?«

»Wie bitte?«

Diesmal war ihr Lächeln leicht idiotisch.

Und wieder hatte er sie aus dem Gleichgewicht gebracht. Den Vorteil mußte er ausnützen. Aber mit Takt und Aplomb. »Vielleicht schaue ich kurz vorbei. Ich habe in der Gegend zu tun.« Ihr Haus war das einzige in der Gegend in einem Kilometer Umkreis.

»Ach so. Na ja – schauen Sie ruhig bei mir rein, wenn Sie ohnehin in der Nähe sind.« Die Brise machte sich jetzt, da sie stand, noch stärker bemerkbar, und sie mußte sich dauernd die Haare aus dem Gesicht streichen. Hermie hätte das gerne für sie getan. Er wäre gerne mit seinen Fingern durch ihre Haare gefahren. Das mußte ein tolles Gefühl sein. Als berühre man Seide.

»Ich will nicht sagen, daß ich mit Sicherheit kommen werde, rechnen Sie also nicht unbedingt damit.« Er sagte das, um sich abzusichern, falls es sich herausstellen sollte, daß er zu feige war, sich sehen zu lassen. Er war bei Aggie zu feige gewesen, er konnte auch bei *ihr* zu feige sein. Wer weiß? Er war imstande, tatsächlich nicht hinzugehen, und war sich dessen bewußt und wollte nicht, daß sie seinetwegen Umstände machte, wenn er dann vielleicht doch nicht kam. Schließlich legte eine solche Superfrau, die bereits einen Liebhaber hatte, keinen Wert auf einen rotznasigen Jungen, der eine Verabredung nicht einhielt, nachdem sie sich die Mühe machte, Teegebäck und Kaffee aufzutischen.

»Ach du meine Güte, es wird spät. Ich muß diesen Brief zur Post hinunterbringen.«

»Das erledige ich schon für Sie.« Bockmist. Er würde ihn verbrennen. Aber zuerst würde er ihn lesen, um festzustellen, was sie tatsächlich für Pete empfand. Vielleicht machte sie in dem Brief Schluß mit ihm. Dann würde Hermie mit Sicherheit zu ihr gehn. Vielleicht sogar bei ihr einziehen. In der Liebe und im Krieg war alles erlaubt, dein Pech, Pete.

Sie mußte seine Gedanken erraten haben. »Nein. Nein, danke. Es ist so kompliziert mit dem Porto. Ausland und Luftpost und so. Nun dann –« Sie wandte sich ab, um zu ihrem Haus zurückzugehen. »Auf Wiedersehn, Hermie.«

Er schaute ihr nach, und es traf ihn wie ein Kanonenschlag. Er wußte nicht mal, wie sie hieß! Was waren denn das für Zustände, verdammt noch mal! Er hatte sich in eine Frau verknallt und kannte nicht mal ihren Namen! Nicht mal die Initialen! Es war zumindest unhöflich, daß er sie nie danach gefragt hatte. Kein Wunder, daß sie von ihm weg wollte. Man mußte sich das mal vorstellen, ein Gentleman will eine Dame erobern und nimmt sich nicht mal die Zeit, sie nach ihrem Namen zu fragen. Er rief ihr nach: »Hallo?«

Sie blieb auf der untersten der vierzehn Stufen stehen und drehte sich nach ihm um. »Entschuldigen Sie«, sagte Hermie, »aber ich weiß nicht mal, wie Sie heißen.« Er wartete vierhundert Jahre lang, bis ihre Antwort die große Entfernung zurücklegte.

»Dorothy.«

»Ich hatte mal eine Katze, die Dorothy hieß . . . wurde von einem Lastwagen überfahren.«

Dorothy lächelte. Dorothy. Sie hatte einen Namen, und er war schön. Die schöne Dorothy. Und sie winkte und lächelte und erklomm die vierzehn Stufen wie ein Revue-Girl, und auf der obersten Stufe drehte sie sich um und lächelte noch einmal. »Dorothy auf der Veranda«, von Rembrandt. Sie ging in das Haus. »Dorothy, durch die Tür gehend«, von Da Vinci. »Dorothy außer Sicht«, von Michelangelo. »Tür«, von Salvador Dali. Brrr.

Hermie ließ sich auf das Meeresufer zutreiben und fühlte sich so beschwingt wie eine Flutwelle. »Dorothy, du kriegst Besuch heute abend«, von Hermie.

Hermie am Strand.

Hermie im Meer, schwimmend.

Hermie verliebt, dem Ertrinken verdammt nahe.

Juhuuuu.

Ich kooomme.

Jaaaaaaa, Sheena!

19

Hermie am Strand, trocknend. Etwa fünfzehn Minuten lang. Er gehörte zu den schnellen Trocknern, wenn auch seine Badehose etwas länger brauchte, vor allem der eingenähte Slip, der bis September naß blieb, wenn man nicht darauf achtete. Fünfzehn Minuten später war er in der Stadt und setzte sich in Margies Kuchenhaus an die Theke. Er bestellte eine Art Frühstück, Orangensaft, Apfelkuchen, Kaffee, Pfirsichkuchen, Kaffee, Berliner Pfannkuchen und Wasser. Die einzigen anderen Gäste so früh am Tag waren Fischer, die nach der Mühsal ihrer frühmorgendlichen Arbeit ein bißchen Frühstücksfrohsinn suchten. Sie hatten solche Dinge an Land gebracht wie Herzmuscheln und Miesmuscheln, und zwar lebendige, und sie neigten dazu, dem ganzen Raum einen Fischgeruch zu geben, wenn auch Margie nie darüber klagte. Drei salzverkrustete Fischer waren anwesend, lebende Kalenderbilder; sie saßen alle in einer Ecke des Raumes und füllten ihre Kröpfe mit Schinken und Ei und Toast und endlosen Mengen Kaffee. Sie hatten rauhe Stimmen, und Hermie wußte, diese waren imstande, Dinge zu sagen wie: »Klüvert den Großbaum und gaffelt das Besansegel und gebt ihr eins vor den Achtersteven, Matrosen!«

Hermie schlürfte seinen Kaffee; er fühlte sich sehr wohl, denn hier war er am richtigen Platz. Er beobachtete Margie über den Rand seiner Kaffeetasse hinweg und durch den Dampf, der den Eindruck erweckte, als stehe ihr prächtiger Hintern in Flammen. Margie war etwa dreißig, vielleicht fünfzig, doch sie war gepflegt und kompakt, und in dem weißen gestärkten Kleid waren die Wölbungen und Kurven ihres Körpers fest vertäut, und wie hieß doch gleich noch mal dein Schiff? Und auch ihre Beine waren nicht gerade mit Algen bewachsen. Sie waren Klasse. Margie, das sah man deutlich, war die Frau eines Seemanns. Sie hatte angeblich einen Mann, der irgendwo mit der Navy unterwegs war, denn er steuerte vor dem Krieg eine der Fähren, was zum Teufel sollte er also in der Army? Mit seinen neuen Erfahrungen von der Sinnlichkeit der Frauen wußte Hermie, daß es keine normale Frau sehr lange ohne Mann aushielt. Und das traf auch auf Margie zu, denn sie hatte auf dieser lumpigen Insel eine Menge Zeit, herumzusitzen und nachzudenken und nichts weiter zu tun, als Nebelhörnern zu lauschen. Hermie ließ seinen Blick auf den drei Fischern ruhen, und er stellte fest, daß nicht einer von ihnen unter sechsundachtzig war. Wenn deshalb Margie plötzlich den Drang verspürte, auf der Stelle einem Mann ein wenig Liebe zukommen zu lassen, mußte nach allen Regeln der Logik die Wahl auf Hermie fallen. Hermie sah immer deutlicher, wie sinnlich sie ihre Umwelt musterte. War bisher vieles an den Frauen für Hermie geheimnisvoll gewesen, so hatte sich das durch Oscy schlagartig geändert. Miriam war eine Frau, und sie mochte Sex – und wie sie ihn mochte. Aggie war eine Frau, und sie würde an diesem Morgen schwer leiden, weil Hermie ihr nicht die erwarteten Aufmerksamkeiten hatte zuteil werden lassen. Dorothy? Bei Dorothy war das etwas anderes. Dorothy war die Geheimnisvolle Dame aus Shakespeares Sonetten aus dem Englischunterricht. Klar, Dorothy hatte auch ein Bedürfnis nach Sex, genau wie Miriam und Aggie, aber es war anders. Bei Dorothy war es romantisch und bewundernswert. Und während es Miriam und Aggie an den ersten Kerl verschenkten, der ihnen über den Weg lief und sie mit Kartoffeln bedrängte, hielt es Dorothy wohlvorbereitet unter Verschluß, für den Tag, an dem ein edler Prinz des Weges kam und auf vornehme Art darum bat, etwa so: »Gott zum Gruß, schöne Dame. Ich komme von weit her gereist, und mein Roß ist müde und kann nicht mehr. Wohlan denn, ziehen wir uns doch in Ihre Gemächer in der Herberge zurück, und laßt uns der Kurzweil frönen, alldieweil ich Sie mit alten Balladen auf der Ukulele ergötze . . .«

»Ist das dann alles?«

Margie schaute ihn an, während sie mit ihrem Spüllappen die Theke abwischte. Ihre Blicke trafen sich. Gestern hätte er noch als erster nachgegeben, als erster den Blick gesenkt. Doch das war gestern, und heute war heute. Er blickte sie fest an, und tatsächlich, sie schaute als erste weg, mit einem komischen Gesichtsausdruck, einer Mischung aus Verlegenheit und Niederlage. Das Bewußtsein neugewonnener Macht erfüllte Hermie und übertrug sich sofort auf seinen Pimmel und vergrößerte seine Selbstachtung enorm, so daß er seine Knie anheben mußte, die daraufhin gegen die Unterseite der Theke knallten, und das tat weh.

Margie beschrieb mit dem Spüllappen Kreise auf der Theke und kam dann zurück und versuchte es noch einmal: »Sonst noch was?«

Allerdings, Baby. Ich will noch was. Ich will *dich*. Gleich hier auf der Theke, vielen Dank fürs Saubermachen. Ich möchte, daß du dich hinlegst, und keine Widerrede, verstanden? Und wenn ich fertig bin, Baby, dann schenk' ich dir zum Abschied eine Dublone und geh' hinaus und bahne mir einen Weg durch den Hafen und laß' links und rechts die Weiber liegen, mit den Röcken überm Kopf und um eine Zugabe bettelnd.

Margie versuchte es erneut. »Noch etwas Kaffee?« Sie lächelte ihm zu, und das konnte allerlei bedeuten. Wie lange war wohl ihr Mann schon auf See, daß Margie so scharf auf Sex war? Der oberste Knopf ihrer Bluse war aufgeknöpft, und ihre gut entwickelte Brust lag drin auf der Lauer wie ein zusammengekauerter Tiger. Wenn er sich vorbeugte und ihren Bauchnabel antippte, würden ihm ihre reizenden Brüste entgegenfliegen und knapp an seinem Kopf vorbeizischen, eine auf der Backbord-, die andere auf der Steuerbordseite, und Hermie würde sich mittschiffs finden, im Maschinenraum, und soviel Dampf nach oben schicken, daß die alte Fregatte mit Höchstgeschwindigkeit dem Hafen von Portsmouth zustreben würde, und bei *Lloyds of London* würden sie in Freudengesänge ausbrechen. Hermies Knie waren so fest gegen die Unterseite der Theke gepreßt, daß er unbedingt den Druck verringern mußte, wollte er nicht für den Rest seines Lebens so gebeugt daherkommen wie Lionel Barrymore.

Er rutschte also von dem Hocker herunter und richtete sich ganz ganz langsam auf. »Was bin ich Ihnen schuldig?« Er sagte das wie ein Matrose, der gerade mit einer Dirne fertig war.

Margie machte die Augen zu und zählte zusammen. Für alles, was er im Geiste mit ihr angestellt hatte, erwartete er eine Rechnung von mindestens hundert Dollar. Als sie fünfundachtzig Cents sagte, platzte deshalb sein Luftballon. Er fingerte die vier Vierteldollarstücke aus dem Täschchen in seiner Badehose und ließ sie klirrend auf die Theke fallen. Eine der Münzen rollte über die Kante, so daß er sich bücken und sie aufheben mußte, was die Stimmung vollends ruinierte. Er wartete gar nicht erst auf sein Wechselgeld. Es war alles für sie, weil sie's ihm so gut gemacht hatte. Er verließ Margies Kuchenhaus und schwor sich, wiederzukommen, wenn die Besitzerin allein war, und sich so toll mit ihr zu amüsieren, daß sie *ihn* dafür bezahlen und ihn bitten würde, ein Konto bei ihr zu eröffnen, von dem er stets abheben konnte. Noch während er auf die Straße trat, stellte er sich vor, wie sie flehend vor ihm auf den Knien lag, und rümpfte über ihr Verhalten die Nase.

Sein Hauptziel war im Augenblick, Oscy und Benjie aus dem Weg zu gehen, denn was er längst geahnt hatte, war eingetroffen: Er war für ihre Gesellschaft viel zu reif geworden. Sicher, Oscy hatte gebumst. Aber Miriam konnte jeder haben. Worauf es ankam, war, sich nicht mit unwürdigen Frauenzimmern einzulassen. Drum hatte er sich auch geweigert, Aggie zu bumsen. Das wäre ein Rückschritt gewesen. Es mit Margie auf der Marmortheke zu tun wäre zwar eine Leistung (und außerdem ziemlich kalt), aber damit wäre auch nicht viel mehr erreicht. Das erste intime Verhältnis im Leben sollte man aus Liebe eingehen. Dorothy. Mit Dorothy wäre es ein Liebesverhältnis. Ein Verhältnis mit der geliebten schönen Dorothy. Oh, er wußte, es würde schwierig sein, mit ihr ein intimes Verhältnis anzufangen, aber irgendwie wußte er auch, daß es einfach geschehen würde. Sein Schicksal, sein Kismet wollte es so. Außerdem brauchte er natürlich noch eine Menge Glück. Jedenfalls wollte er den ganzen Tag allein sein, und da die Insel so klein und ein Bursche mit einer mächtigen Erektion so auffallend war, fuhr er mit der Fähre zum Festland.

Er setzte sich weit nach vorne, in den Bug sozusagen, und ließ seine zackig heroischen Gesichtszüge vom kühlen Gischt umspielen. Er schaute dem Hin und Her der Seemöwen zu, machte sich aber kaum Sorgen, daß Johnny Stella unter ihnen sein könnte, denn wie schon zu Johnny Stellas Lebzeiten allgemein bekannt war, vertrugen sich er und Wasser überhaupt nicht. Johnny Stella hatte ein Frotteehemd, das Oscys Frotteehemd in eine Klasse mit Greta Garbos Chiffonbluse rückte.

Es waren keine Frauen an Bord, die ihn interessiert hätten, doch als die Fähre am Festland anlegte, war da ein Mädchen, das seine Phantasie beflügelte. Ein großes, hageres Ding mit strohblonden Haaren, die zu einem sauberen Pagenkopf frisiert waren. Von Busen war nicht viel zu sehen, dafür hatte sie ein feines Hinterteil. Im Geist sah sich Hermie mit ihr in der Telefonzelle neben dem Fahrkartenschalter. Bis Mittag drückte sich Hermie an der Anlegestelle der Fähre herum und sah zu, wie die Fähren träge an- und ablegten, wie Leute ein- und ausstiegen, darunter auch die eine oder andere Dame, mit denen Hermie nicht ungern in eine Taucherglocke gestiegen wäre. Er hatte gerade noch genug Geld fürs Mittagessen, das aus einem Sandwich mit Krabbensalat, zwei Colas, einer großen Portion Bananeneis und – um ihm die Wartezeit zu verkürzen – einem Körbchen mit kleinen Austern bestand, die er, in der Hoffnung, Perlen zu finden, sorgfältig aufbrach und aß, doch er hatte kein Glück.

Gegen vier Uhr beschloß er, zur Packett-Insel zurückzukehren. Als die Insel am Horizont auftauchte, konnte Hermie an nichts anderes mehr denken als an Dorothy. Er näherte sich Dorothy. Kam heim zu Dorothy. Hinter ihm lag Corregidor, er war einer der wenigen Männer, der der teuflischen Falle der Japse entkommen war. Die Musikkapelle würde ihn mit einem flotten Marsch erwarten, und er würde von einer Ehrenwache auf einer Tragbahre abgeholt werden, und Frauen würden weinen und Männer ihm zujubeln. Sie würden ihm Orden an die Wolldecke heften, und Veteranen des Ersten Weltkrieges auf Holzbeinen würden salutieren und umkippen. Seine Tragbahre würde auf Dorothys Veranda abgestellt werden, und Dorothy würde ihn die ganze Nacht umsorgen, bis das Fieber zurückging. Gegen Mitternacht würden seine Augenlider flattern, und er würde ihren Namen rufen, und sie würde vor Freude schluchzen. Sie würde sich noch nicht zu ihm legen, weil er sehr geschwächt war, doch nachdem er einige Tage im Rollstuhl im sonnenüberfluteten Garten gesessen hätte, würde er langsam genesen, und sie würde ihm mitteilen, sie erwarte ein Baby, und Hermie sagte sich noch einmal, er dürfe ja nicht vergessen, seinen letzten Gummi mitzunehmen, wenn er an diesem Abend Dorothy besuchte.

Er verließ die Fähre auf einem Umweg, nur für den Fall, daß Oscy und Benjie, die Idioten-Zwillinge, in der Nähe waren. Er ging ins Fährhaus und dort in die Toilette und kletterte aus dem Fenster. Das war ein bißchen umständlich, aber die Mühe lohnte sich, denn wenn die in der Nähe waren, hatte er sie mit Sicherheit abgeschüttelt. Etwa um fünf Uhr war er zu Hause; er ging durch die Hintertür hinein und blieb bis kurz vor dem Abendessen auf seinem Zimmer, als ihn dann seine Mutter ins Verhör nahm. Er konnte sich später nicht erinnern, was er ihr sagte, nur daß er gesunde Mahlzeiten zu sich genommen habe, und das schien sie zufriedenzustellen. Es ging ihm durch den Sinn, daß er alles tun konnte, was er auch wollte, ohne seine Mutter aus der Fassung zu bringen, solange er nur gut aß. Er konnte ein Mörder und ein Sittlichkeitsverbrecher und ein Falschmünzer sein, er brauchte nur darauf zu achten, daß er stets fünfhundert Pfund wog, dann würde er immer seine Mutter auf seiner Seite haben. Fürs Abendessen hatte sich seine Mutter Spaghetti ausgedacht, und das war Hermie gerade recht, denn dabei blieb ihm sehr wenig Zeit zum Sprechen. Von Zeit zu Zeit wurde er ermahnt, nicht so zu schlürfen, und seine Schwester sagte zweimal, er habe überhaupt keine Manieren, doch solange er nur aß, hatte er seine Mutter hinter sich, und schließlich verließ seine Schwester vorzeitig den Tisch, voller Wut darüber, daß Gott ihr anstatt eines Bruders ein wüstes Ferkel gegeben habe. Sein Vater las während des ganzen Essens die Zeitung, und das war bei ihm ungewöhnlich, denn er legte Wert auf gute Manieren. Aber Rommel brachte immer noch Afrika durcheinander, und sein Vater, wie seine Freunde aus der Binokelrunde ein Kriegsexperte, regte sich darüber auf, daß die britische Eighth Army mit dem gerissenen Wüstenfuchs nicht fertig wurde. Als Hermie dann schließlich vom Tisch aufstand, hatte er während des ganzen Essens nichts anderes gesagt als »Gib mal das Salz« und »Wie haben die Giants heute gespielt?« – und in beiden Fällen reagierte niemand darauf.

Er versuchte ein kleines Schläfchen zu machen, denn er

wollte für seinen Besuch bei Dorothy gut ausgeruht sein. Aber er konnte unmöglich schlafen, und so ging er etwa um sieben Uhr unter die Dusche, bis um acht Uhr. Falls seine Schwester gegen die Tür trommelte, würde er nichts hören, denn er hatte das Wasser voll aufgedreht. In der Dusche sang er ein Potpourri aus populären Kriegsliedern. Er war zwar kein Sinatra, aber immerhin.

Als er das Bad verließ, stand seine Schwester vor der Tür, als warte sie auf einen Bus. Sie sagte kein Wort, während er an ihr vorbeirauschte. Sie sagte etwa dreißig Sekunden lang kein Wort, doch dann drang die Stimme des Entsetzens aus dem Bad, mit der üblichen Anklage: »Das heiße Wasser ist aus!« Das konnten sie einmal seiner Schwester auf den Grabstein schreiben: »Das Heiße Wasser Ist Aus.« Der Gedanke kam Hermie, nur ganz kurz, daß vielleicht seine Schwester genauso sexbesessen war wie er. Aber er schlug sich den Gedanken sofort wieder aus dem Kopf, es wäre zu schauderhaft gewesen. Allerdings hatte sie, das mußte er schon zugeben, eine gute Brust, und ihre Beine erinnerten sogar an die von Marlene Dietrich, der man das beste Fahrgestell der Filmgeschichte nachsagte. Und überhaupt, es war schließlich Krieg, und im Krieg konnte alles passieren. Sogar, daß seine Schwester ein Verhältnis hatte. Aber mit wem? Er dachte die fünf Sekunden darüber nach, die es wert war, und ließ es dann ganz fallen, als eine Sache, um die sich seine Mutter kümmern konnte, wenn sie gerade nicht kochte.

Hermie zog seine feinsten Kleider an. Ein blaues Hemd, sehr, sehr vornehm und am Kragen offen, so daß sein rudimentärer Adamsapfel auf erregende Weise zur Geltung kam. Seine weißen Leinenhosen, so rein wie jungfräulicher Schnee, waren für festliche Anlässe gedacht und noch so unberührt wie am ersten Tag. Handgenähte Schuhe, braun und weiß, mit etwas weißer Schuhcreme auf dem braunen Leder und etwas brauner Schuhcreme auf dem weißen Leder, denn wer zum Teufel kam mit solchem Firlefanz schon zurecht? Und Socken. Socken waren korrekt. Er hatte den ganzen Sommer keine Socken getragen, aber er wußte, daß Socken der Situation angemessen waren. Die Socken, für die er sich entschied, waren entsetzlich dick; seine Schwester hatte sie für irgendeinen Studenten gestrickt, der den Wehrdienst antreten mußte. Sie gab sie dann allerdings Hermie, weil sie gewisse Mängel hatten, zum Beispiel kleine Wollstückchen, die wie Würmer an den Socken hingen. Zuerst glaubte er, die Socken seien umgestülpt, aber die Innenseite war noch schlimmer. Seine Schwester gehörte nicht zu den besten Strickerinnen der Welt. Jedenfalls entschied sich Hermie, etwas zu riskieren, und er schnitt alle die losen Wollenden ab und hoffte nur, die Socken würden nicht auseinanderfallen, so wie der lumpige Namenszug auf seinem OPACS-Pullover. Er zog sie an, und sie waren prachtvoll. Rot, weiß und grau, höchstwahrscheinlich die Nationalfarben Madagaskars. Er bürstete seine Haare, bis sie ihm keinen Widerstand mehr leisteten, und wie durch ein Wunder gelang ihm gleich der erste Scheitel. Er sah darin ein weiteres Omen zu seinen Gunsten. Er war in so guter Stimmung, daß er die jämmerliche Mundharmonika draußen gar nicht hörte. Auf wunderbare Weise stimmte auf einmal alles in seinem Leben. Er streifte die qualvolle Haut der Jugend ab, und ein unwiderstehlicher Mann schlüpfte aus und lächelte ihn aus dem Spiegel an. Und als er sein Zimmer verließ, wußte er ganz genau, daß er bei der Rückkehr endgültig ein Mann sein würde. Er war von Kopf bis Fuß der wandelnde Verführer und strahlte Sex und Selbstvertrauen und Reife aus. Es schien unter seiner Würde, seine Aufzeichnungen mitzunehmen, sie kamen ihm jetzt häßlich vor. Doch er steckte sich den letzten seiner Gummis in die Tasche, denn, wie sagten doch die Leute vom Küstenwachdienst so klug: *Allzeit bereit.*

Er verließ das Haus durch die Hintertür, so elegant und zuversichtlich wie David Niven. Oscy stand da. Oscy, mächtig niedergeschlagen, und Hermie hätte an seiner Stelle sogar die gottverdammte Seemöwe akzeptiert, denn die Möwe bestand wenigstens nicht darauf, Mundharmonika zu spielen. Die Möwe wurde ihren Vogelmist auf andere Weise los. Doch Oscy, der blies den Mist direkt in seine Mundharmonika. *Drei kleine Negerlein*, vom Maestro persönlich gespielt, verpestete die süße, besondere Welt, auf deren Erschaffung Hermie zwei Stunden verwandt hatte. Als er Hermie sah, hörte Oscy auf zu spielen und klopfte die Mundharmonika an seiner Handfläche aus. Und wieder kam eine Ladung Speichel raus und sah sich im Nu von Oscys Frotteehemd aufgesaugt. Dieses Frotteehemd wurde langsam, aber sicher zu Amerikas Geheimwaffe. Sie konnten es über Berlin abwerfen, und die Deutschen würden kapitulieren. Hermie honorierte Oscys Gegenwart mit einem leichten Nicken und einer Richtungsänderung um neunzig Grad. Doch Oscy stellte sich ihm flink in den Weg und blockierte Hermies Straße zum Paradies. »Es ist alles vorbei«, sagte Oscy, und für einen Augenblick glaubte Hermie, Oscys Vater sei gestorben, denn er litt schon seit Jahren unter einer krankhaften Veränderung der Herzscheidewand und fühlte sich oft mies.

»Was ist vorbei?«

»Das mit mir und Miriam.«

Hermie interessierte sich wirklich nicht besonders dafür, aber Oscy sah so komisch aus.

»Was ist passiert?«

»Es ist mir peinlich, davon zu reden.«

»Dann laß es eben bleiben.« Hermie hatte keine Lust, für Oscys Geheimnistuerei das Publikum zu spielen, und deshalb ging er um ihn herum und setzte seinen Weg fort.

Oscy holte ihn ein und ging neben ihm her. »Hermie, du wirst es gar nicht glauben.«

»Nach dem, was gestern abend vorgefallen ist, glaube ich alles.« Hermie wollte ihn einfach loshaben. Oscy mit seinen fünfzehn Jahren würde ihn bestimmt seiner neugewonnenen Reife berauben.

»Nicht, was du denkst.«

»Oscy, ich hab's wirklich eilig.«

Oscy nickte; dann würde er eben gleich zur Sache kommen. »Wir bekamen heute nachmittag ein bißchen Streit, weil ich am Strand nach ihrem Busen griff und dabei Sand an den Fingern hatte, oder was weiß ich. Und als ich dann zu ihr ging, nach Hause, um mich zu entschuldigen –« Er machte eine dramatische Pause und führte dann seinen Gedanken zu Ende. »Sie hat Blinddarm. Sie haben sie zum Festland gebracht.«

Hermie interessierte sich nicht für die ganze Sache, aber er war neugierig, warum er wohl Miriam nicht gesehen hatte, wo er doch jede Fähre gesehen hatte, die an diesem Tag zum Festland gefahren war.

»Sie sagte, sie wolle nicht zu unserer Verabredung kommen, und bevor ich noch recht wußte, was los war, war es Blinddarm. Mann, die schreckt vor nichts zurück. Auf einer Tragbahre haben sie sie aufs Schnellboot verladen.«

Das Schnellboot – deshalb hatte Hermie Miriam nicht aus der Fähre steigen sehen. So oder so, länger konnte er beim besten Willen nicht mehr so tun, als sei er brennend interessiert. Er beschleunigte seine Schritte.

»Wer weiß, vielleicht ist es am besten so.«

Oscys Arm packte ihn und wirbelte ihn herum. »Am besten! Wie kannst du bloß so was Blödes sagen, verdammt noch mal!« Oscy war wirklich wütend. Seine blauen Pupillen verfärbten sich rot in ihrem weißen Rahmen.

Aber Hermie war auch wütend. Er hatte keine Lust, seine Zeit zu verplempern. Er befreite seinen Arm. »Weil ich mich nicht dafür interessiere!« Er vermutete, daß seine eigenen Augen rot waren. Vielleicht merkte Oscy noch rechtzeitig, was los war.

»Bockmist! Und wie du dich interessierst! Du hast uns lange genug zugeschaut! Wir wußten, daß du zuschaust!« Sie standen Nase an Nase und waren gefährlich nahe daran, einander den Krieg zu erklären.

»Ich habe nur einen flüchtigen Blick auf euch geworfen.« Hermie trat zurück, bereit, seine Fäuste einzusetzen. Seine Stimme ließ nicht den geringsten Zweifel aufkommen. »Halt's Maul, Oscy. Ich interessiere mich nicht für die schmutzigen Einzelheiten.«

Oscy schien sehr überrascht. Seine Stimme wurde weicher. »Willst du damit sagen – du möchtest nicht, daß ich dir davon erzähle?«

»Genau, Oscy. Genau das will ich damit sagen. Ich will nichts davon wissen.«

Oscy war verblüfft. Ein Lächeln versuchte sich auf sein Gesicht zu stehlen, seine Schultern krümmten sich, und seine Hände öffneten sich und gingen zaghaft auseinander. »Aber – ich wollte dir doch alles erzählen.«

»Behalt's für dich.«

Hermie ging weiter. Leck mich, Oscy. Das war das Etikett, mit dem diese Epoche in die Geschichte eingehen würde. »Das Leck-mich-Oscy-Zeitalter.«

Oscy ging wieder neben ihm her, und von Zeit zu Zeit streckte er die Hand aus und packte Hermie an der Schulter und zwang ihn, Oscy anzusehen. »Eines Tages wirst du alles wissen wollen, du Klugscheißer, aber dann wirst du von mir nichts rausbekommen.«

»Gut.« Hermie schüttelte immer wieder Oscys Hand ab. Einem Torpedo gleich blieb er unerbittlich auf Kurs, nichts konnte ihn davon abbringen. Er ging weiter die Straße entlang.

»Irgendwas stimmt bei dir nicht, Hermie. Du bist nicht normal.«

»Gut.« Er mußte schon wieder Oscys Pfoten abschütteln, und das ging ihm so langsam schwer auf die Nerven. Er spürte, wie sich seine Arme anspannten, und er wußte, daß seine Fäuste geballt waren und daß er fast an dem Punkt angelangt war, wo es keine Rückkehr mehr gab.

Oscy mußte Hermies Beharrlichkeit gespürt haben. Er ging noch eine Weile neben ihm her, bevor er das Thema wechselte.

»Du hast dich aber mächtig herausgeputzt.«

»Gut.« Es war außerdem gut, daß Oscy aufhörte, ständig sein neues blaues Hemd anzufassen.

»Kenne ich dieses Hemd?« Er versuchte freundlich zu sein.

»Es ist neu.«

»Es ist nicht schlecht. Du hast was für Blau übrig, nicht wahr?« Ein verstohlenes Grinsen machte sich auf seinem blöden häßlichen Gesicht breit.

Hermie wußte, daß Oscy auf die Farbe seiner Packung Kondome anspielte. Er wußte auch, daß er, wenn Oscy so weitermachte, den letzten überlebenden Gummi herausholen und Oscy über den Schädel stülpen würde.

»Gehst du zu *ihr*?«

Oscy suchte offensichtlich Streit. Hermie hatte zwar keine Angst davor, aber wenn er an seine sauberen Kleider dachte, gefiel ihm der Gedanke gar nicht. Wenn man auf Freiersfüßen wandelte, durfte man doch nicht aussehen wie ein Gassenjunge. »Leck mich, Oscy.« Oscy konnte das so auffassen, wie er wollte. Er konnte es als Herausforderung auffassen oder nicht. Hermie würde jedenfalls nicht den ersten Schlag austeilen.

Oscy ließ den Augenblick vorbeigehen und blieb lieber dabei, weiterhin gegen Hermie zu sticheln, und dazu lächelte er sein berühmtes Querfeldein-Lächeln. »Hast du auch die Gebrauchsanweisung nicht daheim vergessen, du großer Liebhaber?«

Hermie gehörte nicht zu denen, die nicht merkten, wenn gegen sie gestichelt wurde. Doch er entschied sich dafür, nicht auf dieses kindliche Niveau herabzusteigen. »Es wird kein derartiger Abend. Aber das verstehst du nicht, dafür bist du viel zu . . . gewöhnlich.«

»Gewöhnlich?« Oscy mußte lachen. »Was zum Teufel meinst du mit ›gewöhnlich‹?«

Es überraschte Hermie selbst, daß seine Geduld plötzlich zu Ende war, schlagartig. Er blieb stehen, wandte sich Oscy zu und packte sein schmieriges Frotteehemd; er raffte eine ganze Handvoll davon mit der einen Faust zusammen und hielt ihm die andere Faust unter die Nase, die er erst vor ein paar Tagen so blutig geschlagen hatte. »Oscy, wenn du mich jetzt nicht endlich in Ruhe läßt, bekommst du die zu spüren!« Seine Faust fühlte sich an wie ein großer Klumpen Stahl. Ein falsches Wort von Oscy, ein unkontrolliertes Lächeln, und Hermie würde ihm diese Stahlfaust ins Gesicht schlagen, daß seine Nase auf der anderen Seite rauskommen und ihm blutend über das Genick und den Hintern und die Beine rutschen würde.

Oscy war alles andere als ein Diplomat, aber er war auch kein Feigling. Er musterte Hermies Faust, die, die ihm fast das moosbewachsene Frotteehemd vom Leib riß. »Nimm deine gottverdammte Hand weg, Hermie.« Die tödliche Drohung an Hermies Hand war nicht zu überhören.

Hermie ließ nicht los. Er wollte Oscy eine verpassen. Er wartete nur auf eine falsche Bewegung.

Oscy schaute Hermie ins Gesicht und fand darin keine Spur von Lachen. Er wußte, er konnte es mit Hermie jederzeit aufnehmen. Und diesmal war er ganz besonders scharf darauf. Was er nicht verstand, war Hermies offenkundiger Wunsch zu sterben. Mit Oscy so vorzugehen bedeutete Selbstmord, weshalb tat es also Hermie? Größere Burschen als Hermie waren von Oscy gehörig verprügelt worden, und doch schien es Hermie darauf anzulegen. Und das war der Grund, weshalb sich Oscy, ein wahrer Sadist, zurückhielt, zumindest für den Augenblick. »Wieso zum Teufel bist du denn so wütend, Hermie?«

Hermie rief so laut, daß ihn die ganze Insel hören konnte. »Ich weiß nicht!« Und er wußte es auch nicht. Oscy war sein bester Freund. Oscy machte eine fürchterliche Krise mit Miriam durch. Oscy wollte nur das Beste für Hermie. Und Oscy konnte Hermie windelweich prügeln. All diese Gedanken gingen Hermie durch den Kopf, und zwar nicht in einer bestimmten Reihenfolge. Und als sie schließlich auch keine Antwort hergaben, ließ Hermie Oscys dreckstrotzendes Frotteehemd los und wandte sich ab und sagte: »Aaaaaaaach.«

Oscy sah ihm nach und folgte ihm nicht. Er rief ihm nur noch eine zusätzliche Schmähung nach. »Hast du deine Gummis?« Hermie ging weiter. »Weißt du was, Hermie? Ich bereue bloß, daß ich einmal versucht habe, dir zu helfen!«

Hermie blieb stehen, fuhr herum und schrie zurück: »Dann geht es dir wie mir!«

»Ich hab' mein Fernglas hergegeben, um dir was beizubringen, du undankbarer Trottel!« Sie standen keine zehn Meter auseinander, es sah aus wie der Anfang eines Revolverduells.

»Das tut *mir* doch nicht weh!« Hermie würde nicht nachgeben. Er würde die Stellung halten. Ihm reichte es. Wenn Oscy auf ihn zukommen sollte, würde er ihm eine stecken, saubere Kleider hin oder her.

Oscy blieb, wo er war. »Es spricht sich allmählich herum, Hermie! Du bist ein Homo!«

»Komm doch her und sag das noch mal, du alter Hosenscheißer!«

Oscy betrachtete Hermie, betrachtete ihn lange. Wäre es jemand anders gewesen und nicht Hermie, wäre er spätestens jetzt auf ihn losgestürzt. Aber es war Hermie. Und

Hermie war sensibel und poetisch und ziemlich verrückt. Oscy sagte: »Aaaaaaaah« und machte eine wegwerfende Handbewegung in Hermies Richtung, um ihm kundzutun, wie sehr ihn das alles anekelte. Dann ging er in der entgegengesetzten Richtung davon und blieb nur einmal stehen, um »Homo!« zu rufen. Dann ging er endgültig. Ganz und gar. Hermie sah Oscy nach, der immer kleiner wurde und dann allmählich in der zunehmenden Dunkelheit verschwand, wobei er Steine kickte und mit kleinen Ästchen warf, sich aber nicht mehr umdrehte. Und selbst als Oscy um eine Ecke verschwunden war, hielt Hermie seine Stellung, denn Oscy war es zuzutrauen, daß er plötzlich, und mit einem ganzen Regiment Verstärkung, wieder auftauchte.

Als er das Gefühl hatte, daß kein Tropfen Blut mehr in seinen geballten Fäusten war, entkrampfte sich Hermie. Er bog seine Finger auseinander und streckte sie und spürte, wie das Blut auf dem üblichen Wege zurückkehrte. Und dann, nachdem er ein paarmal tief eingeatmet hatte, abgrundtief, wandte er sich um und ging in seiner ursprünglich eingeschlagenen Richtung weiter. Nun, nachdem er Oscy aus seinem Leben geworfen hatte, hatte er alle Brükken zu seiner Jugend abgerissen, alle Spuren der Albernheiten seines früheren Lebens getilgt. Vor ihm lag Dorothy, und wie wörtlich das zu verstehen war, würde sich bald herausstellen. Er wußte, daß die Vorstellung, Dorothy könne sich in ihn verknallen, ziemlich kühn war. Aber schließlich lebte er in Amerika, und Amerika war ein Land der Träume, von Männern besiedelt, die Träume hegten, und von Männern verteidigt, die sich auf Träume stützten. Und so setzte er seinen Weg fort, und mit jedem Schritt wuchs sein Selbstvertrauen, und dann sah er das Haus auf der Düne, als Silhouette gegen den grau-purpurnen Himmel, und er blieb stehen, denn er wußte, wie sehr er sich fürchtete. Er hing wieder amerikanischen Träumen nach, denn sie hatten ihm in Zeiten, in denen er an sich selbst zweifelte, immer wieder Kraft gegeben. Er dachte an die Katastrophe von Pearl Harbor und daran, daß eigentlich kein vernünftiger Mensch hätte erwarten können, daß sich Amerika von dem Schlag erholen würde. Er erinnerte sich an die Reaktion seines Vaters, als er ihn fragte: »Was ist Pearl Harbor?« Sein Vater hatte grimmig gelächelt und gesagt: »Es ist ein Ort, der den Japanern noch viel mehr Kummer machen wird als uns.« Er dachte an all die tapferen Leute; die dem Ruf ihres Vaterlandes gefolgt waren, und er wußte, daß er dieselben Wurzeln hatte, zum gleichen Menschenschlag gehörte. Er wußte außerdem, daß ihm das alles nichts half und daß er spätestens in einer halben Minute nach Hause rennen und sich unterm Bett verstecken würde, und daß er es schleunigst mit anderen Gedanken versuchen mußte. Er versuchte es mit einer Reihe von verschiedenen Dingen. Er dachte zum Beispiel daran, wie gut er im Kunstunterricht war, vor allem im Zeichnen. Und wie sehr er seinen Onkel Harry vermißte, der mit siebenundzwanzig an Leukämie gestorben war. Er dachte an all die Mädchen, in die er sich im Laufe seines Lebens verliebt hatte, und wie hilflos er immer gewesen war, wenn es darum ging, ihnen das zu zeigen, und daß er sich diesmal zum erstenmal in einer Weise verhalten hatte, die halbwegs erwachsen war. Und er wußte, wenn er jetzt umdrehte, nach all den Sehnsüchten und all den Vorbereitungen, wenn er jetzt ausriß und zu seinem Zimmer zurückkehrte und Penny Singleton küßte, dann wäre er für die nächsten dreißig Jahre seines Lebens nichts weiter als der Schatten eines Mannes, und danach kaum mehr als ein Grabstein, ein Grabstein, auf dem es hieß: »Hier Liegt Überhaupt Nichts. Nicht Hineinfallen.« Und so ging er vorwärts, und das befriedigte ihn, denn es hieß, daß es immer noch Hoffnung für ihn gab, wenn nicht als großer Liebhaber, so doch als Mann.

Während er nun ihrem Haus zustrebte, beflügelte ihn die Aussicht auf einen netten Abend; ein junger Mann würde an einem warmen Sommerabend eine Dame besuchen, sie würden sich bei einer Limonade angeregt unterhalten, man würde scherzen und lachen und ein paar Lieder zum Pianola singen ... und die kalte Angst, die sich während des Tages um sein Herz gelegt hatte, lockerte ihren Griff.

Aber irgend etwas stimmte doch nicht. Etwas mit dem Haus. Zum Beispiel war es nur schwach beleuchtet. Nur eine oder zwei Lampen brannten, und die mußten im hinteren Teil des Hauses sein. Und außerdem war es so ruhig, auf merkwürdige Art ruhig. Nicht daß Hermie eine Musikkapelle auf der Veranda erwartet hätte, aber sie hätte doch wenigstens das Radio andrehen können, oder auch nur das Grammophon, irgendeine Musik, seinetwegen sogar einen Choral. Und als er näher kam, hätte er sogar Kate Smith in Kauf genommen, denn es war alles so verzweifelt still. Ein unangenehmes Gefühl überkam ihn, er ahnte Schlimmes. Ruhig ging er durch die Fliegentür, und er hörte das Geräusch seiner Schritte auf dem etwas durchhängenden Fußboden der Veranda. Es waren vier Schritte bis zur Tür, die ins Wohnzimmer führte. Sie stand offen, doch Hermie, höflich wie immer, klopfte trotzdem an den Türrahmen. Aus dem Zimmer drang schwaches Licht, aber niemand reagierte auf sein Klopfen. »Hallo?« Der Klang seiner Stimme brachte alles zum Stillstand, sein Gehen, sein Atmen, seinen Herzschlag, ja sogar die Grillen und Heuschrecken draußen waren still und warteten ab. Wieder keine Antwort. »Hallo?« Nichts.

Er betrat das sauber aufgeräumte Wohnzimmer und spürte sofort, daß es nicht so heiter und fröhlich war, wie er es in Erinnerung hatte. »Hallo?« Keine Antwort, kein Geräusch, rein gar nichts. Bis auf ein seltsames rhythmisches Kratzen. Kar-ratz-ratz-ratz, kar-ratz-ratz-ratz.

Er stand jetzt mitten im Wohnzimmer und schaute sich um, und es freute ihn, daß er in einer so seltsamen und unerwarteten Situation so ruhig sein konnte. Auf einem Tisch stand eine Flasche, irgendein schottischer Whisky, halb leer. Daneben ein Glas, ganz leer. Und daneben ein Aschenbecher, voll bis zum Rand mit ausgedrückten, nur zur Hälfte gerauchten Zigaretten. »Dorothy? Es ist Hermie. Hermie vom Strand unten.«

Keine Antwort.

Er schaute sich etwas gründlicher um. Da war die gerahmte Fotografie von dem lächelnden Pete, der Hermie anstrahlte, die Pfeife immer noch zwischen den starken, geraden Zähnen. Und die Aufschrift: »In ewiger Liebe, Pete.«

Hermie ging noch ein paar Schritte weiter, und das Geräusch wurde lauter. Kar-ratz-ratz-ratz, kar-ratz-ratz-ratz, kar-ratz-ratz-ratz. Es war das tragbare Grammophon. Mit dem zurückgeschlagenen Deckel erinnerte es an einen gähnenden Alligator, und sein Tonarm bewegte sich hin und her wie ein erhobener Zeigefinger, »nein . . . nein . . . nein.« Die Platte drehte sich immer weiter; sie war zu Ende, aber der Tonarm war nicht abgehoben worden. Daher das kar-ratz-ratz-ratz, kar-ratz-ratz-ratz, kar-ratz-ratz-ratz. Hermie hob den Tonarm hoch und legte ihn behutsam in die Ausgangsstellung zurück; die Platte ließ er weiter rotieren, denn das störte schließlich niemanden. Er versuchte, den Text auf der Schallplatte zu entziffern, aber es wollte ihm nicht gelingen, und ihm wurde dabei nur schwindlig. Das Zimmer war jetzt absolut still, zu still. Hermie versuchte vor sich hin zu pfeifen, doch sein Mund war zu trocken.

Das dumpfe Gelb des Telegramms stach ihm ins Auge. Es lag hinter der Flasche und war brutal zerknüllt und dann wieder sorgfältig geglättet worden. »Wir bedauern, Ihnen mitteilen zu müssen, daß Ihr Mann . . .«

Die kalte Nachricht drang in ihrer ganzen Abscheulichkeit in Hermies Kopf ein, wie Regen in einen Schwamm. Hinter sich hörte er das Geräusch einer sich öffnenden Tür.

Dorothy stand im Zimmer. Sie lächelte ihn an, erkannte ihn. Aber ihre Augen waren feucht und rot, und auf ihrem Gesicht lag ein Ausdruck einsamer Verletzbarkeit. Hermie hatte das starke Bedürfnis, sie in die Arme zu nehmen und ihr seine Hand an die Wange zu legen, so wie das seine Mutter immer bei ihm gemacht hatte, wenn er nach Hause kam und wegen irgend etwas weinte, mit dem er nicht fertig wurde. Langsam und gleichmäßig fuhr sie sich mit einer Bürste durch die Haare, eine kleine Geste der Weiblichkeit, an die sie sich klammerte, nur um etwas zu tun, um nicht den Verstand zu verlieren. »Hallo, Hermie.«

»Hallo.«

»Ich seh' nicht gerade hübsch aus, nicht wahr?« Sie ging an ihm vorbei, tragisch schön. Ein einsames kleines Mädchen in einem flaumigen rosaroten Morgenrock.

»Doch, doch, Sie sehen prima aus.«

»Das glaub' ich kaum.« Sie lächelte ihm wieder zu, ein Suchlicht in der Dunkelheit. Ein Augenblick endlosen Schweigens stellte sich ein, und sie bürstete sich das Haar, bis es glänzte wie das Haar einer Prinzessin. Dann war sie beim Grammophon und setzte die Nadel auf der noch immer rotierenden Platte auf. Eine Frau sang, und einen Moment lang, während Dorothy ihm den Rücken zudrehte, glaubte Hermie, sie sei die Sängerin. Es war ein leises, schmelzendes Lied, und es beschwor jede der Visionen herauf, die Hermie sich jemals von jenen traurigen Sängerinnen gemacht hatte, die von verflossener oder verlorener Liebe sangen, begleitet nur von dem ältlichen Pianisten, dessen Finger sich sparsam über die Tasten bewegten, während ihm eine Zigarette trocken von den Lippen hing. Wirklich. Unwirklich. Wirklich. Unwirklich.

Gestern war ich noch glücklich
Mein Herz war so froh . . .

Es war ihr Lied. Dorothys und Petes. Und wenn Dorothy schon über das Weinen hinaus war, war Hermie noch nicht ganz so weit, und sie verschwamm vor seinen Augen nur, weil er irgendwo im Regen stand. Er sah zu, wie sie die Haarbürste aus der Hand legte und anfing, sich hin und her zu bewegen, immer wieder, als sei das Lied ein Maß für die Entfernung zwischen Liebe und Tod und sie müsse die unmögliche Trennung berechnen.

Sie brach ihre Bewegungen ab und machte sich daran, die kleine Unordnung im Zimmer zu beseitigen. Sie nahm das Glas und den Aschenbecher vom Tisch.

Heute sah ich dich wieder
Da stand mein Herz still . . .

Sie lächelte wieder, als sie in den kleinen rosaroten Hausschuhen an ihm vorbeiging, ohne daß ihre Schritte zu hören waren. Er sah sie durch die türlose Öffnung in die Küche gehen.

Und ich wußte, die Liebe
Sie war nicht erloschen . . .

Hermie bewegte sich auf die Küche zu, wo sie am Spültisch stand und Wasser über den Aschenbecher laufen ließ. Sie beschäftigte sich mit nichtssagender Frauenarbeit, um der Wahrheit nicht ins Gesicht sehen zu müssen. Es war etwas, was Frauen taten, damit die Männer nicht ihre wahren Gedanken lesen konnten.

Für mich gibt's keinen andern
Denn mein Herz gehört dir . . .

Sie spülte immer noch den Aschenbecher, rieb die Finger über ihn, obwohl er schon lange sauber war. Der Klavierspieler bekam ein paar Solotakte und konnte seinem eigenen Elend Gehör verschaffen. Dann war irgendwie Hermie dran, und er übertönte das Klavier.

»Es tut mir leid.«

Sie wandte sich ihm zu, und ihr lose hängendes Haar ging ihrem leeren Lächeln voran. Dann galt ihre Aufmerksamkeit wieder dem Spültisch und dem Aschenbecher. Sie drehte den Wasserhahn in dem Augenblick zu, als die Sängerin wieder dran war.

Und ich wußte, die Liebe
Sie war nicht erloschen ...

Dorothy drehte sich Hermie zu. Sie stand mit dem Rücken gegen den Spültisch, auf die Hände gestützt, und nur die Daumen waren über der Emaillekante zu sehen. Sie sah Hermie an und schüttelte tapfer den Kopf, als wolle sie sagen: »Nun ja – wie gewonnen, so zerronnen.« Sie ging auf Hermie zu, nur um etwas zu berühren, das lebendig war und mitfühlte. Und als die kleinen rosaroten Hausschuhe die strammen Lederschuhe erreicht hatten, konnte Hermie sehen, daß er größer war als sie. Er wußte, daß er Tränen im Gesicht hatte, aber er wußte auch, daß er sich nicht zu schämen brauchte, denn selbst die besten Männer weinten einmal. Sie hob eine Hand zu seinem Gesicht und fing eine seiner Tränen mit ihrer Fingerspitze auf, und sie lief über ihren Finger auf sie zu, denn sie war jetzt die rechtmäßige Besitzerin aller Tränen dieser Erde. Sie fing noch eine und noch eine und ließ die salzigen kleinen Dinger über ihren Fingernagel laufen und dann zu Boden tropfen. Als schließlich alle Tränen weg waren, kam sie noch ein Stückchen näher und legte ihm den Kopf an die Schulter, einfach um auszuruhen, um nicht mehr ganz allein zu sein. Instinktiv legte ihr Hermie seine Hand auf die Wange und legte ihr seinen anderen Arm aufs Kreuz und drückte sie fester an sich, damit er den zitternden Körper festhalten konnte.

Für mich gibt's keinen andern
Denn mein Herz gehört dir ...

Das Klavier spielte, und die Stimme sang traurig, und ohne recht zu wissen, wie oder warum, bemerkte Hermie, daß er und Dorothy sich bewegten, ganz leicht, daß sie tanzten. Aber sollte nicht die Schallplatte längst zu Ende sein? War es ihr gelungen, lange genug seinen Armen zu entkommen, um die Platte erneut laufen zu lassen, und nur ein schwaches Echo ihrer selbst in seinen Armen zu hinterlassen? War ihr das wirklich gelungen, ohne daß er es bemerkt hatte?

Gestern war ich noch glücklich
Mein Herz war so froh ...

Oder hatten sie es gemeinsam gemacht und waren eben in dem Augenblick am Grammophon vorbeigetanzt, als die Platte zu Ende war, und hatten sie gleich von neuem laufen lassen?

Heute sah ich dich wieder
Da stand mein Herz still ...

Und waren das seine Füße da unten, braun und weiß in der Nacht, die so taten, als wüßten sie, was sie zu tun hatten? Und war das Dorothy, die er in den Armen hatte, wirklich Dorothy, die sich an ihn klammerte, als sei er der eben heimgekehrte Pete, und ihn anlächelte, obwohl Tränen an ihren lieblichen Wimpern hingen?

Und ich wußte, die Liebe
Sie war nicht erloschen . . .

Der Text erfüllte die Luft und nahm physische Gestalt an und hing von der Decke wie die Fesselballone über England. GESTERN. HEUTE. LIEBE. Er tanzte mit ihr um sie herum und versuchte sie davon abzuhalten, daß sie Dorothy berührten, ihr noch mehr weh taten, als sie das ohnehin schon getan hatten. Sie hingen ganz gemein da und schaukelten an knirschenden stählernen Kabeln hin und her. Hermie und Dorothy schlängelten sich zwischen ihnen durch, wurzellose Schatten, schwerelose Silhouetten, unbehindert von Boden, Wand und Zeit. Langsam hob sich ihr Gesicht und schaute ihn an. Sie betrachtete ihn ernst, betastete sein Gesicht mit ihren Fingern wie eine Blinde, versuchte ihn zu erkennen, sich an ihn zu erinnern. Noch einen Augenblick – und schnell drehte sie ihr Gesicht ein Stück zur Seite, ohne den Blick von ihm zu nehmen, und ein schelmisches Lächeln des Erkennens sagte ihm, er solle sie nicht zu täuschen versuchen, sie wisse, wer er sei. Dann lachte sie wie ein Kind und warf die Haare zurück wie ein nasser junger Hund. Und die im Raum hängenden Worte verflüchtigten sich, und eine neue Musik wurde laut, eine Dorothy-Musik, voller Sonne und Glanz. Und ihre Arme kamen ihm ungeniert entgegen, und ihr Gesicht näherte sich dem seinen, und der darauf folgende Kuß war schuld daran, daß sich der Raum drehte. Farben tauchten auf und verschwanden, wie Glasplättchen unter dem Mikroskop, und es gab ein kleines Spiel, bei dem sie aus seinen Armen schlüpfte und gleich darauf hinter ihm auftauchte und ihm die Augen zuhielt, rate mal wer, Liebling, und willkommen zu Hause. Worte formten sich in Hermies Mund, Worte des Protests, nicht mal Worte – nur Laute. Doch sie flogen davon, ungeformt, ungesagt, ziellose undefinierbare Laute.

Ein anderer, ihm ebenfalls vertrauter Raum, ohne Grenzen und von kleiner Ausdehnung. Nur Dinge, die bekannt waren, an die er sich erinnern konnte. Eine Lampe auf einem kleinen Tisch. Eine Uhr. Eine Vase mit frischen Blumen. Ein Kamm, ein Buch, ein Brief. Die bunt gemusterte Tagesdecke, zusammengerafft und zur Seite geschoben. Kleine gerahmte Bilder an den Wänden, Blumen, immer Blumen. Der flaumige rosarote Morgenrock durch die Luft schwebend, dann anmutig über der Stuhllehne liegend. Das neue blaue Hemd am Bettpfosten, gefolgt und verdeckt von den weißen Leinenhosen. Rosarote Hausschuhe auf dem Boden, daneben die strammen Lederschuhe, sich nur an den Spitzen berührend, und in jedem Schuh eine bunte Socke. Jetzt ein mit Stickereien verziertes Kissen, darauf schimmernd das geliebte Gesicht, die Haare ausgebreitet wie eine Windrose. Dorothy, lächelnd, ihm ganz persönliche Worte sagend, ihn an Dinge und Zeiten erinnernd, die nicht sein waren. Dorothy mit offenen Augen, Dorothy mit geschlossenen Augen. Dorothy drängend und versprechend. Dorothy unter ihm, die zarten Arme jetzt wie Stahl, warme Beine, die ihn nach unten zogen, in das samtene Gestrüpp, kein Denken mehr möglich, kein Zurück, nur schwach seine eigene Stimme:

»Kein Recht, kein Recht . . .«, denn es war Sommer und das erste Mal, und er liebte sie so sehr. Dorothy. Ich liebe dich, Dorothy.

Das einzige, was er wirklich gut hören konnte, war die Uhr. Doch wenn er sich sehr anstrengte, konnte er auch das Kratzen der Grammophonnadel aus dem Zimmer nebenan hören. Er lag still neben ihr, wagte nicht, sich zu rühren. Sie lagen beide auf dem Rücken, jeder mit seinen eigenen Gedanken beschäftigt. Trotz der düsteren Beleuchtung konnte er deutlich die herausnehmbare Platte in der Decke sehen. Volle zehn Minuten lang rechnete er damit, daß sie zur Seite gleiten würde, damit Oscy erschiene, oder Pete, ein Bajonett in der Hand, auf ihn herunterstürzen konnte. Doch Pete war tot, er konnte also nicht vom Dachboden herunterspringen, er konnte überhaupt nichts mehr tun. Hermie schielte zu ihr hinüber, und er bemühte sich dabei, völlig regungslos liegenzubleiben, um sie nicht auf sich aufmerksam zu machen; er hoffte, sie könne ihn für tot halten, und wünschte sich, er wäre tot.

Die Art, wie sie dalag, war verwirrend, unter der Decke, gerade so, als liege sie am Strand, das Gesicht zum Himmel gerichtet, ihre feine Nase genau im richtigen Winkel. Was immer auch in ihrem Kopf vorging, er versuchte gar nicht erst, darüber zu spekulieren. Er hoffte nur, daß sie sich keine schlimmen Vorwürfe machte. Es hätte ihm nichts ausgemacht, wenn sie sich gegen ihn gewandt und ihm alles mögliche an den Kopf geworfen hätte, wenn sie sich nur nicht furchtbar und schuldig und gemein vorkam.

Er dachte daran, ihr ein paar tröstende Worte zu sagen, etwa, er sei schon öfters in einer solchen Lage gewesen, denn es komme ziemlich regelmäßig vor, daß Männer ihr Leben ließen, und – er führte den Gedanken erst gar nicht zu Ende.

Dann dachte er daran, ihr die Heirat anzubieten. Wenn er ihr wenigstens sagte, wie sehr er sie liebe, würde sie sich vielleicht nicht so gemein oder beschmutzt oder ausgenutzt vorkommen. Doch es formten sich keine Worte in seinem gewaltigen Gehirn, und so blieb er weiterhin einfach liegen und betete um einen überraschenden Monsun oder irgendeinen anderen sofortigen, aber relativ schmerzlosen Tod, denn auch er glaubte, keine weiteren Qualen verdient zu haben.

Er dachte daran, ihr zu sagen, daß vielleicht alles ein Irrtum sei, daß Pete vielleicht gar nicht tot war, daß es vielleicht ein anderer war. Die Armee baute in diesen Dingen oft Mist. Aber er wußte, daß die Chancen einer solchen Verwechslung gering waren. Und überhaupt, was hatte das schon mit der Tatsache zu tun, daß er eben mit einer Kriegerwitwe geschlafen hatte, die ihn hilflos hatte gewähren lassen, weil sie sich in ihrem Gemütszustand nicht wehren konnte? Ganz gleich, wie er die Lage betrachtete, gleich, wie er alles drehte und wendete und interpretierte und verfälschte, er kam immer zum Ergebnis, daß auf lange Sicht gesehen er schlimmer dran war als sie. Sie würde sich im Leben durchsetzen, weil sie eines Tages verstehen würde, was geschehen war und wie es sich abgespielt hatte. *Er* würde in Schwierigkeiten geraten, weil es bei ihm das erste Mal gewesen war, und das hieß, daß er sich ewig daran erinnern würde, denn das war ein ungeschriebenes Gesetz. Und außerdem würde er immer daran denken müssen, daß sich in einer Krise sein wahrer Charakter gezeigt und sich offenbart hatte, daß ihm an Sex mehr lag als an Mitgefühl. Er wußte, daß er für alle Zeit und unauslöschlich als ein wertloser, gemeiner Lump abgestempelt war, und als ein . . . vulgärer Flegel.

Sie stand auf. Vielleicht hatte er zu laut gedacht. Das beunruhigte ihn. Er beobachtete, wie sie den Morgenrock anzog, als sei er überhaupt nicht im Zimmer. Sein Herz schlug höher. So viele unglaubliche Dinge waren geschehen, daß es durchaus möglich war – daß er unsichtbar geworden war. Vielleicht konnte sie ihn überhaupt nicht sehen und glaubte, sie habe eben diesen grandiosen heißen Traum gehabt. Während sie ihm immer noch den Rücken zukehrte, hob er die Bettdecke und schaute schnell nach, ob er noch da war. Ja, er war noch da. Oder doch zum größten Teil.

Sie ging aus dem Schlafzimmer und betrat das Wohnzimmer und verschmähte dabei die kleinen rosaroten Hausschuhe, die verlegen unterm Bett stehen blieben. Er wollte, sie hätte sie angezogen, denn Augustnächte konnten kalt werden, und diese Nacht war, wenn auch in mancher Hinsicht ungewöhnlich, darin keine Ausnahme. Er merkte, daß er sich verantwortlich fühlte, aber konnte er überhaupt anders mit sich leben?

Er konnte ihren Rücken im Wohnzimmer sehen. Dann verschwand sie aus seinem Blickfeld, denn sie ging in den Teil des Zimmers, den er nicht überblicken konnte. Kurz danach hörte das Geräusch der kratzenden Grammophonnadel auf, wahrscheinlich für immer. Dann tauchte sie wieder auf, nur etwas weiter im Zimmer drin, wo sie ihre Zigaretten fand und sich eine anzündete. Sie war vielleicht zehn Meter entfernt, aber ihre Stimme war deutlich zu hören, und obwohl sie mit dem Rücken zu ihm stand, verstand er ganz klar: »Hermie, ich glaube, es ist besser, du gehst jetzt nach Hause.«

Wenigstens war sie nicht wütend. Er kroch aus dem Bett und begann sich anzuziehen. Er wollte nichts überstürzen, denn sonst würde es so aussehen, als könne er es nicht erwarten, rauszukommen. Er wollte aber auch nichts verzögern, denn sonst würde es so aussehen, als kümmere er sich nicht um ihren Wunsch. Und so hielt er sich an einen Mittelweg. Es überraschte ihn, daß sein blaues Hemd auf der Brust naß war. Dann erinnerte er sich an die Tränen, die geflossen waren, und er wurde schwach im Bewußtsein seiner Unfähigkeit, ihr irgendwie darüber wegzuhelfen, daß sie sich so elend fühlte. Es war kein Problem, in die grellen Socken zu schlüpfen, denn sie glühten in der Dunkelheit, so daß er sie als erstes wiederfand. Die Schnürsenkel seiner zweifarbigen Schuhe waren immer noch zugebunden. Er mußte die Schuhe weggeschleudert haben, ohne sich um die Schnürsenkel zu kümmern. Er mußte es ja verdammt eilig gehabt haben. Um seine weiße Leinenhose anziehen zu können, mußte er die Schuhe erst wieder ausziehen, dann wieder anziehen. Das war nicht sehr elegant. Er ging ins Wohnzimmer und blieb nur einmal kurz stehen, um tief durchzuatmen, denn eine Aussprache war zweifellos vonnöten, und er wollte, daß seine Kehle dabei in guter Verfassung war. Doch als er ins Wohnzimmer kam, war sie fort. Durch die Türöffnung konnte er sie sehen, auf der Veranda, der rötliche Punkt ihrer Zigarette bewegte sich sanft in der Dunkelheit. Es war die Seite der Veranda, von der aus man den Ozean sah; vielleicht suchte sie die See nach dem Schiff ab, das Pete heimbringen würde.

Hermie atmete noch einmal tief durch und ging hinaus auf die Veranda und überlegte sich, ob sie bei seiner Ankunft vielleicht schon wieder verschwunden sein würde, etwa in Richtung Strand. Doch sie stand da, stolz und aufrecht und nachdenklich und ruhig, und dabei sah sie eine Idee größer aus als er. Er wollte etwas sagen, irgendwas, doch sie ersparte ihm die Mühe, dadurch, daß sie zuerst etwas sagte, und es klang mehr wie ein Flüstern: »Gute Nacht, Hermie.«

Er wollte gehen, und zwar schnell. Aber andererseits, sie einfach so zurücklassen – Dann kapierte er, daß sie es so haben wollte. Und wichtiger als das, tief in seinem Innersten wußte er, daß es sein mußte. Er hörte sich »Gute Nacht« sagen und fühlte sich gleich wohler, denn das klang doch sehr stark danach, als ob er alles verstehe, was stimmte und nicht stimmte.

Er verließ also das Haus auf der dem Meer zu gelegenen Seite und stieg die vierzehn magischen Stufen hinunter, ohne auf dem Arsch zu landen, wofür er sehr dankbar war, denn er war sehr um Haltung und Würde bemüht. Als er den Sand erreichte, zog er die blöden Schuhe und Socken aus, und dabei schaute er noch einmal zurück. Er sah den rötlichen Punkt, sonst nichts. Er stapfte durch den Sand und trug seine Schuhe in der Hand und verschiedene Empfindungen im Herzen, die ihn wahrscheinlich noch lange beschäftigen würden. Eines stand fest. Er war intim geworden. Er war mit der Frau intim geworden, die er liebte. Er war intim geworden, zum erstenmal, und das gleich mit der Frau, die er auf der ganzen Welt am meisten begehrte. War das nicht eine sehr erfreuliche und wundervolle Sache? Aber wieso fühlte er sich dann so miserabel?

20

Der Nebel am nächsten Morgen war so dicht, daß die Dämmerung vielleicht noch gar nicht da war. Wie lange er an diesem Strand gesessen hatte, das wußte kein Mensch. Einige Stunden bestimmt. Seine Mutter hatte inzwischen wahrscheinlich die Küstenwache alarmiert, und sie fischten sicher längst nach seiner Leiche. Die Beerdigung würde, wenn er tatsächlich tot war, am Dienstag stattfinden. Und es würde ein großer Tag sein für seine Tanten Dora und Clara, denn es gab in ganz New York niemanden, der so heulen konnte wie die. Ein paar Möwen riefen einander zu und ließen sich vom Acht-Uhr-Wind treiben. Das war nach Hermies Schätzung etwa die Uhrzeit. Acht. Es konnte aber auch neun sein. Genauer ließ es sich nicht bestimmen, und es war Hermie auch scheißegal. Er beobachtete, wie die Wellen aus dem Meer krochen und sich auf dem Sand vortasteten. Er beobachtete, wie sie sich so weit wie möglich vorschlängelten und sich dann mürrisch wieder ins Meer zurückzogen.

Eine Gestalt kam aus dem Nebel, und Hermie sah, daß sie näher kam. Es hätte irgendwer sein können, aber zufällig war es Oscy, denn er spielte die Mundharmonika, als sei es eine feindliche Macht. Oscy setzte sich neben ihn und blieb unendlich lange sitzen und klopfte so oft die Mundharmonika gegen seine Handfläche, daß nicht nur Speichel herauskam, sondern Rost und auch ein paar Sandhüpfer. Schließlich machte Oscy den Mund auf. Betont beiläufig sagte er: »Miriam kommt durch.«

Hermie sagte nichts, und Oscy respektierte seine Stimmung. Er spielte wieder auf seiner Mundharmonika und schaffte furchterregende Töne. Er redete und spielte abwechselnd, wie ein Komiker, der sich selbst begleitet. »Ich hab' heute morgen ihre Mutter gesehen. Sie haben ihr den Blinddarm vereist. Ich bin natürlich erleichtert, aber der Sommer ist für sie vorbei. Sie kommt nicht mehr auf die Insel. Meine erste Frau – vom Winde verweht.« Er spielte eine Art Zapfenstreich, der die ganze Armee beleidigt hätte. Dann redete er wieder und schaute Hermie dabei nicht an. »Hast du vielleicht Benjie irgendwo gesehen? Der Schuft hat immer noch mein Fernglas.« Als er keine Antwort erhielt, massakrierte Oscy ein anderes Lied mit der Mundharmonika und nahm dann seinen Monolog wieder auf und zeigte dabei soviel Feingefühl wie wohl in seinem ganzen Leben noch nie. »Hermie, du solltest dir das nicht so zu Herzen nehmen, gleich was geschehen ist. Und du brauchst es mir nicht zu erzählen. Aber – wenn du mir's erzählen willst, kannst du das. Aber du brauchst nicht – es sei denn, du willst.«

Hermie sagte nichts, und so blickte Oscy einfach zum Himmel und gab eine weitere Kostprobe seiner scharfsinnigen philosophischen Weisheiten. »Manchmal ist das Leben aber auch wirklich beschissen.« Dann war er still und nahm nicht einmal Zuflucht zu seiner Mundharmonika. Es folgte ein weiterer Versuch, Hermie zu neuem Leben zu erwecken. »Ich dachte, wir könnten heute vielleicht den Posten der Küstenwache angreifen. Ihnen ein bißchen Angst einjagen.« Und damit endeten Oscys geistreiche Bemerkungen, und er widmete sich wieder seiner verdammten Rotzhobel. Ein Glück, daß keine Brücke in der Nähe war; sie wäre glatt eingestürzt.

Nicht so sehr Unhöflichkeit als vielmehr Gleichgültigkeit gegenüber Oscys Gefühlen ließ Hermie aufstehen und davongehen. Oscy machte keine Anstalten, ihm zu folgen. Er wußte, daß Hermie zu sehr mit sich selbst beschäftigt war. Außerdem hatte er noch etliche Lieder zu spielen; er arbeitete sich gerade durch *Oh, Susanna* hindurch, doch dessen letzte abscheuliche Töne blieben Hermie erspart, weil er glücklicherweise bereits außer Hörweite war. Sobald er Zeit hatte, würde Hermie Oscy eine anonyme Botschaft zukommen lassen und ihm dringend raten, die Mundharmonika aufzugeben, sonst würde er eines Morgens aufwachen und feststellen, daß sie ihm im Hintern steckte, wo sie ruhig und in Frieden rosten konnte.

Dorothys Haus stand einsam und von Nebelfetzen umgeben dort, wo Hermie es in der Nacht zurückgelassen hatte. Vielleicht war Dorothy inzwischen aufgestanden und kochte gerade ihren berühmten Kaffee. Der eine Schluß, zu dem Hermie nach seinen die ganze Nacht dauernden Meditationen gekommen war, ging ihm jetzt wieder durch den Kopf: Er konnte nicht alles einfach so enden lassen. Er mußte mit ihr reden, Gemeinsames ausbauen, ihre Beziehung diskutieren und nach Möglichkeit herausfinden, was sie nun vorhatte. Weil sie so selbstbeherrscht schien, als er wegging, hatte sich Hermie mit Erfolg eingeredet, daß bei ihr alles wieder in Ordnung sei. Aber irgendwann während Oscys Schwätzerei war es Hermie in den Sinn gekommen, daß vielleicht genau das Gegenteil der Fall war. Vielleicht hatte sie wieder zu trinken angefangen. Vielleicht hatte sie die ganze Nacht geweint, sich nach Pete gesehnt und sich Vorwürfe gemacht, weil sie mit dem dummen Jungen geschlafen hatte. Vielleicht hatte sie Selbstmord begangen. In Indien kam so was ja oft vor.

Das erste, was ihm auffiel, war die Leblosigkeit im ganzen Haus, als sei alles Leben abgeschaltet worden, als seien sämtliche Stecker herausgezogen worden. Zum Beispiel waren die Gartenmöbel auf der Veranda von ihren Plätzen, wo sie Wind und Wetter ausgesetzt waren, entfernt und an die mit Schindeln bedeckte Hauswand geräumt worden. Auch der kleine Handwagen war da, auf den Kopf gestellt, um nicht dem Regen und Schnee der kommenden Monate ausgesetzt zu sein. Es sah alles sehr endgültig aus, als habe der Schiedsrichter das Spiel abgepfiffen. Die Fliegentür, die zur Veranda führte, war nicht verriegelt, und Hermie betrat die Veranda. Die Haustür selbst war verschlossen. Und die Jalousien an den beiden Fenstern über der Veranda waren heruntergezogen. An der Haustür hing ein mit einer Reißzwecke befestigter Briefumschlag, nur ein Wort stand drauf: »Hermie.« Das war er. Er las seinen Namen zehn Sekunden lang, während er gleichzeitig an die Tür klopfte. Keine Antwort. Er drehte an dem Türknopf. Geschlossen. Er zog die Reißzwecke aus dem Umschlag und spähte durch eines der Fenster, denn das untere Ende der Jalousie hing etwa einen Zentimeter über dem Fenstersims. Er konnte nicht viel erkennen, nur daß das Haus ziemlich leer war und daß Petes Fotografie nicht mehr lächelnd auf dem Kaminsims stand, denn die Zeiten waren vorbei. Das andere Fenster bot einen ähnlichen Sehschlitz und einen ähnlichen Anblick. Niemand war zu Hause.

Hermie betrachtete den Briefumschlag in seiner Hand und hatte es gar nicht besonders eilig, ihn zu öffnen. Er lehnte sich mit dem Rücken an die Tür und rutschte langsam nach unten, bis er auf dem Boden der Veranda saß. Während er den Umschlag öffnete, schaute er zum Ozean hinaus. Er war sehr groß. In der Tat, ein sehr großer Ozean. Einer der größten der Welt. Er hatte sich das eigentlich noch nie so recht klargemacht.

Er zog das Blatt Papier aus dem Umschlag. Er verzögerte immer noch, schnupperte daran, um festzustellen, ob Parfüm dran war. Aber er konnte es nicht mit Sicherheit sagen, weil die salzige Seeluft plötzlich so übermächtig wurde und alles zu verwischen und wegzuwischen schien. Schließlich, weil es ihm so bestimmt worden war, las er die Worte, die in einem so feinen Stil und mit so lieblicher Hand zu Papier gebracht worden waren:

Lieber Hermie,
Ich muß jetzt nach Hause gehen. Ich bin sicher, daß du mich verstehst. Es ist so vieles zu tun. Ich will gar nicht erst versuchen zu erklären, was gestern abend passiert ist, weil ich weiß, daß du mit der Zeit den angemessenen Rahmen für diese Erinnerung finden wirst ...

Der Mann stand am Strand, und alles fiel ihm wieder ein, in rascher Folge und in allen Einzelheiten, während er zu dem Haus auf der hohen Düne hinaufschaute. Es hatte sich in all den Jahren nur geringfügig verändert. Ein neues Dach, ein paarmal neu angestrichen. Sonst kaum was. Auch ein paar rasiermesserscharfe Erinnerungen lagen da drin, doch die Jahre hatten sie glatt gehobelt, so daß die früher einmal so scharfen Kanten nicht mehr weh taten. Dorothy sah er nie wieder. Und er erfuhr nie, was aus ihr geworden war. Und er fragte auch nie jemanden. Und selbst die Insel-Klatschbasen mit dem losesten Maul verloren kein Wort darüber. Dorothy war fort. Neue Leute kamen und kauften das Haus.

Was den Brief anging, so hatte er den immer noch, irgendwo in einer Schublade. Und von Zeit zu Zeit, immer wenn ihm die Welt mal wieder allzu übel mitgespielt hatte, unterbrach er, was immer er gerade tat, und las die tapferen Worte noch einmal und hörte noch einmal der lieblichen Stimme zu.

Was ich aber tun *will*, das ist, mich immer an *Dich* zu erinnern, und ich will beten, daß Dir alle sinnlosen Tragödien erspart bleiben. Ich wünsche Dir alles Gute, Hermie, nur Gutes.
Für alle Zeiten,
Dorothy

Der Mann wandte sich vom Haus ab und ging in der Richtung zurück, aus der er gekommen war, und der Sand aus jenen alten Tagen bedeckte seine Zehen, morgendlich kühl und feucht. Und er dachte über die eine kleine Wahrheit nach, die Hermie erst nach vielen Jahren akzeptiert hatte. Das Leben besteht aus kleinen Augenblicken des Gehens und Kommens, und für alles, was ein Mann mit sich nimmt, muß er etwas anderes zurücklassen. Nicht gerade ein brillanter Gedanke, aber ein trostreicher, sehr trostreich. Denn so viele von den Leuten, mit denen er in seinem Leben in Berührung gekommen war, waren nicht mehr am Leben, nur noch in seinem Innern, wo er wieder bei ihnen sein konnte, wenn immer sie beschlossen, ihn zu besuchen. Seine Mutter, so fürsorgend und liebend. Sein Vater, so schwer arbeitend und unglücklich anonym. Und Oscy. Der verrückte, heroische Oscy, an Hermies vierundzwanzigstem Geburtstag in Korea gefallen, und sie steckten seine Tapferkeitsauszeichnung seinem Bruder, dem Zahnarzt, an. Der Nebel wurde wieder dichter, doch die Stimmen waren deutlich zu hören und verliehen der alten Theorie neue Glaubwürdigkeit, daß Schall am Leben bleibe und sich stets in immerwährenden konzentrischen Kreisen bewege und daß man, vorausgesetzt man stand am richtigen Ort und war dafür empfänglich, tatsächlich Stimmen aus einer anderen Zeit hören könne.

Heh, Hermie!

Los komm, Hermie! Hermiiiieeee . . .

Und dann waren sie da, direkt vor ihm, und hüpften herum wie drei irre Kobolde. Oscy, Hermie und Benjie versuchten sich mit aller Gewalt umzurennen. Sie rannten, wichen aus, schrien. Im Nebel, dann deutlich vor ihm, und sie rannten so nahe an ihm vorbei, daß er nur die Hand auszustrecken brauchte, um sie zu berühren. Aber er versuchte es nicht, denn er wußte, daß sie nicht da waren.

Er sah, wie Hermie einer knochensplitternden Kollision auswich und dann stehenblieb, um das Haus auf der Düne zu betrachten, es sich ins Gedächtnis einzuprägen für jenen Tag, an dem er vielleicht den Wunsch verspüren würde, sich daran zu erinnern. Und dann war Hermie weg, und mit ihm Oscy und Benjie, vom Nebel aufgeschluckt, zurück in längst vergangener Zeit; nur ihr Lachen war noch zu hören, als sie bereits verschwunden waren, bis zum nächstenmal.

Der Mann ging weiter. Er hatte Dinge zu erledigen, und dieser ganze Augenblick des Sichgehenlassens hatte ihn auf ein Nebengleis geführt. Aber auch jetzt noch, während er zurückging, spukten alte Bilder durch seinen Kopf, und seltsame Erinnerungen wurden lebendig. In jenem Sommer machten sie vier Überfälle auf den Posten der Küstenwache. Sie sahen fünf Filme und hatten neun Regentage. Benjie machte seine Uhr kaputt, Oscy gab die Mundharmonika auf, und Hermie war, auf ganz besondere Art, auf immer verlorengegangen.

Als er zu seinem Mercedes zurückkam, sah er eine einzelne Seemöwe am Himmel, die mit den Flügeln schlug und kreischte, und eine große Ladung Vogeldreck fing bereits an, an der Windschutzscheibe des Autos festzutrocknen. Es gab also doch noch einen, der sich an ihn erinnerte, und er weinte während der ganzen Heimfahrt.